CW01084667

LADY DIANA
L'enquête criminelle

JEAN-MICHEL CARADEC'H

LADY DIANA
L'enquête criminelle

Tous droits de traduction, d'adaptation
et de reproduction réservés pour tous pays.

© Éditions Michel Lafon, 2006
7-13, boulevard Paul-Émile Victor - Île de la Jatte
92521 Neuilly-sur-Seine Cedex

– AVANT-PROPOS –

La disparition tragique de la princesse Diana, le 31 août 1997, a tout à la fois bouleversé la planète et enflammé les esprits. L'incroyable popularité de Lady Di, sa jeunesse, son charisme, sa dernière romance affichée avec Dodi Al Fayed, le tout confronté à l'implacable *self-control* de la Couronne d'Angleterre, ont noyé d'émotion l'interprétation des faits. Les « explications » les plus diverses – voire extravagantes – ont été avancées, depuis la responsabilité, dans l'accident, des paparazzi qui suivaient la voiture, jusqu'au crime monarchique prémédité.

Mais pendant que se propageaient les rumeurs les plus troubles, la Brigade criminelle de Paris et le juge Hervé Stephan travaillaient. L'instruction, eu égard au rang de la victime et aux exigences de politique internationale, fut dotée pour la circonstance de moyens logistiques et financiers exceptionnels. Les laboratoires les plus expérimentés furent mis à contribution et l'on consulta les experts les plus pointus dans leur spécialité. L'enquête fut menée avec la volonté de ne rien laisser dans l'ombre et d'aller jusqu'au bout des pistes, fussent-elles les plus fantaisistes. Aucun témoin ne fut écarté et chaque version des événements fut examinée et confrontée avec les faits, y compris les délires de mythomanes en quête d'une éphémère et funeste célébrité.

C'est cette enquête que nous avons choisi, ici, de suivre pas à pas, au fil des quatre mille pages du dossier. Parce qu'elle réunit assurément les éléments les plus fiables pour que chacun se fasse une opinion. Parce que, même dans sa froide exposition – ou à cause d'elle –, elle respecte beaucoup mieux l'honneur des personnes mises en cause et des familles endeuillées. Et enfin parce que, quelle que soit la conclusion à laquelle peut amener la lecture de ce livre, nul ne pourra être indifférent à cet ahurissant catalogue de rendez-vous manqués, de traque médiatique, de voiture fantôme, de changements d'emploi du temps et autres manœuvres qui ont marqué cette folle journée, où tout semble s'enchaîner pour qu'elle se termine tragiquement.

On appelle cela le destin.

Jean-Michel CARADEC'H

– CHAPITRE 1 –

L'ambulance du Samu, précédée par des motards dont les clignotants bleus cravachent de leur lumière blafarde les cours sombres, pénètre lentement dans l'enceinte de l'hôpital de la Pitié-Salpêtrière. Les portes du service des urgences du pavillon Cordier sont grandes ouvertes dans la tiédeur de cette nuit de la fin août. Une poignée d'infirmières et de brancardiers attendent sans un mot sur la chaussée. Ils savent déjà que le corps meurtri qui s'approche en silence est celui de la princesse Diana, victime deux heures plus tôt d'un effroyable accident de voiture sous le pont de l'Alma.

Au sous-sol, dans le bloc opératoire, le Pr Bruno Riou, de permanence ce soir-là au service d'anesthésiologie et de réanimation, a déjà revêtu son costume stérile. Il se lave soigneusement les mains tandis qu'une infirmière lui transmet les dernières informations en provenance de l'ambulance du Samu. La princesse Diana, choquée, a beaucoup de mal à respirer, sa tension est très basse. Une fibrillation cardiaque a nécessité un arrêt pendant le lent transport ; au moment où le véhicule passait sur le pont d'Austerlitz, le cœur de

9

Diana a cessé de battre. L'équipe du Samu a lutté de longues minutes avant qu'il puisse repartir faiblement. Une injection d'atropine a été nécessaire, directement dans le muscle cardiaque au moyen d'une longue aiguille fine comme un cheveu. Le pouls est à peine perceptible et c'est dans un état pratiquement désespéré que la princesse arrive aux urgences.

Avec diligence et efficacité, mais sans vaine précipitation, le brancard est poussé jusque dans la salle d'opération. Ici, pas de cette fébrilité tapageuse popularisée par un célèbre feuilleton télé américain. Au contraire c'est dans le plus grand calme, sous l'énorme projecteur à facettes, que le Pr Riou dévoile la poitrine martyrisée de la jeune femme. À ses côtés, le chef des urgences médicales, le Pr Jean-Pierre Bénazet, ainsi que l'un des plus grands spécialistes de chirurgie cardio-vasculaire, le Pr Alain Pavie.

Les trois hommes examinent le torse enfoncé, qui se soulève encore au rythme des machines. Penché sur le visage de la patiente, et surveillant attentivement ses appareils, le Pr Pierre Coriat, chef du service d'anesthésiologie, tente de déceler un signe encourageant derrière ce masque aux yeux clos. Entourant la table, l'une des meilleures équipes françaises de réanimation va tenter, pendant près de deux heures, d'arracher Diana Frances Spencer à la mort.

Au premier étage, Jean-Pierre Chevènement, le ministre de l'Intérieur du gouvernement Jospin, s'est installé dans la salle de garde des médecins, transformée en centre de commandement. Des techniciens des télécoms ouvrent des lignes directes qui permettent de communiquer avec l'extérieur sans passer par le standard. Des gardes républicains se postent devant le pavillon Cordier et, à l'intérieur, à tous les étages. Le préfet de police, Philippe Massoni, rejoint Chevènement à la Pitié-Salpêtrière. Il arrive avec des nouvelles de première main sur l'accident. Deux heures plus tôt, vers 0 h 40, il a été tiré de son lit par un coup de téléphone du centre de commandement de la préfecture de police. Il est le premier personnage officiel à être arrivé sur les lieux.

Le ministre et le préfet s'isolent dans un coin, et Massoni trace un tableau rapide de la situation. L'accident a fait deux morts sur le coup : Dodi Al Fayed, le compagnon de la princesse, ainsi que le chauffeur du véhicule. Un troisième homme, vraisemblablement un garde du corps, est grièvement blessé. Il apparaît que des photographes pourchassaient à moto la voiture et que des clichés ont été pris juste après l'accident. La princesse Diana était consciente lorsqu'elle a reçu les premiers soins d'un médecin qui passait là par hasard et les véhicules des pompiers et du Samu sont intervenus très rapidement.

Le préfet Massoni est un ancien officier des services de renseignements français. Bien que l'hypothèse d'un accident de la circulation lui semble la plus probable, il suggère néanmoins à mots couverts au ministre qu'étant donné la personnalité des victimes, il faut envisager toutes les hypothèses. Ne serait-ce que pour leur faire un sort ! L'enquête a été confiée à la Brigade criminelle qui semble le service de police judiciaire le mieux adapté à cette situation. Même si a priori il ne s'agit que d'un accident banal, des informations insistantes mettent en cause les paparazzi. Ils coursaient le véhicule et pourraient être à l'origine du drame, ce qui légitime la saisine de la police judiciaire. Jean-Pierre Chevènement acquiesce.

Le ministre est mal à l'aise. Accouru en pleine nuit en veste légère, polo et sans cravate, il envoie son chauffeur chercher un costume. On lui annonce l'arrivée de l'ambassadeur de Sa Gracieuse Majesté, Sir Michael Jay, qui monte directement le rejoindre dans la salle de garde en compagnie de son épouse et du consul général de Grande-Bretagne. Une heure auparavant, l'ambassadeur, brièvement prévenu de l'accident, a téléphoné aussitôt au château de Balmoral en Écosse, résidence d'été de la reine, où se trouvent le prince Charles et ses deux fils, William et Harry. Il a communiqué à Sir Robin Janvrin, l'assistant du secrétaire privé de la reine, les rares informations qu'il détient : on lui a assuré que la princesse Diana ne souffre que d'un bras cassé et qu'un témoin l'a vue debout et marchant sans aide juste après la collision.

Le prince Charles, réveillé par Robin Janvrin, appelle alors successivement les deux femmes de sa vie : d'abord sa maîtresse, Camilla Parker Bowles, puis sa mère, la reine Elizabeth II. Il décide de ne pas réveiller ses fils qui se sont couchés très fatigués par une dure journée de chasse. Incapable de se rendormir sans renseignements plus précis, le prince Charles s'habille et passe dans son salon privé. Il y est rejoint quelques minutes plus tard par Sir Robert Fellowes, le secrétaire privé de la reine, qui est aussi le beau-frère de Diana. Il est 2 heures du matin – 3 heures à Paris –, les deux hommes veillent en écoutant la radio et la télévision pour tenter d'obtenir des informations supplémentaires.

Dans le bloc opératoire au sous-sol du pavillon Cordier, le Pr Pavie lève son scalpel, et d'un geste précis et ferme incise la poitrine de la princesse Diana, juste sous le pli des seins. Il pratique une thoracotomie transversale mesurant environ 60 centimètres et se prolongeant sous l'aisselle gauche de la jeune femme. Les chirurgiens qui se penchent sur la plaie béante constatent aussitôt l'ampleur des dégâts. La violence du choc lors de l'accident a occasionné un enfoncement thoracique massif, rompant les vaisseaux sanguins et broyant les organes. Le sang s'est échappé, à chaque battement du cœur, d'une vilaine plaie à la veine pulmonaire, emplissant petit à petit la cage thoracique et comprimant les poumons. L'hémorragie interne a presque totalement vidé Diana de son sang.

L'équipe s'affaire avec compétence, tandis que le silence qui règne dans la pièce, rythmé par le bruit du respirateur et des pompes, n'est troublé que par les ordres brefs des chirurgiens auxquels répondent en écho les trois infirmières du bloc. Le sang noir et les caillots sont aspirés de la cavité thoracique où les poumons bleutés par le manque d'oxygène se gonflent uniquement sous l'action d'une machine. D'une main légère et précautionneuse, le Pr Pavie recoud la blessure de la veine pulmonaire, étanchant le plus grave de l'hémorragie, tandis qu'un autre chirurgien clampe tous les vaisseaux endommagés. Des poches de sang et de plasma déversent des litres de liquide dans le système circulatoire de la jeune femme, mais son cœur meurtri ne veut pas redémarrer. Les deux médecins réanimateurs entament alors un massage cardiaque, directement sur le muscle, qu'ils pressent alternativement à la main pour le forcer à repartir. L'équipe lutte pendant près de deux heures, utilisant tout son art et son énergie pour tenter de ramener le corps de Diana à la vie.

En vain.

Sans se consulter autrement que du regard, les médecins relèvent la tête et baissent les bras. La pendule fixée au mur du bloc affiche 4 heures du matin.

C'est fini, la princesse Diana est morte.

Avec douceur, les infirmières débarrassent le corps inerte de feu Diana Spencer des accessoires, des fils et des tubes désormais inutiles qui la reliaient à la vie. Le Pr Riou recoud la longue cicatrice qui traverse la poitrine de la jeune femme, puis jette ses gants dans un haricot posé sur la table aux instruments.

À l'étage, la salle de garde des médecins se transforme peu à peu en cellule de crise. Le ministre de l'Intérieur est pendu à son téléphone portable : il a joint le Premier ministre Lionel Jospin en déplacement dans le sud de la France ainsi que l'Élysée, où l'on ne juge pas utile de réveiller le président de la République, Jacques Chirac. Au côté de Jean-Pierre Chevènement, aidé de son épouse qui lui dicte les numéros de téléphone, l'ambassadeur britannique tente de joindre le Premier ministre anglais et la famille de la princesse Diana : ses deux sœurs, Lady Jane Fellowes, en vacances dans le Norfolk, et Lady Sarah McCorquodale, dans le Lincolnshire, ainsi que son frère, le comte Spencer, qui demeure en Afrique du Sud. Aucune information ne filtre de la salle d'opération et l'ambassadeur se retrouve dans la pénible situation d'être bombardé de questions dont il ne connaît pas les réponses.

Il ne s'aperçoit pas tout de suite que le ministre de l'Intérieur français vient de quitter la pièce sur un signe discret de la surveillante de l'étage. Jean-Pierre Chevènement, accompagné du préfet de police, suit l'infirmière qui les emmène au sous-sol. Dans l'antichambre de la salle d'opération, le Pr Riou et le Pr Pavie sont en train de se débarrasser de leurs tenues. Ils s'avancent vers le ministre pour lui annoncer que, malgré tous leurs efforts, la princesse Diana n'a pas survécu. Elle est officiellement décédée à 4 heures du matin.

Chevènement remercie les médecins de leurs efforts et leur demande de garder le silence sur le décès jusqu'à ce que les autorités françaises et britanniques soient averties. Les deux chirurgiens acceptent tout en disant qu'il ne faut pas se faire beaucoup d'illusions : le personnel du pavillon Cordier est déjà au courant et la nouvelle doit être en train de se répandre dans tout l'hôpital.

Le ministre de l'Intérieur remonte précipitamment au premier étage, où il annonce solennellement le décès à Sir Michael Jay et son épouse et leur présente ses condoléances. Pratiquement au même moment, un coup de téléphone en provenance de Balmoral parvient au standard de la Pitié-Salpêtrière ; le secrétaire de la reine, Sir Robert Fellowes, est au bout du fil, avec à ses côtés le prince Charles. Le consul général de Grande-Bretagne lui annonce la gorge serrée que tout est fini, que la princesse Diana vient de succomber à ses blessures sur la table d'opération.

La lourde machine judiciaire française s'est mise en branle plutôt rapidement si l'on tient compte de la période – le mois d'août est le mois des vacances judiciaires – ainsi que de l'heure de l'accident. Peu après 1 heure du matin, Maud Coujard, substitut du procureur de la République à la première section du parquet de Paris, saute de la moto qui vient de l'amener dans le tunnel de l'Alma. Elle y retrouve le préfet de police Philippe Massoni qui a déjà organisé la protection des lieux. Un périmètre de sécurité a été mis en place dans l'urgence, gardé par des policiers de la brigade anticriminalité de nuit et l'on attend deux compagnies de CRS, chargées de les relever. Le directeur de la police judiciaire Patrick Riou arrive lui aussi à l'Alma. Après une brève concertation avec le préfet et le substitut du procureur, et « vu la personnalité d'une des quatre victimes », ils décident la saisine de la Brigade criminelle dirigée par le commissaire divisionnaire Martine Monteil.

La patronne de la Crime arrive en voiture une demi-heure plus tard, accompagnée de quelques-uns de ses collaborateurs. Elle se fait confirmer officiellement par le substitut du procureur la saisine de sa brigade, puis avise le capitaine de police André Durand de la 1re DPJ [1]. L'officier est arrivé à 1 h 10 et procède depuis aux premières constatations. Martine Monteil lui demande de rédiger immédiatement son procès-verbal.

Ce document va constituer le premier acte d'un énorme dossier qui va réunir plusieurs milliers de pièces.

> À notre arrivée sur les lieux constatons que les sapeurs pompiers prodiguent des soins intensifs sur deux personnes qui ont été extraites du véhicule et placées sur la chaussée.

---

1. DPJ : Division de la Police Judiciaire.

— Il s'agit de la Princesse LADY DI étendue à proximité immédiate du véhicule. Les pompiers effectuent sur sa personne un tubage et une préparation pour un transport dans un véhicule de secours.

— Elle présente en outre une plaie ouverte sur le front ainsi qu'une plaie saignante sur le bras droit.

— Monsieur DODI AL FAYED est étendu également sur la voie publique un peu plus loin, les sapeurs pompiers lui pratiquent des massages cardiaques.

— Dans la voiture, les pompiers s'affairent à désincarcérer le chauffeur.

— Le garde du corps se trouve dans un véhicule du Samu.

— Nous sommes avisés à une heure trente du décès de Monsieur DODI AL FAYED et quelques minutes plus tard du chauffeur de la voiture.

— La Princesse est transportée dans un véhicule du SAMU afin d'être dirigée à l'hôpital LA PITIE-SALPETRIERE ainsi que son garde du corps sous escorte et protection policière.

L'officier de police judiciaire poursuit son rapport en mettant en cause des photographes de presse, ce qui va fournir au substitut du procureur les raisons juridiques pour qualifier une action judiciaire.

- Des témoins ont indiqué aux premiers
policiers intervenants que la voiture de la
princesse roulait à très vive allure poursuivie par des photographes.
- Les témoins, Messieurs G. Glifford et
P. Olivier, ainsi que madame L. Gaëlle et
monsieur B. Benoit sont conduits à notre
service pour y être entendus ;
- Cinq photographes qui sembleraient
impliqués dans l'accident et interpellés
par les premiers services de police intervenants sont également conduits à la 1 ERE
DPJ pour y être placés en position de garde
à vue et ce sur instruction de madame le
Substitut de la première section du parquet
de Paris, madame COUJARD, arrivée entre
temps sur les lieux.

Le commissaire Monteil procède ensuite à la dési-
gnation de l'équipe de la Crime qui va procéder à
l'enquête. Sous la direction du commissaire Jean-Louis
Martineau, un groupe d'enquête est désigné (groupe
Joseph Orea) ainsi qu'un cabinet de procédure confié
au commandant de police Jean-Claude Mulès. C'est cet
officier qui va élaborer la procédure policière avant
qu'elle soit transmise aux autorités judiciaires et procéder à toutes les déclarations administratives d'usage.
Le commandant Mulès se met aussitôt au travail.

19

Dans le sous-sol du pavillon Cordier, la dépouille de la princesse Diana repose sur un brancard placé dans la « salle de réveil » du bloc opératoire, sous un drap blanc à liseré vert de l'Assistance publique. Les infirmières ont procédé à une toilette sommaire et arrangé les cheveux de Diana pour lui donner une apparence décente avant l'arrivée du médecin légiste. C'est une femme, le Pr Dominique Lecomte, expert national à l'Institut médico-légal de Paris, qui a été requise par le substitut du procureur. Elle est assistée du commandant Mulès pour procéder à l'examen du corps de la princesse défunte. Le médecin légiste relève soigneusement les multiples plaies qui couturent maintenant le corps martyrisé, et note ses observations à la main, sur un formulaire.

```
    J'ai constaté :
    - une incision suturée de thoracotomie
transversale.
    - une plaie suturée du front paramediane
droit + érosion de la lèvre supérieure
    - une érosion linéaire echymotique du cou
Dte
    - une plage érosive latérale Dte
    - deux plaies suturées antero externe
cuisse Dte et multiples excoriations,
Jambe Dte et cheville gauche
    - hématome fesse gauche et hématomes dos
et main Dte et paumes.
    - enfoncement thoracique massif.
```

```
De mon examen je conclus :
Mort par hémorragie interne due à l'enfon-
cement thoracique et ce phénomène de décé-
lération qui a entraîné une rupture du
péricarde et une plaie de la veine pulmo-
naire gauche chirurgicalement opérée.
```

Le Pr Dominique Lecomte annexe à son rapport une planche de croquis où sont reportés sur une silhouette féminine, de face et de dos, les nombreux traumatismes subis par la princesse. L'expert écrit de surcroît, en bas du croquis :

```
sujet exsangue
enfoncement thoracique médian[1]
```

L'examen ne dure qu'un quart d'heure : il est 5 h 45 lorsque le médecin légiste remet au commandant Mulès le rapport médico-légal et la planche de croquis. Une minute auparavant, à 5 h 44, le décès de la princesse Diana a été officiellement annoncé par une dépêche de l'Agence France Presse.

La nouvelle fait aussitôt le tour du monde.

Les journalistes s'agglutinent aux abords de la Pitié-Salpêtrière dont les portes sont sévèrement gardées. Des photographes et des télévisions françaises et étran-

---

1. Cf. documents annexes à la fin de l'ouvrage, p. 3, 4 et 5.

gères se sont installés sur les balcons d'immeubles surplombant les cours de l'hôpital.

Dans le pavillon Cordier, les infirmières ont remonté le brancard jusque dans une chambre du premier étage, habituellement réservée aux « suites » d'opération. La princesse Diana est allongée sur un lit, les bras plaqués contre son corps sous le drap. Sa tête dépasse, posée sur l'oreiller, les yeux clos ; elle semble dormir et seules les lèvres bleutées rappellent quelle fut la souffrance de ses dernières heures. Les infirmières ont abaissé les stores des fenêtres et installé un ventilateur dans un coin de la chambre. Le soleil est déjà levé et traverse la pièce assombrie de minuscules rayons dorés.

Jean-Pierre Chevènement et l'ambassadeur Sir Jay se recueillent devant la dépouille de celle qui, la veille encore, débarquait à l'aéroport du Bourget, bronzée et heureuse à l'idée de passer quelques heures à Paris avant de s'en retourner à Londres. Dans tout le royaume, les Britanniques apprennent, en se levant, la mort de leur princesse tandis qu'à Balmoral le prince Charles réveille William et Harry pour leur annoncer le décès de leur mère.

La famille Spencer est en contact avec les autorités françaises par l'intermédiaire de l'ambassadeur Sir Jay et du cabinet du Premier ministre Blair. La décision d'autoriser que la dépouille de la princesse Diana rentre en Grande-Bretagne est prise directement à Matignon où Lionel Jospin vient d'arriver en provenance de Charente-Maritime. La même autorisation est accordée au père de Dodi Al Fayed dont le corps a été transporté à l'Institut médico-légal, où le Pr Dominique Lecomte a pu procéder à son examen. En s'appuyant sur les deux rapports, le substitut Maud Coujard signe simultanément les deux autorisations d'inhumation[1] et les transmet au commandant Mulès chargé de faciliter les démarches administratives.

La déclaration de décès de Diana est ainsi transmise à l'officier d'état civil de la mairie du 13e arrondissement de Paris :

Lady Diana Frances SPENCER
Princesse de Galles
née le 01 juillet 1961 à Sandrigham (Grande-Bretagne)
de The 8 Th. Earl SPENCER
de The Honourable Mrs. Frences SHAND-KYDD[2]

Mais personne ne peut fournir un papier d'identité officiel de la princesse et ce n'est que le lendemain, 1er septembre, que S.M. Taylor, vice-consul à l'ambassade de Grande-Bretagne, délivrera une attestation tenant lieu de fiche d'état civil. Le commandant Mulès va encore se charger de réquisitionner officiellement les pompes funèbres et le directeur général de l'Assis-

---

1. Cf. documents annexes, p. 6.
2. Cf. documents annexes, p. 2.

tance publique pour autoriser le transfert du corps. Tribut ayant été rendu à l'administration française, les manœuvres autour de la dépouille de Diana ne sont cependant pas encore terminées.

Cette fois-ci, elles proviennent de sa famille.

Les Spencer ont délégué les deux sœurs de Diana, Lady Jane et Lady Sarah, pour aller chercher le corps à Paris. Le prince Charles a dû arracher à la reine Elizabeth l'autorisation de les accompagner et d'installer le catafalque dans la chapelle de St James Palace.

Dans sa chambre de l'hôpital de la Pitié-Salpêtrière, loin de cette agitation, la princesse Diana repose, veillée par un prêtre catholique, le père Yves Clochard-Bossuet, prié à son chevet par l'ambassadeur britannique. Est-ce un caprice du destin que ce prêtre porte le nom de celui qui s'écriait trois cents ans auparavant en prononçant l'oraison funèbre de la princesse Henriette-Anne d'Angleterre : « Vanité des vanités, et tout est vanité. C'est la seule parole qui me reste ; c'est la seule réflexion que me permet, dans un accident si étrange, une si juste et si sensible douleur » ?

L'une des premières personnalités françaises à venir rendre hommage à la princesse fracassée est l'épouse du président de la République, Bernadette Chirac, bientôt suivie du Premier ministre Lionel Jospin, de plusieurs membres du gouvernement français et de la délégation diplomatique britannique. À Londres comme sur toute la planète, « une si juste et si sensible douleur » va s'exprimer ouvertement. Alors que les grilles de Buckingham Palace commencent à se couvrir de fleurs, les télévisions du monde entier passent en boucle les images du tunnel de l'Alma devenu, pour un temps, le centre de l'affliction universelle.

Dans les coulisses, le sordide le dispute au pathétique.

Les employés des pompes funèbres ont préparé le corps de la princesse pour la mise en bière avec tout le soin et l'attention que requiert leur illustre cliente. À l'aide de leurs fards et de leur talent, les thanatopracteurs ont réussi à faire disparaître de son corps l'essentiel des cicatrices, et à redonner à son visage calme et sérénité. Pourtant, lorsqu'il s'agit d'habiller la princesse nue, rien n'a été prévu. Des émissaires envoyés au Ritz sont revenus bredouilles : ses vêtements ont été enlevés par Mohamed Al Fayed, qui a fait vider la suite en emmenant les affaires de son fils.

Diana, qui avait vendu deux mois auparavant, pour trois millions deux cent cinquante mille dollars, une partie de ses robes au profit d'œuvres caritatives, n'a rien à se mettre pour son dernier voyage ! La femme de l'ambassadeur, Sylvia Jay, doit choisir dans ses propres affaires une petite robe de cocktail noire et des escarpins assortis pour la vêtir. C'est ainsi préparée que les honorables gentlemen de Levertons, les pompes funèbres royales, vont la trouver. Ils arrivent de Londres par avion spécial, en frac et chapeau de cérémonie, transportant avec eux un cercueil en acajou doublé de plomb et le drapeau de la monarchie britannique. Se déclarant – à la surprise générale – plutôt satisfaits du travail de leurs collègues français, les employés de Levertons installent le corps de Diana dans le cercueil capitonné de soie blanche. Ils disposent entre ses doigts croisés un rosaire en verroterie noire, offert par Mère Teresa et auquel la princesse tenait beaucoup. On place également sur son cœur un petit cadre en argent avec la photo de ses fils, que son majordome a rapporté de Londres le matin même.

La police remet officiellement aux gentlemen de Levertons les bijoux de Diana, trouvés dans la voiture et dûment répertoriés dans un procès-verbal.

- La montre JAEGER-LECOULTRE, en métal doré,
- Le bracelet cassé, à six rangs de perles blanches avec fermoir en forme de dragon, constitué de brillants,
- La bague en métal doré et pierres serties blanches,
- Une boucle d'oreille fantaisie[1].

Les hommes en noir mettent sa montre à la jeune femme, attachent le bracelet à son poignet droit, glissent la bague à son doigt et fixent l'unique boucle d'oreille.

La princesse Diana est prête pour son dernier voyage.

---

1. Cf. documents annexes, p. 8.

L'avion du 146ᵉ Bataillon royal transportant le prince Charles et les deux sœurs de Diana atterrit à l'aérodrome militaire de Villacoublay en fin d'après-midi. Le prince est accueilli par le ministre des Affaires étrangères avec les honneurs militaires. Au même moment, le président Jacques Chirac quitte l'Élysée et se rend directement à la Pitié-Salpêtrière. Il se recueille quelques minutes devant le cercueil puis descend les marches du pavillon Cordier pour y accueillir le cortège britannique.

Le prince Charles ainsi que Lady Jane et Lady Sarah sont conduits jusqu'à la chambre mortuaire par le Révérend Martin Draper, pasteur de la cathédrale anglicane de Paris, où ils pénètrent tous les quatre. Lorsqu'ils en ressortent une dizaine de minutes plus tard, le personnel hospitalier qui s'est groupé près de la sortie remarque que le prince Charles a visiblement pleuré. Celui-ci s'approche du petit groupe et remercie chaque membre de l'équipe médicale.

Le commandant de police Jean-Claude Mulès, requis pour assister à la levée du corps et à la mise en bière, attend un peu plus loin et note :

> Vu le caractère officiel de la situation (présence de M. le Président de la République et hautes autorités de l'État, famille royale britannique) le protocole a contraint de différer l'opération.

DISONS l'avoir néanmoins accomplie à l'issue de la cérémonie officielle.

Le cercueil étant TRANSPORTE par cortège officiel à l'aérodrome de Villacoublay où il sera embarqué, destination de la Grande Bretagne.

Le cercueil clos et scellé par le policier est recouvert du drapeau royal puis descendu par les employés des pompes funèbres jusqu'au corbillard garé devant le pavillon Cordier.

Le prince Charles et les sœurs de Diana saluent le président de la République, et le cortège précédé par des motards quitte la Pitié-Salpêtrière.

L'enquête criminelle sur la mort de Lady Di a déjà commencé.

– CHAPITRE 2 –

Ce soir-là, le gardien de la paix Lino Gagliarno et son coéquipier Sébastien Dorzee, de la brigade de nuit, patrouillent paisiblement dans le 8ᵉ arrondissement. Au pas, leur voiture pie emprunte le cours Albert-Iᵉʳ – qui surplombe la voie rapide – en direction de la place de l'Alma, lorsqu'ils aperçoivent des passants qui font signe en agitant les bras.

— Accélère, il se passe quelque chose !

Gagliarno enclenche le gyrophare, qui teinte de bleu les immeubles cossus bordant l'avenue ; il hésite à brancher la sirène, mais renonce en raison de l'heure. D'ailleurs la voie est libre devant eux. Le petit groupe est très agité.

— Foncez là-bas, on vient d'entendre le bruit d'un accident !

— Ça a l'air d'être grave ! C'est sous le tunnel. Dépêchez-vous !

— Oui, un bruit horrible, comme une bombe... Doit y avoir du dégât !

La voiture de police démarre en trombe et emprunte une dizaine de mètres plus loin la bretelle qui mène sur la voie rapide juste avant le tunnel de l'Alma. Le spectacle que le gardien de la paix découvre alors sera consigné dans le rapport qu'il rédigera quelque temps plus tard à l'intention de son supérieur, le commissaire de la Voie publique du 8ᵉ arrondissement de Paris.

> Immédiatement rendus sur place, constatons qu'un véhicule Mercedes immatriculé 688 LTV 75 dont l'avant est très endommagé, se trouve en travers de la chaussée en sens inverse de la circulation et que de nombreuses personnes, principalement des photographes « Mitraillent » de clichés le côté arrière droit du véhicule dont la portière est ouverte.

Le gardien Gagliarno place son véhicule en protection en travers du tunnel et appelle le poste TN 08, l'état-major de la brigade de nuit. Il jette un coup d'œil à sa montre. Il est 0 h 30.

— Ici *TV India Alpha*, pour TN 08, grave accident sous le tunnel de l'Alma. Je répète : grave accident, envoyez d'urgence les pompiers !

Un homme se penche alors par la vitre et lui affirme, très excité, qu'une des victimes est la princesse Diana. Le policier signale aussitôt sur sa radio qu'une personnalité serait impliquée dans l'accident.

> Je me déplace auprès de mon collègue qui me confirme les dires du témoin, et cons-

tate que les occupants du véhicule sont dans un état très grave. Je relance immédiatement les secours et demande des renforts de police, ne pouvant contenir ces photographes et porter secours aux blessés.

En effet, pendant que son collègue appelait les secours par radio, le gardien de la paix Sébastien Dorzee s'est dépêché de sortir de la voiture. Son témoignage va transformer un banal accident de voiture en l'amorce d'un véritable délit, provoquant une polémique qui va enfler, agitant pendant plusieurs mois le monde médiatique et scandalisant l'opinion publique.

Le gardien de la paix DORZEE se précipite sur les lieux, essayant dans un premier temps d'écarter les photographes qui opposent une résistance, ils sont virulents, repoussants, en continuant de prendre des photos l'empêchant volontairement de porter secours à la victime. L'un d'eux déclarant verbalement en le repoussant « Vous me faites chier, laisser moi faire mon travail. A SARAJEVO les flics nous laissent travailler, vous n'avez qu'à vous faire tirer dessus et vous verrez ».

La confusion est totale autour de l'épave, des voitures s'arrêtent sur les deux voies, des badauds s'agglutinent, les photographes « mitraillent » alors que le klaxon bloqué de la Mercedes hurle à la mort[1]. L'odeur de l'acier brûlant et des gaz d'échappement ; les corps suppliciés éclairés par les néons ; le flash brutal des appareils photo ; les deux policiers qui tentent de s'interposer ; les cris et les bruits sourds qui résonnent sous la voûte du tunnel... tout concourt à baigner cette scène tragique dans une atmosphère glauque et malsaine. Au loin, on entend le « pin-pon » caractéristique d'un car parisien de Police Secours, et puis la sirène des pompiers[2]. Des bruits familiers qui soulagent visiblement les deux gardiens de la paix.

Très rapidement un véhicule Bac 75[3] arrive sur les lieux afin de nous aider à écarter les photographes et badauds. Un photographe n'étant pas content de se voir écarter de force, m'a déclaré verbalement « Vous n'avez qu'a aller en BOSNIE et vous verrez, je fais mon travail »

De même un premier véhicule de sapeurs pompiers arrive sur place, prodigue les soins et demande au gardien DORZEE de maintenir éveillé, tant que possible, la passagère arrière droite en lui parlant et en lui tapotant la joue, et me demande également de tenir la tête du passager avant droit

---

1. Cf. documents annexes, p. 17 et 18.
2. Cf. documents annexes, p. 19.
3. BAC 75 : Brigade anticriminalité de Paris.

Le témoignage des deux policiers, premiers arrivés sur les lieux, sera capital pour la suite de l'enquête et va déterminer les premières interpellations.

Le lieutenant de police Bruno Bouaziz qui commande la brigade de nuit est de permanence ce soir-là au 1er district, à l'écoute des doubles fréquences utilisées par les véhicules de police en ronde. Il intercepte à 0 h 30 l'appel de *TV India Alpha* signalant qu'un accident grave impliquant une personnalité vient de se produire. Il dirige aussitôt plusieurs véhicules de la BAC 75 Nuit vers l'Alma et saute dans une voiture pour se rendre sur les lieux.

L'officier de police va d'abord effectuer les premières constatations, notant la présence des secours qui s'activent autour de la Mercedes accidentée. Les pompiers n'ont extrait qu'une seule victime, un homme, allongé sur la chaussée, qu'ils tentent de réanimer en lui faisant un massage cardiaque.

Il remarque également à proximité de l'accident, à hauteur du onzième pilier, un scooter Piaggio noir, qu'il suppose abandonné par un des photographes. La clef est encore sur le contact et un casque est accroché au guidon. Une moto Suzuki 600 RS, immatriculée dans l'Aisne, est également béquillée à l'entrée du tunnel sous un réverbère.

Le lieutenant signale aussi :

De nombreux photographes prennent des clichés du véhicule accidenté, sans se soucier des victimes, ni leur porter aucun type de secours.

Décidé à mettre un peu d'ordre dans le périmètre de l'accident, le lieutenant Bruno Bouaziz, avec l'aide des policiers de la BAC 75, fait dans un premier temps reculer les témoins et les photographes avant de les regrouper pour les mettre à la disposition de la police judiciaire.

Dans son rapport – qui servira de base au premier constat du capitaine André Durand de la 1re DPJ –, Bouaziz recueille les éléments constituant un début d'explication sur les causes de l'accident. Il apparaît clairement que la Mercedes a heurté violemment, de face, le treizième pilier central qui soutient la voûte, avant d'être projetée en pivotant de l'autre côté de la chaussée, contre le mur du tunnel. C'est lorsque la voiture a percuté tout aussi violemment cet obstacle que sa course a été stoppée net.

Des témoins ont indiqué aux premiers policiers intervenants que la voiture de la princesse roulait à très vive allure poursuivie par des photographes sur des deux roues. D'autres ont vu la Mercedes ralentie par un véhicule Ford Mondeo, afin que des photographes montés sur des motocyclettes puissent prendre des clichés photographiques. La Mercedes aurait tenté d'échapper à ses poursuivants et a déboîté à l'entrée

34

du souterrain, et son conducteur a perdu le
contrôle du véhicule pour aller heurter un
pilier au milieu du tunnel.

Il y a maintenant foule dans le souterrain de l'Alma,
les autorités affluent et la machine judiciaire se met en
route. Le préfet de police Philippe Massoni et Patrick
Riou, le directeur de la police judiciaire, s'entretiennent,
dans un coin du tunnel, avec le substitut du procureur
de la République, Maud Coujard. En liaison téléphonique avec leurs différents ministères, il s'agit pour les
trois hauts fonctionnaires de déterminer les conséquences de l'accident et de mesurer les énormes réper-
cussions que cet événement ne va pas manquer d'avoir
dans le monde entier. Il est essentiel pour les autorités
françaises de prouver immédiatement leur maîtrise
d'une situation aussi délicate que dramatique. Mais
aussi leur détermination à faire toute la lumière sur les
circonstances d'une affaire que la notoriété de la princesse de Galles et les péripéties romantiques de sa
liaison avec le fils d'un milliardaire égyptien rendent
particulièrement épineuse. La mort de Dodi Al Fayed
et l'état critique de la princesse Diana, quelques heures
à peine après leur arrivée en France, ont toutes les
chances de provoquer une émotion planétaire : il ne
faudrait pas qu'elle tourne à l'affaire d'État !

Un nom s'impose rapidement, celui du commissaire
divisionnaire Martine Monteil, la patronne de la Brigade criminelle. Cette femme de quarante-cinq ans,
alliant le charme à la compétence, dirige l'une des plus

prestigieuses unités de la police française, jouissant à l'étranger d'une flatteuse réputation. Le choix de la Crime, police scientifique mais aussi police de terrain, est particulièrement judicieux : la rigueur et la qualité des enquêteurs de la Criminelle est la meilleure garantie que l'enquête ira sérieusement au fond des choses.

Il est 1 h 30 du matin lorsque deux ambulances du Samu Necker emportent la princesse Diana et son garde du corps vers l'hôpital de la Pitié-Salpêtrière. Les corps du chauffeur de la voiture et de Dodi Al Fayed, placés sur des brancards, sont conduits dans un car de Police Secours à l'Institut médico-légal.

Martine Monteil est saisie de l'affaire à 2 heures du matin par le substitut du procureur de la République, et met aussitôt son équipe au travail. Pendant que les services de l'Identité judiciaire et la Brigade centrale des accidents relèvent minutieusement les traces de l'accident, mesurent et dessinent les plans, Martine Monteil et ses hommes interrogent les policiers et les témoins retenus sur place. De leurs récits vont dépendre les premières mesures conservatoires prises par la patronne de la Crime et qu'elle détaille ainsi dans le procès-verbal BC N° 288/97 daté du 31 août à 2 h 00.

> D'après les premiers témoins la Mercedes ayant emprunté à vive allure cette portion de voie aurait fait une embardée, le chauffeur étant **suivi et gêné par des véhicules de journalistes l'ayant pris en chasse.** Le conducteur devant perdre le contrôle de son

véhicule ne pouvait en récupérer la maîtrise.

Toujours d'après les premiers témoins, les « **paparazzi** » qui poursuivaient le véhicule Mercedes, dés l'accident, se seraient précipités pour prendre des clichés, négligeant les gestes élémentaires d'assistance à personnes en danger. C'est sur ce constat que les policiers premiers intervenants parvenaient à procéder à l'interpellation des dits photographes de presse.

Les sept photographes qui attendent sur la chaussée, « maintenus sur place » par des gardiens de la paix, ont été dépouillés de leurs appareils photo, sacs et pellicules à 0 h 40. Le commissaire Bonnefond de la PJ s'approche d'eux, les informe qu'ils sont placés en garde à vue et procède à leur interpellation. Les sept photographes sont aussitôt embarqués dans un car de Police Secours et emmené dans les locaux de la 1ʳᵉ DPJ pour y être auditionnés. La liste est ainsi établie :

> **MARTINEZ Christian**, agence Angely
> **RAT Romuald**, agence Gamma,
> **LANGEVIN Jacques**, agence SIGMA,
> **ARNAL Serge**, agence Steels Presse Agency,
> **VERES Laslo**, indépendant,
> **ARSOV Nicolas**, Agence Sipa Presse,
> **DARMON Stéphane**, agence Gamma.

> L'ensemble de ces individus seront soumis
> à un prélèvement sanguin et examen de
> comportement. Par mesure conservatoire,
> leur matériel photographique a été écarté.

Quant aux quatre témoins encore présents sur les lieux, ils ont déjà été emmenés pour audition à la 1ʳᵉ DPJ, au 46 boulevard Bessières dans le 17ᵉ arrondissement.

Dans le souterrain de l'Alma, les policiers de l'Identité judiciaire auscultent méthodiquement le sol, explorant chaque centimètre carré de bitume. Tandis que deux hommes mesurent avec un décamètre la longueur des traces de pneus, une jeune femme accroupie a posé sa trousse à côté d'elle. Avec une pince elle recueille soigneusement des éclats de verre et de bakélite qu'elle place soigneusement dans une boîte en plastique. Un autre technicien de l'IJ photographie des pièces qui se sont détachées du véhicule au moment du choc, avant de les étiqueter : « bloc optique gauche » ; « miroir rétroviseur intérieur » ; « parabole phare droit »[1]. Leur travail est à peine interrompu un peu avant 5 heures lorsqu'un de leurs collègues au volant d'un véhicule de police lance :

---

1. Cf. schéma p. 348-349.

— Elle est morte ! Ils viennent de l'annoncer à la radio.

La jeune femme se relève, la pince à la main, et passe le dos de sa main gantée sur son front. Elle soupire et reprend son minutieux travail.

Le capitaine de la Brigade criminelle Christophe Boucharin, désigné par Martine Monteil pour établir la procédure, va quitter les lieux pour se rendre à l'Institut médico-légal lorsqu'il est rattrapé par un brigadier de police qui agite un sac en plastique.

— Capitaine, voilà ce que mes hommes et moi avons trouvé dans la voiture et ce que nous ont remis les pompiers. Qu'est-ce que j'en fais ?

Le brigadier ouvre le sac et le capitaine aperçoit à l'intérieur un bric-à-brac d'objets, de bijoux, une paire d'escarpins et des téléphones portables.

— OK, donnez-moi ça, je vais en faire l'inventaire.

Nos constatations sur les lieux étant terminées à 05 heures, nous sont remis par les effectifs de la Sécurité Publique, objets et valeurs collationnés par les premiers intervenants dont l'inventaire descriptif s'établit comme suit.

• 1 montre de marque JAEGER-LECOULTRE, en métal doré, avec cadran serti de pierres blanches.

• 1 bracelet cassé à 6 rangs de perles blanches avec fermoir en forme de dragon, constitué de brillants.

• 1 bague articulée en métal doré et pierres blanches serties.

• 1 boucle d'oreille en métal doré.

• 1 paire de chaussures, escarpins, bout pointu, de couleur noire, de marque VERSACE, taille 40.

• 1 ceinture femme, en cuir, noire, de marque « Ralf Lauren » de taille 30, présentant des détériorations.

• 1 telephone portable de marque MOTOROLA de type Startac N°...... l'appareil contient une carte téléphonique.

L'ensemble de ces effets semblant appartenir à la Princesse de Galles.

• 1 montre de marque CARTIER, rectangulaire, en métal blanc a cadran fenêtre avec bracelet de couleur grenat, type crocodile.

• 1 boitier montre de marque CITIZEN ne fonctionnant pas, bloquée sur 12 heures ou 00 heures. Supportant le N°... cette pièce est dépourvue de bracelet.

• 1 boitier montre-chronographe de marque BREITLING en état de fonctionnement supportant le N°... cette pièce est dépourvue de bracelet.

• 1 bracelet articulé en métal blanc, supportant sur son fermoir la marque « BREITLING ».

- 1 étui à cigares de couleur fauve de marque SAVILINNI contenant un cigare sans bague.
- 1 coupe cigares en métal doré de marque ASPREY.
- 1 « beeper » de marque HUTCHINSON telecoms, supportant sur bande DYMO bleue, les inscriptions de code d'appel N°...
- 1 répertoire téléphonique, type oraganiser, couverture cuir noir, contenant des adresses en Grande Bretagne ainsi que des mentions manuscrites en langue anglaise. Se trouve présent un reçu de Carte Visa au nom de M. TREVORS Rees Jones.
- 1 briquet Bic bleu.
- 1 trousseau de six clés avec porte-clé Canal+.

L'ensemble de ces éléments feront l'objet de **restitution ultérieure** après identification de détenteur[1].

Le capitaine Boucharin reçoit l'ordre d'aller immédiatement à la Pitié-Salpêtrière, où la princesse Diana vient de mourir, pour assister le médecin légiste, le Pr Lecomte. Il se rendra ensuite à l'Institut médico-légal pour effectuer les constatations sur les corps de Dodi Al Fayed et du chauffeur.

---

1. Cf. documents annexes, p. 7.

Des hommes en bleu de travail aux couleurs de la police parisienne embarquent trois motocyclettes et un scooter dans un fourgon tandis que des dépanneuses remorquent deux voitures, une Volkswagen et une Fiat appartenant à des photographes. À l'aide d'une petite grue, les services techniques déposent la carcasse de la Mercedes sur le plateau d'un gros camion TC Overland pour la conduire au garage Nord de la préfecture de police, boulevard MacDonald. Un des conducteurs prend clandestinement des photos avant que l'on bâche l'épave : elles seront retrouvées plus tard lors d'une perquisition à l'agence Gamma.

Les services de voirie patientent sur la voie rapide, et en quelques minutes ils ont nettoyé la chaussée de toute trace de l'accident.

Seul, sur la tranche du pilier 13, un impact rappelle qu'ici s'est arrêtée la vie de la princesse Diana, de son amant Dodi Al Fayed et de leur chauffeur, dont le nom deviendra rapidement célèbre : Henri Paul.

Le lieutenant Bruno Bouaziz, commandant la brigade de nuit, regarde sa montre : il est 5 h 25. Il fait signe à ses hommes de lever le barrage. Le souterrain de la place de l'Alma est rendu à la circulation.

1re DPJ. 2 h 30

Dans les locaux de la 1re DPJ situés dans l'ancien hôpital Beaujon, les témoins à demi endormis attendent plus ou moins patiemment, assis sur des bancs dans les couloirs où s'affairent les inspecteurs. Ils sont quatre et, pour le moment, les seuls témoins à s'être manifestés. Trois hommes et une femme. Les deux premiers hommes, chauffeurs de « grande remise[1] », étaient à pied, et prenaient le frais en attendant que leurs clients sortent d'une soirée. Ils avaient garé leur véhicule en face du 5 de l'avenue Montaigne et faisaient quelques pas sur l'esplanade de l'Alma qui surplombe la voie rapide, en fumant une cigarette. Voici ce que Clifford Gooroovadoo, originaire de l'île Maurice, naturalisé français, déclare sur procès-verbal au capitaine Jamet qui l'interroge :

A un moment, mon attention a été attiré par le ronflement du moteur d'une voiture. J'ai été tellement surpris que j'ai regardé dans cette direction.

– Là, j'ai vu un moto avec deux personnages dessus. J'ai également vu que le passager de cette moto « mitraillait » en direction du véhicule à l'origine du fameux bruit. Ensuite les véhicules ont disparu sous le tunnel et quelques instants plus tard, j'ai entendu un énorme bruit.

---

1. Fourniture de véhicule haut de gamme avec chauffeur.

Cette scène est confirmée par son ami Olivier Partouche, un étudiant de vingt-cinq ans, conducteur occasionnel de voitures de grande remise, interrogé au même moment, dans une pièce différente, par le lieutenant de police Noël Monteggini. Partouche estime que la Mercedes roulait à près de 150 km/h ; il confirme qu'elle était poursuivie par une moto et il ajoute :

> La Mercedes était précédée par une voiture, dont je ne peux vous dire la marque, de couleur sombre, visiblement cette voiture cherchait à ralentir la Mercedes.
> – Le but de cette manœuvre était de faciliter la prise de photo par les paparazzi.
> – A ce moment j'ai entendu le chauffeur de la Mercedes rétrograder afin de pouvoir doubler le véhicule gênant.

En entendant le choc, Olivier Partouche reste un moment sur le terre-plein avant de descendre dans le tunnel. Ce n'est pas le cas de son ami Clifford qui, lui, se précipite dans le souterrain.

> – J'ai immédiatement couru pour voir s'il y avais des blessés. En voyant l'état du véhicule, je me suis douté que des passagers devaient être blessés.
> – A mon arrivée, il y avait déjà des photographes (deux ou trois). Ces derniers

prenaient des photos du véhicule et des occupants. Aucun n'a cherché à porter secours aux passagers du véhicule.

- Personnellement, je me suis approché du côté passager avant car la voiture avait fait un demi tour.

- Là, j'ai vu que le passager avant était passé à travers le pare-brise. Il était complètement mutilé au niveau du visage. Il était cependant encore vivant.

- A ce moment là, un photographe a déclaré « Personne ne parle français dans cette voiture ». Parlant anglais, je me suis approché et j'ai dis aux passagers : « Dont move, please wait ».

- Alors que je tenais la tête du passager avant, j'ai vu les passagers arrière. J'ai vu tout d'abord un homme qui était mort.

- Là j'ai vu la femme qui était derrière et une personne m'a dis « C'est Lady Di »

- Je suis alors passé derrière et j'ai déclaré à Lady Di « Dont move, somebody gone, come to help you ».

- La femme était en très mauvais état, elle saignait abondamment du visage et elle ne parlait pas.

- Ensuite les secours sont arrivés et ont pris le relais.

Clifford Gooroovadoo, pris de scrupules à la fin de l'audition, tient à préciser à l'officier de police : « Je veux d'ailleurs rectifier quelque chose : je ne me souviens pas s'il y a eu des flashes à l'entrée du tunnel. » En revanche Clifford confirme la présence des photographes lorsqu'il a débouché dans le tunnel. À la question du capitaine Jamet, il répond :

— Comme je vous l'ai déjà dit, à mon arrivée près de la voiture, il y avait déjà deux photographes sur place. Ils ne portaient pas secours aux victimes, ils se contentaient de photographier.

— Vous pourriez les reconnaître ?

— Absolument, ce sont ces deux hommes-là.

Et Clifford désigne, parmi le groupe de photographes, Romuald Rat et Christian Martinez.

Au même moment, dans un troisième bureau, le lieutenant Laurent Chassagne entend un troisième témoin. Il s'appelle Benoît Boura, il est assistant de laboratoire dans un magasin de photo de la rue Marbeuf. Ce soir-là, il rentrait chez lui avec sa compagne Gaëlle et circulait en direction de la Concorde, empruntant le tunnel de l'Alma dans le sens inverse du chemin suivi par la Mercedes.

— J'ai alors remarqué en sens inverse de la circulation deux voitures et une moto qui se suivaient de très près et à très vive allure.

46

> – Concernant la première voiture je peux vous préciser qu'elle était de couleur foncée, le second véhicule était la Mercedes, et le troisième était une moto ou un scooter.
>
> – J'ai entendu un grincement de pneu, j'ai vu la Mercedes glisser et se déporter vers le pilone central.
>
> – Lorsque la Mercedes a percuté le pilone, il y a eu des projections sur ma voie ce qui m'a obligé à freiner et à ralentir.

Benoît Boura poursuit sa route jusqu'à la sortie du tunnel où il s'arrête et s'emploie à ralentir les automobilistes qui arrivent en face. Il n'a pas remarqué de flashes au moment de l'accident. Quant à la voiture qui précédait la Mercedes, elle a continué sans s'arrêter, et la moto qui la suivait s'est contentée de doubler par la droite et a poursuivi sa route.

Dans ces trois premiers témoignages à chaud, il y a une constante : la présence d'une moto à proximité de la Mercedes et celle d'une voiture, sombre, sur sa route et qui gêne sa course.

Le quatrième témoin est une femme, Gaëlle Lhostis. C'est la compagne de Benoît Boura, trente-huit ans, elle est assistante de production à l'agence Capa. Elle sera entendue un peu plus tard directement par la Criminelle au 36 quai des Orfèvres vers 6 heures du matin.

C'est le lieutenant Isabelle Deffez qui recueille sa déposition. Gaëlle Lhostis confirme la présence d'un véhicule de couleur sombre, style Clio ou Super 5, précise-t-elle, qui roulait assez lentement. Elle est certaine d'avoir vu une moto derrière la Mercedes, pas une Vespa.

```
    J'ignore la cylindrée, mais elle me
paraissait confortable. Je ne sais pas
combien de personnes étaient à bord. La
moto ne s'est pas arrêtée mais a ralenti à
hauteur de la Mercedes. Je n'ai pas vu de
flash photo. Je ne me souviens pas d'en
avoir vu avant.
```

À ce stade de l'enquête, un très fort soupçon plane sur les photographes, et les témoignages directs leur attribuent, non seulement une attitude indigne après l'accident, mais une relation directe avec celui-ci. Quelles sont cette mystérieuse voiture sombre et cette moto qui encadrent la Mercedes juste avant et pendant l'accident ? Étaient-elles pilotées par des photographes de connivence ? Certains témoignages le laissent penser. Mais n'ont-ils pas été influencés par la danse obscène de ces mêmes photographes juste après l'accident ?

Alors que la nouvelle de la mort de la princesse Diana résonne comme un roulement de tonnerre, et que tous les médias accusent déjà les photographes d'en être responsables, au 36 quai des Orfèvres, les inspecteurs de la Criminelle vont tâcher de démêler la part du vrai et celle de l'émotion.

– CHAPITRE 3 –

On prétend que le 36 quai des Orfèvres ne dort jamais. C'est tout à fait vrai en cette nuit du 31 août où tous les inspecteurs du groupe d'enquête Joseph Orea se préparent à réentendre les témoins déjà auditionnés par la 1re DPJ. Ainsi qu'à interroger les nouveaux témoins qui se présentent spontanément, réalisant que l'accident auquel ils ont assisté cette nuit-là a acquis une telle résonance qu'un peu de cette notoriété rejaillit sur eux. C'est le cas de Thierry Hackett, un ingénieur de quarante-neuf ans qui se retrouve, dans la matinée, au Quai des Orfèvres. Ce soir-là, après avoir dîné à la Bastille, Hackett est rentré chez lui dans le 17e arrondissement, seul dans sa voiture. Il était 0 h 30 lorsqu'il a emprunté la voie rapide à la Concorde.

Alors que je circulais sur la voie de droite, dans le premier souterrain à hauteur du Pont Alexandre III, j'ai été doublé par un véhicule qui roulait à très grande vitesse. J'évalue à environ 120 ou 130 km/h

la vitesse de ce véhicule. Il s'agissait
d'une grosse cylindrée noire.

Le témoin n'a pas le temps de noter le numéro
d'immatriculation, ni de voir les occupants de la limousine. En revanche, il remarque que la voiture semble
escortée par des motos.

Cette voiture était manifestement poursuivie par plusieurs motos dont j'évalue le
nombre de 4 à 6. Certaines motos étaient
montées par deux passagers. Ces motos col-
laient le véhicule et tentaient de se
porter sur ses côtés.

Cette scène lui semble si inhabituelle que, sur le coup,
il se dit que la voiture noire est poursuivie par la police.
Car, précise-t-il, il n'a vu ni appareils photo, ni flashes.

J'ai remarqué que le véhicule qui conti-
nuait à rouler sur la voie de gauche, tan-
guait et avait du mal à maintenir sa
trajectoire. Manifestement, le chauffeur
du véhicule était gêné par les motos.

S'il avait continué sa route, Thierry Hackett aurait
assisté à l'accident, mais il quitte la voie rapide par la
bretelle d'accès à la place de l'Alma.

Christophe Lascaux, un analyste financier de trente-sept ans, circule, lui, en sens inverse en direction de la Concorde et vient de sortir du souterrain de l'Alma. Il précise que l'horloge de son véhicule marque exactement 0 h 33.

> J'ai vu arriver dans l'autre sens une grosse Mercedes noire roulant à très vive allure. Ce qui m'a marquée, c'est qu'elle faisait des embardées, pour être plus précis, je dirais qu'elle effectuait un « zig-zag » ample. J'ai pu voir aussi qu'elle était en pleine accélération car l'avant de la voiture se cabrait légèrement ce qui est la caractéristique des grosses propulsions.

Le témoin pense alors que cette voiture est conduite par un dingue, et suit dans son rétroviseur gauche la trajectoire de la Mercedes qui s'engouffre dans le tunnel.

> Presque tout de suite, j'ai entendu un gros bruit, ensuite un grissement important de pneus et non pas un freinage et enfin un deuxième gros bruit de choc. Ces trois impressions sonores ont été presque immédiates.

Le capitaine Nouvion de la Criminelle demande ensuite au témoin s'il a vu d'autres véhicules à proximité de la Mercedes.

— Non, répond Christophe Lascaux. Au moment où j'ai entendu ces bruits, j'ai croisé deux motos, que j'ai aperçues de dos dans mon rétroviseur. Je n'ai pas souvenir d'avoir remarqué d'autres motos ou voitures.

— Quelle distance séparait les deux motos de la Mercedes ?

— Difficile de vous répondre. Je roulais à 60 à l'heure, à contresens, et j'étais trop surpris pour faire une évaluation. La scène a duré une ou deux secondes tellement la vitesse était élevée.

Pour les policiers de la Criminelle qui croisent les témoignages au fur et à mesure, les pièces du puzzle commencent à se mettre en place. Ils possèdent maintenant des détails directs sur la minute, voire les secondes qui ont précédé l'accident.

La Mercedes roulait très vite, largement au-dessus de la vitesse autorisée. Son conducteur semblait avoir des difficultés à maîtriser son véhicule bien avant le choc sous le tunnel. Sur ces éléments, tous les témoins sont unanimes. En revanche les témoignages divergent sur la présence d'une voiture et de plusieurs motos qui auraient gêné – volontairement ou pas – la progression de la Mercedes, provoquant cette conduite chaotique. La présence d'au moins une moto est constante dans tous les récits, la plupart des témoins la situant derrière la Mercedes. Il reste que les policiers n'ont enregistré à ce stade que peu de relations directes de l'accident.

Au petit matin, le lieutenant Isabelle Deffez de la Crime auditionne à nouveau le témoin Benoît Boura, déjà entendu par la PJ. C'est pour le moment le seul à avoir assisté à l'impact, alors qu'il circulait dans l'autre sens.

— Sur quelle voie rouliez-vous ?

— Sur la voie de gauche. Il y avait devant moi deux véhicules, une 309 et une 205 je crois. Sur la voie de droite, à ma hauteur il y avait une autre voiture dont je ne me rappelle pas la marque.

— Qu'avez-vous vu à ce moment précis ?

— D'abord, j'ai entendu un fort crissement de pneus. Puis le bruit d'un petit impact. Là, j'ai regardé sur ma gauche. J'ai vu alors une berline, de couleur sombre, qui accélérait brutalement alors que la Mercedes qui la suivait sur la même voie...

— De votre côté ou du côté du mur ?

— Du côté du mur. La Mercedes a perdu le contrôle et s'est mise à glisser, puis elle a heurté le pylône de l'autre côté en projetant des pièces en avant. Ensuite elle a fait un tête-à-queue et s'est retrouvée contre le mur dans le sens inverse.

— Y a-t-il eu un choc entre les deux voitures ?

Je pense que la Mercedes, qui roulait très vite a heurté la berline et a ensuite perdu le contrôle.

— D'autres véhicules suivaient-ils la Mercedes ?

En passant à hauteur du véhicule accidenté, j'ai vu une moto ou une vespa de
grosse cylindrée, de type 125 dépasser la
Mercedes. La moto a ralenti, puis accéléré
et elle est partie. Il n'y a pas eu de photos
de prises à ce moment là.

— Qu'avez-vous fait alors ? Vous êtes-vous arrêté ?

Nous ne nous sommes pas arrêtés ; mais
nous avons pu distinguer un corps dans la
voiture : en effet la portière arrière
droite s'était ouverte sous le choc et j'ai
vu que le siège avant s'était projeté vers
l'avant. Une femme se trouvait recroque-
villée dos au siège avant, et les jambes
démantibulées. La tête était quasiment à
l'avant entre les sièges.

— Avez-vous vu quelqu'un d'autre ?
— Non, je n'ai vu que cette personne. Je me suis
arrêté à la sortie du tunnel et j'ai commencé à faire
signe aux véhicules qui venaient en face de s'arrêter.
Une Vespa 125 est arrivée, et comme je tentais de
l'empêcher de passer, le conducteur m'a dit quelque
chose comme « presse » ou « photographe », et il a
continué.

Cette berline, qui précédait immédiatement la Mercedes, intrigue les enquêteurs. Si elle a été heurtée par la Mercedes, comme le prétend le témoin, elle est certainement à l'origine de l'accident.

Ils vont rapidement avoir la réponse. Dans l'après-midi, Mohamed Medjahdi se manifeste auprès de la Criminelle. Il est immédiatement convoqué au Quai des Orfèvres avec sa compagne Souad Moufakkir. C'est le lieutenant Bernard Gisbert qui reçoit sa déposition. Le jeune homme, âgé de vingt-trois ans, est de nationalité algérienne mais vit et travaille en France comme conducteur d'engins de manutention. C'est en entendant, à la radio, l'annonce de la mort de Diana qu'il a fait le lien avec l'accident dont il a été témoin.

Ce matin-là, raconte-t-il, il circulait sur les quais de Seine, en direction du Trocadéro, à une allure modérée ; à peu près entre minuit et demi et 1 heure, il ne peut pas être plus précis. Il roulait à droite, la circulation était fluide, mais il y avait quand même du monde. Alors qu'il vient d'emprunter le tunnel de l'Alma, il est alerté par un fort crissement de pneus derrière lui. Sa vitre est ouverte et, malgré la radio, le bruit le fait sursauter. Instinctivement, il regarde dans son rétroviseur.

> J'ai aperçu un véhicule, une grosse voiture, une Mercedes qui arrivait dans le bas du souterrain en travers de la chaussée.

Elle arrivait très vite. J'estime la
vitesse à au moins 150 km/h. La Mercedes
glissait de telle façon qu'elle formait
avec l'axe médian un angle d'environ 45°.
L'avant était dirigé vers l'autre côté de
la chaussée. Je me souviens bien de cela car
je voyais ces phares qui éclairaient
l'autre chaussée.

J'ai continué à observer dans mon rétroviseur et ai remarqué que la Mercedes s'est
redressée dans le bon sens de circulation.
Puis tout de suite après j'ai entendu un
grand bruit et j'ai vu voler un morceau de
carrosserie alors que la voiture heurtait
la partie centrale de la chaussée. Elle a
rebondie puis s'est rapprochée de la partie
droite de la chaussée.

À partir de cet instant, Mohamed ne voit plus rien.
Pendant qu'il observait la scène dans son rétroviseur,
sa voiture a poursuivi sa route et se trouve alors dans
la partie remontante du souterrain. Un peu plus loin,
Mohamed s'arrête au niveau du Trocadéro pour téléphoner. Il perd du temps à trouver une cabine et,
lorsqu'il entend au loin des sirènes, pense que les
secours sont alertés et rentre chez lui.

Le lieutenant Gisbert l'interroge pour savoir s'il a
aperçu d'autres véhicules pendant l'accident.

J'ai remarqué une moto qui me dépassait
juste après l'accident. Cette moto roulait

assez vite et était montée d'une femme et d'un homme. J'ai en fait le souvenir du bruit de cette moto qui me dépassait à vive allure juste avant d'entendre les crissements de pneus de la Mercédès.

L'enquêteur insiste : Mohamed a-t-il remarqué un autre véhicule entre la Mercedes et lui ?

Pour répondre à votre question, je n'ai pas le sentiment qu'il y ait eu des véhicules intercalés entre moi et la Mercedes. J'ai d'ailleurs eu très peur que cette voiture ne me heurte et c'est pour cette raison, que j'ai accéléré.

Le lieutenant Gisbert demande alors à Mohamed où se trouve son véhicule.

— Je l'ai garé en bas, sur la voie de bus, devant le 36 quai des Orfèvres. C'est une Citroën BX, gris clair.

— Vous avez les papiers ? Nous allons l'examiner. Venez avec moi.

Et le lieutenant note :

La carrosserie est en très bon état général.

Constatons la présence d'une seule trace de choc, sans éclat de peinture, au niveau du capot avant.

Il s'agit d'un simple enfoncement rectiligne de quatre centimètres. Ces constatations mettent Mohamed hors de cause dans un éventuel choc entre les deux voitures. Ce que confirme son amie Souad Moufakkir, interrogée dans une autre pièce par le capitaine Nouvion.

Souad, âgée de vingt-sept ans, est française et travaille dans une cartonnerie. Elle se rappelle parfaitement avoir été alertée par un grand crissement de pneus. Alors que Mohamed regarde dans son rétroviseur, Souad se retourne et observe la scène par la vitre arrière. Elle voit la Mercedes glisser en travers de la chaussée et heurter le pilier en béton. Elle a très peur.

Je dois vous dire que notre véhicule était environ à 30 ou 40 mètres de la mercedes au moment du choc. Mon ami Mohamed avait d'ailleurs accéléré immédiatement craignant d'être percuté par elle.

Après le premier contact, le véhicule a fait volte-face pour aller cogner l'autre côté et j'ai distingué nettement le corps du chauffeur s'écrasant sur le volant.

Très choquée, Souad n'a pas de souvenir d'une moto, elle aperçoit semble-t-il des voitures contournant l'accident, mais sa vue est rapidement bouchée lorsque le véhicule de son ami amorce la remontée du souterrain.

Les déclarations de Mohamed et de sa compagne viennent confirmer en partie celles du témoin précédent, Benoît Boura. En voyant la voiture de Mohamed accélérer devant la Mercedes, celui-ci a cru que les deux automobiles s'étaient accrochées. En réalité, Mohamed accélère justement pour éviter la collision. En tout état de cause, une chose est claire désormais : au moment de l'accident, il n'y a qu'une voiture devant la Mercedes, et c'est celle de Mohamed. Enfin, il paraît établi que le conducteur de la Mercedes – qui roule très vite – n'a plus la maîtrise parfaite de son véhicule bien avant d'arriver dans le tunnel fatal. C'est en y pénétrant qu'il perd alors totalement le contrôle de la voiture qui dérape en travers de la chaussée, semble se rétablir, mais percute le pylône. La présence d'une moto qui suit la Mercedes puis contourne l'automobile accidentée et disparaît en direction du Trocadéro se précise. Elle est confirmée par deux autres personnes qui se trouvaient au moment de l'accident à la sortie du tunnel de l'Alma, juste devant les témoins précédents. Séverine Banjout et Jean-Pascal Peyret rentrent d'un dîner à l'hôtel Bristol et circulent à bord d'un cabriolet Saab 900. Alors qu'ils s'apprêtent à quitter le tunnel, ils entendent tous les deux le bruit de l'accident. Peyret, ne voyant rien dans son rétroviseur – ils sont déjà dans la partie remontante du tunnel –, en conclut qu'il s'agit d'un accident en surface. Quant à Séverine, elle entend un bruit épouvantable.

Mon ami a ralenti et j'ai essayé vainement
de regarder à l'arrière. Je n'ai rien vu de
particulier.

Quasiment dans le même temps, nous avons
été doublés par une moto roulant sur la voie
de gauche à très grande vitesse. Cette moto
a continué sa route et je l'ai perdu de vue.

Le commandant Bousson, qui interroge Séverine,
veut en savoir plus sur cette mystérieuse moto, dont
tous les témoignages s'accordent pour dire que son
pilote suivait la Mercedes, qu'il a assisté à l'accident, a
évité l'épave sans s'arrêter, pour disparaître sans se
manifester.

— Pouvez-vous me décrire la moto ? demande l'officier de police.

— Non, malheureusement. Cela a été très rapide et
je n'ai pas eu le temps non plus de relever son numéro
d'immatriculation.

— Et le conducteur, vous l'avez vu ?

— Oui, étant donné la carrure je pense que c'était un
homme. Mais il avait un casque de couleur claire et je
n'ai pas vu son visage.

— Un casque intégral ? Avait-il une combinaison ou
était-il habillé normalement ?

— Je suis incapable de vous donner tous ces détails...
Mais j'ai pensé que cette moto avait pu jouer un rôle
dans l'accident et que son conducteur prenait la fuite.

Une autre série de témoins va alors être entendue par la Brigade criminelle : ceux qui, sur les lieux de l'accident, ont d'une manière ou d'une autre porté secours aux blessés. Quatre jeunes gens circulaient à cette heure-ci sur la voie rapide. À bord de sa Rover, Damien Dalby (vingt-deux ans, agent d'exploitation dans une société de sécurité) a embarqué son amie Audrey, son demi-frère Sébastien et un ami prénommé également Sébastien. Les jeunes gens viennent de Versailles et projettent d'aller boire un verre au Pub Saint-Germain. Ils roulent sous le tunnel de l'Alma lorsque leur attention est attirée par des flashes qui illuminent la voûte. Damien Dalby aperçoit la voiture accidentée et constate qu'il n'y a pas encore de secours ni de police. Il réagit aussitôt.

> Ayant été pendant sept ans pompier volontaire, j'ai garé mon véhicule pour porter secours aux blessés. Mon frère qui est secouriste m'a rejoint.

Damien aperçoit de la fumée qui sort de la Mercedes accidentée.

> J'ai tenté de débrancher la batterie sans y parvenir.
> La portière arrière droite était ouverte.
> 5 ou 6 journalistes prenaient des photos.

Mon frère a tenté de les repousser. Dans la voiture, j'ai vu une femme qui se trouvait dans l'espace entre le siège arrière droit et le siège avant droit. Elle tentait de parler. Comme je ne comprends pas l'anglais, j'ai demandé autour de moi, et un homme à traduit à la femme « de ne pas bouger, que les secours arrivaient ».

À l'arrière gauche, Damien aperçoit un homme « de type nord-africain » à demi assis, les membres inférieurs disloqués.

Il était mort de toute évidence. À l'avant, il était aussi évident que le chauffeur était mort. Le passager avant respirait, la tête contre le montant du pare-brise qui avait explosé.

Je me souviens aussi dans toute cette confusion qu'un journaliste après avoir pris des photos a crié : « Elle est vivante ! » puis a pris à partie les autres photographes en hurlant et en les repoussant ; il voulait les empêcher de prendre des photos.

Son expérience de pompier pousse Damien à ne pas intervenir directement sur les blessés, d'autant qu'il constate qu'une voiture blanche de SOS Médecins vient de s'arrêter sur la chaussée.

Son frère Sébastien, un lycéen âgé de dix-neuf ans, était assis à l'arrière du véhicule lorsque Damien a garé la voiture sur la voie de gauche, a allumé les feux de détresse et est parti sans un mot en direction de l'accident. Lui aussi a découvert la voiture fracassée, les photographes agglutinés autour de la portière ouverte, les blessés et les morts à l'intérieur, le klaxon qui hurle en continu et les feux de détresse qui clignotent.

> Une femme se tenait à l'arrière droit, en position assise, mais tournée de trois-quart vers l'arrière, comme si elle regardait en arrière. En fait elle était assise à la place où l'on met les pieds habituellement. Elle était dans un état comateux et n'avait pas sa ceinture de sécurité.

Visiblement impressionné mais très lucide, le jeune homme fait alors le tour de la voiture, remarque que le passager avant bouge, bien qu'il soit gravement blessé à la tête. Il ne voit là encore pas de ceinture de sécurité, mais constate que l'airbag passager est toujours gonflé. Quant au conducteur, il est plaqué contre le volant, totalement inerte. Sébastien suppose que c'est sa tête qui appuie sur le klaxon.

Le jeune homme assiste à l'arrivée de la voiture de SOS Médecins et il essaye avec son ami, l'autre Sébastien, de faire reculer les photographes pendant que son frère Damien s'occupe du passager avant en lui parlant pour le rassurer.

Nous ne les avons pas touchés. Nous essayons simplement par la parole de les inciter à respecter les blessés et les morts. Notre intervention n'avait pas beaucoup d'effets.

Deux policiers en uniforme sont alors arrivés à bord d'un véhicule. Je suis allé vers eux et leur ai demandé de nous aider à repousser les journalistes.

Le lieutenant Gisbert interroge Sébastien sur le comportement des photographes.

— J'ai été très frappé de voir qu'ils photographiaient à l'intérieur de la voiture.

— C'est un photographe qui a ouvert la portière ?

— Je ne sais pas, elle était déjà ouverte lorsque je suis arrivé. Mais comme à ce moment-là il n'y avait qu'eux autour de la voiture, je ne vois pas qui d'autre aurait pu le faire !

L'autre Sébastien, lycéen également, interrogé par le lieutenant Gigou, confirme les dires de son copain : il s'est contenté de l'aider à repousser les photographes. Quant à Audrey, âgée de vingt et un ans, étudiante en économie, elle est restée pour surveiller leur voiture garée sur la voie opposée à l'accident. Elle a assisté de loin à l'intervention des trois garçons et atteste la présence des photographes à leur arrivée.

Je suis formelle, aucun d'entre eux ne s'est occupé des personnes qui pouvaient être dans la voiture accidentée. Par contre l'un d'entre eux criait et a même dis à un moment « Elle est vivante, elle est vivante ! »

Ensuite, la jeune femme a déplacé leur Rover pour ne pas gêner la circulation et elle a aperçu le gyrophare bleu de la voiture de SOS Médecins.

Les quatre jeunes gens ont quitté la scène de l'accident quelque temps après l'arrivée des pompiers en laissant leurs coordonnées aux policiers.

Les policiers de la Crime aimeraient bien savoir qui est ce mystérieux médecin qui est intervenu sur l'accident, a prodigué des soins à la princesse Diana, puis est parti après l'arrivée des pompiers. Il leur faudra attendre 18 heures pour que Frédéric Mailliez se présente au Quai des Orfèvres après sa garde. Il est aussitôt auditionné par le commandant Orea, chef du groupe d'enquête.

Ce docteur en médecine de trente-six ans exerce son métier au sein de l'organisation SOS Médecins qui emploie des généralistes : sur un simple coup de téléphone, ces médecins effectuent des visites d'urgence à domicile. Les Français connaissent bien leurs petites voitures blanches avec un gyrophare bleu. Le Dr Mailliez travaille également, depuis sept ans, pour le Samu 92, où il a reçu une formation d'urgentiste qui le qualifie pour les interventions délicates.

Cette nuit-là, Frédéric Mailliez rentre d'une soirée privée bien qu'il utilise sa voiture de service. Aussi roule-t-il normalement – sans utiliser son gyrophare – sur les voies sur berges aux environs de minuit et demi, en direction de la Concorde. À l'entrée du pont de l'Alma, il remarque un ralentissement dans son sens de circulation, et aperçoit au loin et en sens inverse une voiture accidentée, enveloppée d'une légère fumée.

En m'approchant, j'ai constaté la présence de débris sur le bitume. Lorsque je suis arrivé à la hauteur du véhicule, une grosse berline, j'ai constaté son état et j'ai imaginé que les passagers devaient nécessiter des premiers soins.

Le Dr Mailliez arrête sa voiture, colle le gyrophare magnétique sur le toit et accourt vers le sinistre. Sa spécialité lui permet de faire un rapide et cruel bilan de l'état des occupants de la Mercedes.

Dans la voiture, il y a quatre passagers, celui à l'avant droit m'a semblé avoir un trauma facial, il était incarcéré ; le chauffeur je l'ai à peine aperçu, il était encastré dans la ferraille et je ne me suis fait aucune illusion sur son état ; le pas-

> sager arrière était mort ; quant au pas-
> sager arrière droit, une jeune femme, elle
> me semblait la mieux en point. J'ai eu accès
> à elle facilement, la porte étant ouverte.

En se penchant sur la princesse Diana, Frédéric Mailliez ne voit qu'une jeune femme souffrante. Il lui relève
la tête pour qu'elle puisse respirer. Toute son attention
et son énergie sont tournées vers celle qui va devenir,
brièvement, sa patiente.

> Je suis vite revenu à ma voiture, chercher
> du matériel et j'ai appelé le « 18 »[1]. Ils
> étaient déjà prévenus, et je leur ai fait un
> premier bilan médical. Je suis revenu vers
> la voiture accidentée et ai prodigué les
> premiers soins. En l'occurrence, faci-
> liter la respiration de la jeune femme, que
> je n'avais pas identifié.

Le matériel que rapporte Mailliez, c'est un masque
respiratoire fixé à une petite bonbonne d'oxygène qu'il
place sur le visage de Diana pour faciliter sa respira-
tion[2]. En effectuant ces gestes, Frédéric Mailliez main-
tient la princesse en vie. Il est vraisemblable que, sans
son intervention, elle serait morte avant que les secours

---

1. « 18 » : numéro d'urgence des pompiers.
2. Cf. documents annexes, p. 20.

arrivent, étouffée par l'hémorragie interne qui compressait sa cage thoracique. La princesse était-elle encore consciente ? Son dernier regard fut-il – comme l'écrivirent plus tard des journaux anglais – pour le visage plein de compassion du médecin français ?

La réponse du Dr Mailliez est nette.

```
    La jeune femme était inconsciente, elle
    geignait.
```

Le commandant Orea interroge alors plus précisément le médecin sur la présence des photographes.

— Vous ont-ils empêché d'approcher les blessés ?

— Non, mon intervention n'a pas été à proprement parler gênée par la présence des paparazzi, ni par celle des curieux. Par contre, il régnait dans la foule une certaine agitation. Les journalistes, eux, se focalisaient sur la prise de photos.

— Pourriez-vous identifier ces photographes ?

— Mon attention était essentiellement dirigée sur la jeune femme. À tel point que la seule information que j'ai interceptée – en provenance des photographes –, c'est que les victimes parlaient anglais !

— On ne vous a pas expliqué de qui il s'agissait ?

— Je ne prêtais pas attention à ce qui se disait autour de moi. Ce n'est que ce matin que j'ai appris l'identité des victimes.

— La présence de tous ces photographes était quand même inhabituelle pour un accident de la route !

— J'ai protesté à plusieurs reprises, quand leur présence était par trop gênante pour les victimes. C'était vraiment incongru et déplacé par rapport à l'événement.

— À quel moment avez-vous quitté les lieux ?

— Lorsque les pompiers sont arrivés. Ils ont pris en charge les victimes : je n'avais plus de raison de rester, alors je suis parti.

Pour les enquêteurs de la Criminelle, le récit du Dr Frédéric Mailliez éclaire cette plage obscure située entre les secondes qui ont précédé l'accident et l'arrivée des secours officiels.

En cette fin de journée du 31 août, la mort de la princesse Diana et de son amant Dodi Al Fayed mobilise l'attention des médias du monde entier. Pas un seul continent n'est épargné par la déferlante tragique qui s'abat sur les habitants de la planète : en Europe bien sûr, mais aussi en Afrique et en Asie, la disparition de cette femme touche tous les cœurs. Les pays musulmans n'en sont pas exclus, dont les populations ont suivi avec fierté les efforts – couronnés de succès – du play-boy égyptien pour séduire l'une des femmes les plus convoitées de la Terre.

On s'apitoie, on s'afflige... et on demande des comptes ! La vindicte publique s'en prend aussitôt aux photographes de presse et autres paparazzi dont l'acharnement aurait provoqué l'accident mortel. Même si les plus prudents conseillent d'attendre les conclusions de l'enquête, il n'en reste pas moins que l'attitude brutale et indécente de ces hommes autour de la voiture accidentée stigmatise toute une profession. Au soir de la disparition de la princesse Diana, le sentiment qui l'emporte est que les photographes ont tué l'objet même de leur convoitise : la femme la plus photographiée au monde.

Les enquêteurs de la Brigade criminelle ont maintenant réuni suffisamment d'éléments pour pouvoir interroger les sept photographes interpellés sur les lieux de l'accident et placés en garde à vue dans les locaux de la police judiciaire. Ces hommes sont encore considérés comme témoins, bien que sous le coup d'une inculpation pour non-assistance à personne en danger.

Pourtant, un nouveau témoignage va ouvrir des perspectives inattendues aux enquêteurs et les amener à élargir leur champ d'investigation aux heures qui ont précédé l'accident. Ce témoin s'appelle Jean-François Musa, gérant de la société Étoile Limousine, propriétaire de la Mercedes accidentée, et qui se serait bien passé de cette publicité.

À 2 h 30 du matin, il s'est présenté spontanément aux policiers et il est aussitôt interrogé dans les locaux de la 1re DPJ par un agent de police judiciaire. Musa explique tout d'abord que sa société est sous contrat avec l'hôtel Ritz et dispose de six voitures de prestige, dites de « grande remise ». Deux de ces véhicules avaient été mis à disposition du Ritz ce soir-là, une Mercedes 300 classe S et une Mercedes 280 classe E. Jean-François Musa apprend au policier qu'il a fait l'objet d'une requête inhabituelle.

> Hier soir vers 18 H 00, je me trouvais à l'hôtel Ritz et M. Paul, Directeur de la Sécurité de l'hôtel m'a demandé en personne si je pouvais conduire la Range Rover personnelle de M. Dodi Al Fayed en tant que voiture de protection derrière le véhicule Mercedes 600 conduit par Mr Dodi Al Fayed ou plutôt par son chauffeur attitré.

Visiblement encore sous le coup de l'émotion, Jean-François Musa donne des explications un peu embrouillées. Il en ressort tout de même qu'une substitution de voiture a eu lieu juste avant le départ du couple pour le trajet qui allait se terminer tragiquement : Diana et Dodi n'ont pas emprunté la Mercedes 600 qu'ils avaient utilisée toute la journée, mais une autre, une Mercedes 300 provenant de la société de Jean-François Musa. C'est à bord de ce véhicule qu'ils ont trouvé la mort.

— Mais pourquoi ont-ils changé de voiture ? demande l'enquêteur de la PJ.

— Parce que quelqu'un avait imaginé une manœuvre de diversion avec les deux voitures habituelles de monsieur Al Fayed, sa Mercedes 600 conduite par son chauffeur et la Range Rover de protection conduite par moi.

— Expliquez-vous plus clairement. J'ai du mal à vous suivre.

— Eh bien, nous devions simuler un départ devant l'entrée principale du Ritz pour fixer la meute des photographes qui campaient sur la place Vendôme.

— Et où était l'autre Mercedes ?

    Vers 23h50, devant l'afflux de photographes Place Vendôme, le directeur de l'Hôtel Ritz m'a demandé si je pouvais mettre à disposition la Mercedes 300 afin de permettre une sortie discrète, rue Cambon, par la « petite » porte de sortie à l'arrière de l'Hôtel.

— Qui conduisait cette voiture ?

— Je l'ai fait placer par un voiturier devant l'entrée. Et puis j'ai attendu dans la Range devant l'hôtel, jusqu'au moment prévu pour la diversion. Ensuite, j'ai démarré et j'ai appelé le voiturier sur son portable. Il m'a confirmé que la diversion avait réussi et que la princesse et monsieur Al Fayed étaient partis dans ma Mercedes.

— Qui conduisait ?

— Eh bien, il m'a appris que c'était monsieur Paul qui était au volant et qu'un des deux gardes du corps anglais était monté devant.

— L'autre garde était où ?

— Avec moi, dans la Range Rover.

— Qu'avez-vous fait après ?

— Ce qui était prévu : les deux voitures devaient se rendre rue Houssaye où se trouve l'appartement de monsieur Al Fayed.

— Quand avez-vous appris l'accident ?

— Quelques minutes après notre arrivée rue Houssaye. C'est un paparazzi qui attendait dans la rue. Il a reçu un coup de fil sur son portable. Il est devenu blême et nous a annoncé l'accident. Nous avons filé place de l'Alma et c'est là que j'ai appris le décès de monsieur Al Fayed et celui de monsieur Paul.

En lisant ce témoignage recueilli par leurs collègues de la PJ, les enquêteurs de la Criminelle décident d'interroger à nouveau Jean-François Musa. Cette substitution de voiture et de chauffeur mérite d'être éclaircie. Mais il est bientôt minuit, Quai des Orfèvres. Certains enquêteurs n'ont pas dormi depuis vingt-quatre heures et Martine Monteil décide que tout le monde a besoin de repos.

Jean-François Musa et les gens du Ritz seront interrogés le lendemain 1er septembre.

– CHAPITRE 4 –

Institut médico-légal. 31 août

Le fourgon de Police Secours qui transporte la dépouille de Dodi Al Fayed emprunte le quai de la Rapée pour s'arrêter devant les sinistres bâtiments de l'Institut médico-légal. Dans le petit matin blafard, les policiers sortent le brancard où est étendu le corps sous une couverture. Les employés de l'Institut en blouse blanche s'en emparent prestement et l'enregistrent sous le numéro 2146. Puis on le transporte immédiatement dans la salle des autopsies, où il est déposé sur une table d'examen.

Le Pr Dominique Lecomte se trouve alors à la Pitié-Salpêtrière où elle vient de procéder à l'examen du corps de la princesse Diana, décédée deux heures auparavant. Il est 6 h 30 du matin lorsqu'elle retourne à l'Institut médico-légal, où elle est rejointe quelques minutes plus tard par le commandant Jean-Claude Mulès et le capitaine Boucharin qui l'assistent pour toutes les constatations médico-légales.

Le Pr Lecomte enfile une paire de gants, soulève le drap et découvre le corps de Dodi Al Fayed que ses assistants ont complètement dénudé. C'est tout d'abord la tête qui requiert son attention : de multiples plaies couturent son visage. Sa poitrine est enfoncée sur la gauche, son bassin est fracturé au niveau du pubis, et ses jambes semblent être passées dans un concasseur. Le Pr Lecomte note à la main dans son rapport :

> requis afin d'examiner le corps identifié par l'enquête judiciaire comme étant celui du nommé El Fayed n°2146
>
> J'ai constaté :
>
> De multiples excoriations de la face avec plaies paupières supérieures et nez.
>
> Zone érosive cou gauche.
>
> Enfoncement thoracique massif pedo... à gauche avec hématome latéral gauche.
>
> Plage érosive latérale thoracique Dte.
>
> Fracture du bassin, du 1/3 supérieur humérus gauche ; fracture 1/3 supérieure du fémur Dte et multiples fractures (3) jambe droite. 2 fractures fémur gauche 1/3 inf. et genou gauche. Fracture inf jambe gauche.
>
> – Emphysème sous cutanée thoracique.
>
> De mon examen je conclus :
>
> <u>Mort par hémorragie interne par enfonce-ment thoracique</u> Massif avec poly-trauma-tisme des membres inférieurs

(4 fractures à droite, trois fractures à gauche)

Le commandant Mulès écrit dans son procès-verbal que le Pr Lecomte lui a remis son rapport à 7 h 15, avec une planche de croquis représentant une silhouette masculine, où le médecin légiste a matérialisé les fractures et les plaies.

Ont été prélevés
- Sang,
- Urine,
- Autres prélèvements d'usage.

De même suite, nous faisons **remettre les vêtements de la victime** découpés pour les besoins des opérations de réanimation et qui seront conservés au service, aux fins de restitution éventuelle, sur demande de la famille.

À Londres, Mohamed Al Fayed a été averti de l'accident, puis de la mort de son fils, vers minuit (heure de Greenwich) par le directeur du Ritz. Dodi avait appelé son père une heure auparavant pour lui expliquer qu'il quittait l'hôtel cerné par les paparazzi en organisant une fausse sortie. Le milliardaire n'avait fait aucun commentaire sur ce qui était pour lui une simple diversion sans conséquences.

Sans avoir dormi de la nuit, il arrive à Paris dans son hélicoptère Sikorsky à 5 heures du matin. Un chauffeur du Ritz et le deuxième garde du corps de Dodi, Kes Wingfield, l'attendent à l'héliport pour le conduire à l'hôtel. Sur la foi de renseignements erronés, Al Fayed demande qu'on l'emmène immédiatement à l'hôpital de la Pitié-Salpêtrière où, pense-t-il, repose son fils. La longue limousine aux vitres teintées pénètre dans la cour de l'hôpital et s'arrête devant le pavillon Cordier. Un des assistants du préfet de police descend alors pour annoncer à Mohamed Al Fayed, qui est resté dans la voiture, la mort de Diana.

Le médecin légiste est à ce moment en train de procéder à l'examen du corps de la princesse au sous-sol, à côté de la salle d'opération. Al Fayed veut voir son fils mais on lui indique que celui-ci a été directement transporté à l'Institut médico-légal. Il décide de s'y rendre aussitôt pour reconnaître le corps, bien qu'on l'informe qu'il pourra en disposer uniquement après la visite du médecin légiste.

Dans la matinée, le substitut du procureur Maud Coujard accorde le permis d'inhumer, ce qui permet au commandant Mulès de procéder aux formalités administratives indispensables ; Mohamed Al Fayed peut emporter alors la dépouille de son fils en Angleterre. Le milliardaire égyptien ne va pas perdre de temps : il récupère tous les bagages du couple qui se trouvent toujours au Ritz et dans l'appartement de la rue Houssaye, fait transporter le corps de Dodi à l'héliport de Paris et repart pour Londres.

À l'Institut médico-légal de Paris, le Pr Dominique Lecomte n'a pas fini sa journée. À peine a-t-elle terminé l'examen du corps de Dodi Al Fayed qu'elle reçoit une réquisition du procureur de la République près du tribunal de grande instance de Paris pour effectuer une autopsie du chauffeur de la Mercedes accidentée, Henri Paul. Le procureur détaille ainsi les investigations que devra exécuter le légiste :

> Procéder à l'autopsie complète du cadavre déposé à l'institut médico-légal, pour établir les circonstances et les causes de la mort et rechercher tous les indices de crime ou délit ; (...) Remettre à l'officier de police judiciaire, aux fins de placement sous scellé, tout projectile ou autre objet qui serait découvert dans le corps. Prélever en deux lots identiques, un échantillon de sang et, en cas de nécessité, les viscères.

Il est 8 h 20 lorsque le commandant Mulès note dans son procès-verbal qu'il va assister le Pr Dominique Lecomte « ... aux fins de **CONSTATATIONS médico-légales et AUTOPSIE** sur le corps de **PAUL Henri**, enregistré à L'IML sous la référence 2146. »

Le commandant Jean-Claude Mulès commet une erreur en attribuant ce numéro d'enregistrement à

M. Paul : c'est celui de Dodi Al Fayed. Henri Paul porte le numéro 2147, comme l'atteste le bracelet fixé à sa cheville droite sur les photographies de l'Identité judiciaire. Dans son rapport, c'est d'ailleurs sous ce numéro que le Pr Lecomte désignera Henri Paul. La confusion – sans conséquence – du commandant Mulès est certainement due au marathon de procédures judiciaires qu'il a couru depuis 1 heure du matin.

L'examen externe du corps d'Henri Paul est celui d'un homme d'âge moyen, et de corpulence moyenne : 1,72 m pour un poids de 73 kg. Le médecin légiste fait état de multiples lésions traumatiques.

Au niveau de la face, un gros hématome à gauche du front témoigne d'un choc violent. Des estafilades sur l'arcade sourcilière, la pommette gauche et le menton ont été provoquées par des éclats de métal. La partie droite du visage est contusionnée.

Au niveau du thorax, deux estafilades et une ecchymose sont les seules marques bien visibles.

Les deux bras et les mains sont couverts de petites plaies et d'hématomes.

La jambe droite a été écrasée par le moteur qui s'est renfoncé jusque dans l'habitacle au moment du choc contre le pilier. Elle est fracturée à plusieurs endroits.

De profondes incisions dans la région cervicale ont entraîné un gros hématome au niveau du cou, avec des déchirures musculaires. La nuque est brisée.

L'autopsie proprement dite confirme les examens externes. Sous le cuir chevelu, deux hématomes de chaque côté du front. Le cerveau n'a pas été touché et on ne décèle ni lésion, ni anomalie ; la boîte crânienne et les os du visage ne montrent aucune fracture. La région thoracique, en revanche, est envahie par un épanchement hémorragique très important. Le cœur d'Henri Paul, qui pèse 350 g, présente une petite ecchymose antérieure, et l'autopsie de l'organe révèle qu'il est en bon état général. L'aorte thoracique est franchement sectionnée à quelques centimètres de l'oreillette avec, de chaque côté, de multiples fissures et déchirures indiquant un arrachement au moment du choc. La cage thoracique comporte de nombreuses fractures dues à un enfoncement sur le côté droit. À gauche, trois côtes ainsi que la clavicule sont cassées.

Si la paroi abdominale ne présente pas d'anomalie, le lobe droit inférieur du foie a éclaté et la rate est fissurée. Le bassin est disloqué autour de la colonne vertébrale. Sur le reste du squelette, c'est la nuque qui a été le plus touchée : au niveau des deux vertèbres cervicales C3 et C5[1], fracturées, et de la C6 qui s'est déplacée, sectionnant du même coup la moelle épinière.

---

1. Les vertèbres cervicales sont numérotées « C1 », « C2 », etc., de haut en bas.

L'examen autopsique a montré

– de multiples lésions traumatiques en rapport avec l'accident, à savoir fracture franche avec déplacement du rachis cervical, au niveau du C6 associé à deux autres fractures du corps vertébral de C3 et de C5 ; une rupture nette de l'aorte descendante à 4cm sous la crosse avec fracture de la partie des arcs latéraux et postérieurs de la cage thoracique droite ; fractures multiples du bassin ; plaie testiculaire ; fractures multiples des membres inférieurs. (...)

– Les autres viscères sont fissurés ou éclatés du fait du choc traumatique.

Des prélèvements de sang, d'urine, de viscères et d'histologie *[les tissus]* ont été effectués pour examen complémentaire éventuel.

Le Pr Lecomte a terminé son autopsie à 10 heures et remet au commandant Mulès, avec une planche de croquis et les grandes lignes de son rapport, ses conclusions manuscrites sur le décès d'Henri Paul :

Mort par poly-traumatismes avec fractures multiples du rachis cervical, rupture de la moelle épinière et d'aorte, écrasement cage thoracique.

L'autopsie atteste donc que la mort d'Henri Paul ne recèle aucun mystère : au moment de l'accident, il a succombé à la fois au « coup du lapin » et à une hémorragie interne due à l'éclatement de l'aorte. Aucun projectile n'a été retrouvé dans son corps et toutes ses blessures résultent de la violence du choc et des déformations du véhicule lors de l'accident.

Le Pr Lecomte prélève tout de même des échantillons de sang, d'urine, et du bol alimentaire restant dans l'estomac. Des prélèvements du foie, de la rate, des poumons, du pancréas et des reins de M. Paul – nécessaires aux analyses toxicologiques – sont également conservés dans les réfrigérateurs de l'IML. Quant au corps, il ne sera rendu à la famille que lorsque le procureur de la République aura signé le permis d'inhumer.

En France et ailleurs, le sort du chauffeur de la princesse Diana ne préoccupe pas grand monde. En Grande-Bretagne, tous les yeux sont tournés vers le drapeau qui flotte sur Buckingham Palace et les commentateurs se posent gravement la question : la reine le mettra-t-elle en berne ? La relation de Diana avec son ex-belle-mère étant particulièrement « *horribilis* », il faudra qu'une marée de fleurs menace d'emporter les grilles de Buckingham pour que la reine donne l'ordre d'abaisser l'étendard.

À l'autre bout du monde, le jeune frère de Diana, Charles, neuvième comte Spencer, sort devant le portail de sa superbe propriété de Cape Town (Le Cap) pour s'adresser à la presse internationale. Il rappelle tout d'abord qu'il a dû quitter la Grande-Bretagne pour l'Afrique du Sud afin d'échapper, prétend-il, à la presse populaire britannique. Ce qui n'est pas entièrement faux. Puis il déplie un papier et se lance dans une violente diatribe contre les journalistes.

« J'ai toujours pensé que la presse finirait par la tuer. Mais j'étais loin d'imaginer qu'elle aurait une responsabilité aussi directe dans sa mort comme cela semble être le cas. Selon toute vraisemblance, chacune des publications qui ont payé pour des photos indiscrètes de Diana, encourageant des individus cupides et sans scrupules à tout risquer pour obtenir une image de ma sœur, a aujourd'hui du sang sur les mains. Enfin, ma seule consolation est que Diana se trouve à présent dans un endroit où aucun être humain ne pourra plus la toucher. Je prie pour qu'elle repose en paix. »

Les photographes de la presse people, ainsi que ceux qui les rémunèrent – globalement la presse à scandale –, sont ainsi clairement désignés comme coupables de la mort de la princesse. Les témoignages sur leur acharnement à prendre des clichés des victimes après l'accident, sans se préoccuper ni des morts ni des vivants, provoquent un fort mouvement de dégoût et de révolte dans l'opinion.

Mais qu'en est-il exactement ?

De quoi sont donc coupables ces sept hommes interpellés sous le tunnel et placés en garde à vue depuis 0 h 30 ? Ils ont passé le reste de la nuit à la 1re DPJ avant d'être transférés dans la matinée dans les locaux de la Criminelle pour y être interrogés.

Quai des Orfèvres. 31 août. 10 h 30

Ils sont sept, et de mauvaise humeur.

Six photographes et un motard de presse[1] qui ont la fâcheuse impression qu'on est en passe de les désigner comme boucs émissaires, alors qu'ils se considèrent comme les victimes de circonstances dramatiques.

Le cas le plus flagrant est celui du motard, Stéphane Darmon. Cet homme de trente-deux ans, marié à une infirmière, est un ancien machiniste de la RATP au chômage. Il prépare des concours administratifs, et en attendant effectue un remplacement à l'agence Gamma comme coursier. Propriétaire d'une moto Honda 650 NTV, il a obtenu le job en discutant à un feu rouge avec le titulaire du poste un mois auparavant. Il est interrogé par le capitaine Germain Nouvion.

Il explique que la veille, pendant le déjeuner, il a reçu un appel de Romuald Rat, un photographe de l'agence

----

1. Motards de presse : motards véhiculant régulièrement des photographes ou des cameramen pendant des reportages.

Gamma, lui demandant de venir le prendre à moto chez lui de toute urgence. Darmon abandonne alors son déjeuner en famille et se retrouve – avec le photographe sur le siège arrière – en route pour Le Bourget où doit arriver la princesse Diana. Le coursier, plus habitué à transporter des plis ou des paquets, est stimulé par cette mission inhabituelle.

Nous sommes arrivés sur place à 14H20 et nous nous sommes mis « en planque ». Pour moi c'était une expérience inédite. Assez rapidement, nous avons remarqué la présence des photographes des agences concurrentes. Il y avait environ une dizaine de personnes, trois motos et plusieurs voitures.

L'avion est arrivé vers 15H trente ; tout le cortège, après avoir pris une série de photos de descente de l'avion, s'est mis derrière les deux voitures, une Mercedes et un Range Rover.

Le motard suit le convoi avec les autres photographes « à bonne distance et à une allure normale ». La Mercedes où se trouvent Diana et Dodi ouvre la marche, suivie de la Range Rover des gardes du corps conduite par M. Paul.

A la Porte de Champerret, sous un tunnel du boulevard des Maréchaux, la Range Rover a fait couverture ou diversion, ce qui a provoqué la perte visuelle de la mercedes. Tout le monde a décroché, dupé par la manœuvre de la voiture des gardes du corps.

Toujours sur la moto de Darmon, Romuald Rat décide de filer directement au Ritz où il suppose que le couple va descendre. Il est 17 heures lorsque les deux hommes arrivent place Vendôme, et une vingtaine de photographes et de motards de presse se trouve déjà devant l'entrée du palace. Vers 19 heures, Diana et Dodi ressortent et le cortège qui s'est reformé les accompagne jusqu'à l'appartement de la rue Arsène-Houssaye, en descendant tranquillement les Champs-Élysées. Le couple pénètre dans l'immeuble sous les flashes.

Une altercation a eu lieu entre un des gardes du corps et quatre photographes qui s'étaient approchés très près de la Princesse. Romuald faisait partie du lot. Le garde les a bousculés pour les faire reculer, frappant même les appareils photos. Moi j'étais resté en retrait sur ma moto avec les autres motards[1].

Stéphane affirme qu'ensuite les deux gardes du corps anglais sont descendus pour calmer les esprits : les

---

1. Cf. documents annexes, p. 13.

photographes ont été invités à ne pas suivre de trop près le cortège, pour éviter un accident.

La princesse et son ami ont finalement quitté l'appartement vers 21 h 30 pour retourner au Ritz, suivis de leur cortège. Darmon et Rat se sont alors installés devant l'entrée principale de l'hôtel et ont poireauté à proximité des deux voitures de Dodi Al Fayed.

Selon Stéphane Darmon, il est environ 0 h 30 lorsque Romuald Rat reçoit un coup de fil d'un autre photographe embusqué rue Cambon, qui lui annonce qu'une troisième voiture, une grosse Mercedes noire, vient de partir avec la princesse et Dodi.

> J'ai réagi tout de suite et avec Romuald derrière moi, nous avons rattrapé à vue la voiture Place de la Concorde. La voiture a gagné à très vive allure les quais « rive droite » en quittant la Concorde. Même en qualité de motard, j'ai été très impressionné par l'accélération de la mercedes.

— Précisez-moi en quoi vous avez été impressionné, demande le capitaine Nouvion.

> Elle nous a tous cloués en quelques secondes. Pour vous donner une idée : je sortais, avec les autres, du virage Place de la Concorde et on l'avait déjà perdue de vue ! La ligne droite est longue et en

quelques secondes, [la Mercedes] était à peu près à 3 ou 400 mètres devant nous.

Stéphane Darmon continue à rouler et, ne voyant plus rien, lance à Romuald Rat : « On l'a perdue ! Je vais sortir à la bretelle de la place de l'Alma. Ils ont peut-être été retenus par un feu rouge. » Romuald lui répond : « On laisse tomber ! Continue sur la voie rapide : on rentre à l'agence. » Les deux hommes sur la moto ne sont pas seuls : d'autres véhicules de photographes, auxquels sont mêlées des voitures d'usagers, roulent à proximité les uns des autres sur la voie rapide. Stéphane évalue ce petit groupe à quatre ou cinq voitures, plus trois motos et deux scooters.

En entammant le souterrain, j'ai tout de suite vu la mercedes à droite en biais encastrée dans le mur droit. La klaxon était bloqué, je l'entendais alors que j'effectuais ma descente.

Je suis passé bien à gauche, nous étions les tous premiers. Je me suis arrêté à la demande de Romuald, 20 mètres plus loin. Romuald a eu tout de suite le réflexe de courir vers le véhicule. Les autres s'étaient arrêtés dessus, à cinq ou dix mètres.

Stéphane Darmon n'est pas habitué à de telles situations. Il l'avoue au capitaine de police : « Je suis quelqu'un d'émotif, j'ai paniqué ! » Il redémarre la moto et sort du tunnel. Une fois à l'air libre, il s'arrête à nouveau et regarde derrière lui.

Une vingtaine de photographes flashaient sans arrêt. Le véhicule était illuminé de flashs.

Le motard décide d'aller garer sa moto un peu plus loin et revient à pied vers le lieu de l'accident. Il s'installe sur le trottoir, à l'entrée du souterrain, en compagnie de deux vieilles dames, et regarde la scène. Il est ainsi à plus d'une bonne centaine de mètres en hauteur, et aperçoit une partie de la Mercedes en baissant la tête.

Je suis resté prostré un bon moment, au même endroit, assis sur le trottoir. J'ai attendu ainsi 15 minutes. Quand les sirènes de police ont retentit, les trois quart des photographes « premiers sur place » se sont sauvés avec leurs véhicules. Moi je suis resté n'ayant rien à me reprocher et me considérant comme témoin. De plus j'attendais le retour de Romuald, car j'étais son chauffeur.

Voyant que certains photographes sont retenus sur la chaussée par la police, Darmon décide d'aller aux nouvelles. Il est questionné par les policiers qui l'interpellent aussitôt, malgré l'intervention de Romuald Rat leur expliquant que Stéphane n'est que le chauffeur et qu'il est d'ailleurs resté hors du souterrain. Et Stéphane de préciser au capitaine Nouvion : « Tous les photographes qui sont interrogés en ce moment dans vos locaux sont ceux qui n'ont pas cherché à se sauver. »

Le témoignage de Stéphane Darmon est particulièrement intéressant. Tout d'abord, le motard ne fait pas partie de la bande habituelle des photographes qui traquent Diana. Le métier même lui est étranger puisqu'il travaille à Gamma comme coursier, et depuis seulement une semaine. Enfin, il a participé à la « traque » de la princesse depuis son atterrissage au Bourget jusqu'à l'accident, sur les lieux duquel il a été l'un des premiers à arriver.

Voyons si son témoignage est corroboré par celui de son passager Romuald Rat, interrogé dans un autre bureau par le lieutenant Isabelle Deffez. Ce photographe âgé de vingt-six ans, marié, titulaire d'une carte de presse, travaille pour l'agence Gamma où il perçoit un salaire net, plus un pourcentage sur la vente de ses reportages aux magazines.

Au cours de son interrogatoire, Romuald Rat explique donc que, prévenu de l'arrivée de Diana en jet privé au Bourget, il s'est rendu à l'aérodrome sur la moto conduite par Stéphane Darmon. Il a pris quelques clichés là-bas avant de repartir derrière la Mercedes de la princesse qu'ils ont perdue après une manœuvre du conducteur de la Range Rover, et ils se sont retrouvés coincés au niveau de la porte de Champerret.

> Nous sommes donc allé au Ritz qui appartient au Prince El Fayed, et nous les avons attendus pendant trois quart d'heure. Ils sont arrivés par l'arrière de l'hôtel vers 17H30.

Romuald Rat confirme qu'il a ensuite suivi tranquillement la princesse et son ami – qu'il appelle curieusement le prince « El » Fayed – pendant leur aller-retour à l'appartement de la rue Arsène-Houssaye.

Alors qu'il attend devant le Ritz, dans la soirée, Romuald Rat recueille une information importante d'un de ses confrères – sur ce point, son témoignage diffère légèrement de celui de Darmon : « Ils mangent ! Les gardes du corps disent qu'ils vont ressortir après le dîner ! » Toutefois, Rat signale à l'enquêtrice le comportement étrange d'Henri Paul.

> Celui qui semblait être le chef de la sécurité du Ritz nous l'a lui-même confirmé, et nous tenait même au courant. Cela m'a paru curieux qu'il fasse comme ça le fier. Cela ne faisait pas sérieux.

Puis Romuald Rat est soudain alerté par l'agitation de ses confrères qui se précipitent vers leurs véhicules. Soupçonnant que la princesse et Dodi sont partis par derrière, il fonce avec son chauffeur vers la rue de Rivoli. Ils parviennent à rattraper la Mercedes bloquée au feu rouge au coin de la place de la Concorde et des Champs-Élysées.

— Y avait-il d'autres véhicules avec vous à ce feu rouge ? demande le lieutenant Deffez.

— Oui. Derrière la Mercedes, il y avait quatre ou cinq voitures, une moto et un scooter.

— Le chauffeur a-t-il brûlé le feu ?

— Non, mais quand le feu est passé au vert, il a démarré en trombe pour rejoindre les quais.

— Êtes-vous resté derrière la Mercedes ?

```
Nous n'avons jamais rejoint le véhicule ;
aucun d'entre nous. On est tous resté « en
plan » vu la vitesse de la voiture.
```

— Vous n'avez pas tenté de les rattraper ?

— Si, bien sûr : je faisais partie des premiers poursuivants. Mais dans le premier tunnel, nous ne les avons pas vus. On a ralenti pour se parler avec Darmon et on a continué sur les quais. Je pensais m'en tenir là et rentrer.

— Où se trouvaient les autres photographes ?

— Je crois qu'ils étaient derrière nous.

— Que s'est-il passé ensuite ?

— Eh bien, en arrivant au tunnel de l'Alma, j'ai

d'abord entendu le klaxon bloqué. Après j'ai vu des gens sur la file de gauche qui étaient sortis de leurs voitures. Enfin j'ai aperçu une voiture broyée, en travers de la route. Je ne l'ai pas reconnue tout de suite. On a ralenti et on l'a doublée pour nous arrêter juste après.

> J'ai posé tous mes boîtiers et j'ai couru à la voiture. Des gens regardaient sans rien faire. J'ai reconnu El Fayed qui était allongé sur la banquette arrière, complètement désarticulé.

Romuald Rat affirme ensuite que plusieurs personnes se rapprochaient « pour voir » et qu'il s'est mis en colère, faisant dégager tout le monde.

— Vous n'avez pas pensé à appeler les secours ?

— J'avais mon portable à la main, mais j'ai entendu que quelqu'un l'avait déjà fait et j'ai renoncé à téléphoner.

> Après avoir fait reculer les gens, je suis retourné à la voiture, et j'ai réussi à ouvrir la portière arrière droite.
>
> J'ai vu EL Fayed à l'arrière, et j'ai vu que tout le monde était broyé à l'avant.
>
> Diana était par terre entre la banquette arrière et le siège du passager avant.
>
> J'ai des notions de secourisme, et j'ai regardé si Diana était vivante en touchant son pouls. Je l'ai senti, et elle a gémi et bougé.

> Je lui ai parlé en anglais, en disant « be
> cool, doctor will arriving ». Je ne l'ai pas
> touché autrement.
>
> J'ai vu que le garde du corps à l'avant
> bougeait aussi, et je lui ai dis en anglais
> de se calmer.

Romuald Rat est très impressionné par la situation à laquelle il est confronté. Il s'agite, tente en vain de débrancher la batterie. Il a le sentiment qu'il est le seul à vouloir faire quelque chose. Il en hurle d'énervement. Il repère la voiture de SOS Médecins, mais ne voit pas le praticien ; ses confrères ont commencé à prendre des photos et lorsqu'il aperçoit un homme avec un masque à oxygène s'approcher de la voiture, il s'écarte.

> J'ai ramassé mes appareils photos. J'en
> ai fait quelques unes sans me rapprocher.
> Je l'ai fait en voyant que d'autres en fai-
> saient. Si j'avais été seul, je ne l'aurais
> peut-être pas fait. Je n'ai pas pris de
> photos des blessés : c'est quelque chose
> que je m'interdit hors conflit.

Le photographe se dit fortement perturbé. Il est très énervé et lorsque des témoins protestent contre l'attitude des photographes, il leur répond vertement. Des échauffourées éclatent.

Les gens s'en prenaient à nous, disant
qu'on était dégueulasse. Je me suis énervé,
disant qu'ils n'avaient pas bougé avant.

— Combien avez-vous pris de clichés ?

— Environ vingt, vingt-cinq, ce qui n'est pas grand-chose dans notre métier.

— Qu'avez-vous fait ensuite ?

— Les pompiers ont sorti le prince El Fayed, et je n'ai pas supporté la vue de son corps. Je me suis éloigné et je me suis assis pour fumer une cigarette.

— Êtes-vous retourné faire des photos ?

— Non, je ne me suis plus approché de la voiture. J'étais dégoûté, j'ai voulu partir, mais les policiers nous en ont empêchés. Ils voulaient qu'on témoigne.

— Avez-vous vu un autre véhicule devant la Mercedes ?

— En entrant dans le souterrain, j'ai aperçu la fumée de la Mercedes et peut-être les feux arrière d'une voiture qui s'éloignait. Mais c'est flou dans mon esprit.

— Avez-vous eu une altercation avec vos confrères et avec des policiers ?

— Non, je n'ai eu de mots ni avec les uns, ni avec les autres. J'ai vu un policier en tenue qui tentait désespérément de repousser les journalistes. Il était seul, mais je n'ai pas eu la force morale de l'aider, et ce n'était pas à moi de le faire.

— Avez-vous quelque chose à ajouter ?

— Oui : je ne comprends pas pourquoi la Mercedes s'est mise à rouler aussi vite tout à coup, alors que tout s'était bien passé dans la journée. Un chauffeur normal sait que ce n'est pas de cette manière qu'on sème les poursuivants. Celui-ci a pris trop de risques !

Ce premier témoignage de Romuald Rat – encore sous le coup de l'émotion de la nuit – apporte un certain nombre de précisions aux enquêteurs et la réponse à plusieurs questions. De plus, il donne une idée de l'atmosphère qui régnait dans le tunnel, ce qui nuance les déclarations sur l'attitude des uns et des autres.

Tout d'abord, il semble se confirmer que le chauffeur de la Mercedes a délibérément voulu semer les photographes en tentant une course périlleuse. Ensuite, que les poursuivants ont été surpris de cette manœuvre et qu'ils ont perdu le contact – y compris visuel – avec la Mercedes. L'équipage Darmon-Rat reconnaît être arrivé avant les autres photographes sur les lieux de l'accident, mais cela *bien après* la collision. Romuald Rat avoue que c'est lui qui a ouvert la portière arrière droite de la Mercedes après avoir aperçu le corps d'Al Fayed par la vitre. Il semble aussi confirmé que le directeur adjoint de la sécurité du Ritz, Henri Paul, entretenait depuis le matin une curieuse attitude de défi envers les journalistes. Ce n'était pas la première fois de la journée qu'il tentait de « casser » la filature des paparazzi. Il avait déjà réussi à les semer en les bloquant sur le trajet depuis l'aérodrome alors qu'il conduisait la Range Rover.

Sur l'attitude des photographes après l'accident, les témoignages de Darmon et de Rat sont accablants : non seulement plusieurs d'entre eux ont pris des clichés, mais la plupart ont filé avant l'arrivée de la police. Rat semble être le seul photographe à avoir tenté de faire quelque chose, même si ses réflexes professionnels ont ensuite repris le dessus. Il plaide toutefois le fait de s'être impliqué et ne pas avoir fui ses responsabilités.

Enfin, si l'on note quelques différences entre les deux témoignages, ces différences portent sur des points de détail et ne présentent pas vraiment d'incohérences. Bien au contraire.

D'ores et déjà, les policiers de la Criminelle sont persuadés que, outre ceux qui se trouvent dans leurs locaux, plusieurs autres photographes sont impliqués dans la course tragique et qu'il est indispensable d'établir toutes les responsabilités dans l'accident.

La suite des interrogatoires va se concentrer dans cette direction.

– CHAPITRE 5 –

Quai des Orfèvres. Bureaux de la Brigade criminelle. 31 août. 10 h 30

Les photographes interpellés dans le tunnel continuent d'être interrogés un à un dans les différents bureaux de la Criminelle. Christian Martinez et Serge Arnal ont, eux aussi, fait équipe ce soir-là. Ils se trouvaient dans la même voiture, une Fiat Uno noire appartenant à Arnal.

Serge Arnal est entendu par le lieutenant Gisbert. C'est un homme de trente-six ans, marié et père d'une petite fille, reporter photographe à l'agence Stills depuis douze ans.

Le soir du drame, il n'a été prévenu de l'arrivée de la princesse Diana qu'en fin d'après-midi, par un coup de téléphone de son agence. Il a aussitôt filé au Ritz, où il est arrivé vers 19 h 30... pour constater la présence de très peu de ses collègues. Ce qui est mauvais signe pour un paparazzo : la princesse n'est pas là ! Il rencontre quand même un autre photographe, Christian

Martinez, avec lequel il lui arrive de faire équipe. Arnal connaît une adresse où ils pourront peut-être retrouver leur sujet : l'appartement de Dodi Al Fayed, rue Arsène-Houssaye. Il embarque Martinez et, bingo, découvre une meute de photographes agglutinés dans la rue. Ils ont renoué le fil, et leur boulot, à partir de ce moment, est de ne pas le rompre.

Tout se passe bien au début, puisque le couple quitte sans hâte l'appartement vers 21 heures. Arnal prend quelques clichés.

> Ils sont allés directement à l'Hôtel Ritz, calmement, en empruntant la Place Vendôme. J'ai également pris des photos de leur entrée. Le trajet a été effectué en une vingtaine de minutes.

Arnal et Martinez s'installent devant la porte principale du Ritz, en surveillant du coin de l'œil la Mercedes 600 et la Range Rover noir garées sur la place Vendôme. Deux heures plus tard, une soudaine activité des chauffeurs et de l'escorte les alerte.

> La Mercedes et la Range Rover ont quitté alors le devant de l'hôtel pour faire le tour de la place Vendôme et finalement revenir à leur position de départ. J'avais quand même vu que les personnalités n'étaient pas à bord. Puis j'ai remarqué que le personnel de la sécurité [du Ritz]

```
faisait    des    signes    en    direction    de
l'arrière de l'hôtel. J'ai alors pensé que
la sortie se ferait par la rue Cambon à
l'arrière.
```

Arnal et Martinez foncent dans leur voiture rue de Castiglione pour tenter de rejoindre le chemin emprunté par la princesse : soit rue de Rivoli – où débouche la rue Cambon –, soit place de la Concorde. Au feu rouge à l'intersection de la Concorde et de la rue Royale, Arnal aperçoit quelques-uns de ses « collègues » qui tournent sur la gauche en direction de la Seine.

— Comment avez-vous reconnu ces collègues ? demande le lieutenant Gisbert.

— À leur voiture. Un « Pajero », qui appartient à un photographe dont j'ignore le nom et l'agence.

— Ne me dites pas que vous connaissez la marque de la voiture et pas le nom du photographe !

— Euh... Peut-être un nom comme Ker.

— Et les autres véhicules ?

— Il y avait un scooter avec une seule personne et une moto montée par deux photographes. Il me semble que c'était les deux collègues de l'agence Gamma qui sont en garde à vue avec moi.

— Bien, continuez.

— J'ai suivi mes collègues de loin. Ils ont traversé la place de la Concorde et ont viré à droite, le long de la Seine. C'est à ce moment-là que j'ai aperçu la voiture qu'ils suivaient : une grosse limousine noire. Elle a accéléré brutalement après le virage dans la ligne droite.

— Y avait-il une voiture d'escorte ?

— Non, je ne pense pas. Après, j'ai continué en tâchant de garder la limousine en vue. Lorsque je suis rentré dans le premier tunnel *[du pont Alexandre-III]*, je l'ai juste aperçue qui en sortait déjà. Ensuite je l'ai perdue de vue. Elle allait très vite.

— Comment vous en rendiez-vous compte ?

— À la vitesse avec laquelle elle dépassait les autres voitures. Moi, j'ai ralenti pour m'assurer qu'elle n'avait pas changé d'itinéraire.

— Et vos collègues, où étaient-ils ?

— Devant, je suppose. Je ne faisais pas très attention à eux.

Arnal arrive ensuite dans le tunnel de l'Alma et découvre la Mercedes encastrée dans le mur. Il dépasse l'épave et se gare une vingtaine de mètres plus loin. Il descend de son véhicule et reçoit la scène en plein estomac : les voitures arrêtées sur l'autre voie ; une autre automobile stationnée devant la sienne ; les piétons autour de l'épave ; de la fumée partout et le klaxon ininterrompu.

Une fois sortit de ma voiture, je ne me suis pas trop approché ayant peur du sang. Vu l'état de la voiture, j'ai compris que

```
c'était très grave. J'ai alors utilisé mon
téléphone  portable  pour  appeler  les
secours. Cela a été mon premier réflexe,
j'ai composé le 112. J'ai du m'éloigner des
lieux du sinistre afin que la communication
soit meilleure. Je me suis dirigé vers la
sortie du souterrain. J'ai hurlé au télé-
phone parce que le son ne passait pas bien.
J'étais également paniqué.
```

Lorsque Arnal revient vers sa propre voiture, Romuald Rat lui crie que la Mercedes accidentée est celle de Diana.

L'enquêteur de la Crime poursuit son interrogatoire.

— Vous aviez vos appareils photo avec vous ?

— Non, je suis sorti de la voiture sans mon boîtier. Je suis allé le chercher dix minutes après.

— Vos collègues prenaient déjà des clichés ?

— Oui, ils devaient être une dizaine. Je vous ferai remarquer que certains ne sont pas en garde à vue avec nous. Ils ont dû partir avant que nous soyons inter-pellés.

— Ceux du Pajero ?

— Oui. Et d'autres.

— À quel moment avez-vous commencé, vous, à prendre des photos ?

— J'ai saisi mon appareil à peu près au moment de l'arrivée de la police. J'ai pris de loin une vingtaine de clichés de la Mercedes. Ensuite les pompiers sont arrivés et la police nous a fait reculer.

— Avez-vous porté secours aux blessés ?

— Pas directement, il y avait des gens qui semblaient le faire quand je suis descendu de voiture. Mais j'ai utilisé mon portable pour appeler...

Dans le bureau d'à côté, le lieutenant Éric Gigou interroge le coéquipier de Serge Arnal, Christian Martinez. Celui-ci travaille pour l'agence Angeli et il est père de deux enfants. À quarante-trois ans, le photographe est sensiblement plus âgé et plus expérimenté que ses autres confrères.

Ce soir-là, Martinez a donc rejoint Arnal devant le Ritz et ils sont partis ensemble dans la Fiat Uno noire à la recherche de Diana, qu'ils ont retrouvée — ainsi qu'une bonne dizaine de photographes — rue Arsène-Houssaye. Puis leur deuxième « planque » devant le Ritz s'est déroulée conformément à ce que raconte Serge Arnal, y compris au moment où les deux voitures de Dodi ont opéré leur faux départ. La ruse n'a pas suffi pour leurrer un vieux renard comme Martinez : flairant la manœuvre, il a demandé à Arnal de foncer en haut de la rue de Rivoli — le débouché obligé, que l'on sorte du Ritz par-devant ou par-derrière.

Et c'est arrivé à la Concorde que nous avons ramarré[1] la voiture dans lequel était

---

1. Terme de marine pour : renouer les amarres.

le couple. Nous avons compris que c'était la bonne voiture parce qu'il y avait du monde derrière.

— Que voulez-vous dire par « du monde derrière » ?
— Il y avait des voitures de photographes derrière la Mercedes.
— Pouvez-vous être plus précis ?

Les deux voitures qui suivaient étaient un 4 x 4 vert et une Peugeot 205 noire. Je connais ces deux véhicules, ils appartiennent à des photographes indépendants dont je ne connais pas l'identité.

Martinez explique ensuite qu'au feu tricolore de la Concorde, Arnal et lui avaient presque rejoint le groupe de photographes.

A peine le feu est-il passé au vert que le conducteur de la Mercedes a démarré très vite, laissant tout le monde sur place.
Serge et moi avons vite été semé, du fait *[de la faible cylindrée]* de la voiture de Serge.
Nous avons suivi de loin comme les deux autres voitures.
La Mercedes a pris les quais rive droite en direction du Trocadéro à très vive allure.

Martinez essaie d'anticiper les intentions du chauffeur de la Mercedes. Il suppose que si celui-ci roule aussi vite, c'est pour sortir à la bretelle de l'Alma et laisser croire à ses poursuivants qu'il a continué tout droit.

Si je vous raconte cela, c'est pour vous montrer à quel point on était largué.

Devant nous il devait y avoir Darmon et Rat sur leur moto. Je ne pouvais pas les voir et j'ignore donc s'ils étaient près ou loin de la mercedes.

En arrivant dans le tunnel, Martinez ne réalise pas tout de suite que la Mercedes accidentée est celle qu'il poursuivait. Serge et lui passent devant, vont garer la voiture à l'extérieur, et reviennent ensemble à pied.

C'est en revenant que j'ai vu Rat, je ne me souviens pas d'avoir vu Darmon, ni sa moto. Il me semble qu'il y avait déjà des gens arrêtés, une file de voitures. J'ai du mal à m'en souvenir.

Ce qui est sûr, c'est que de ma profession, les premiers sur place sont Rat, puis Serge Arnal et moi.

Au début, il y a eu un moment de panique, qui a duré un certain temps. Certains téléphonaient, d'autres voulaient ouvrir les portières, notamment Rat. Puis nous avons

commencé à prendre des clichés de la voiture.

Les questions du lieutenant Gigou se font plus insistantes. Il ne se contente pas des réponses vagues que
lui donne Martinez. D'autant que ce photographe a
vraisemblablement été l'un des premiers à prendre des
clichés sans même essayer de venir en aide aux victimes
— comme l'a fait Rat — ni même d'appeler les secours
— comme Arnal.

J'ai essayé en vain d'appeler les services de secours, mais mon téléphone ne
passait pas. Mais j'entendais tout le monde
essayer. Pour moi c'était tellement évident, tout le monde essaie d'appeler la
Police ou les pompiers.

— Avez-vous d'une manière ou d'une autre tenté de
porter secours aux blessés ?
— On ne pouvait rien faire. J'ai l'impression qu'il y
avait des gens qui le faisaient. Et puis, je sais qu'il ne
faut toucher à rien et ne pas déplacer les corps.
— Vous avez vu combien il y avait de gens à l'intérieur ?
La question de l'inspecteur est habile... Et Martinez
tombe dans le piège.
— Non, je ne sais pas combien il y avait de gens. Je
n'ai pas osé scruter l'intérieur de la voiture. Mais j'ai
vu le chauffeur et aperçu un corps d'homme à l'arrière.

— Combien avez-vous pris de photos ?

— Deux films de trente-six poses, plus un peu de poses d'un autre film.

Le développement des films montrera qu'effectivement Martinez ne s'est intéressé qu'à la princesse blessée. Et uniquement pour la shooter[1] !

— Est-ce que Rat prenait des photos au début ?

Je ne sais pas. Je me souviens qu'il était très choqué. il disait qu'il avait été le premier sur les lieux. Il criait aussi de ne prendre que la voiture en photo. Alors on n'a pris que la voiture. Nous étions mal à l'aise. Et moi, petit à petit je me suis remis dans mon rôle de photographe. Et quand les secours sont arrivés, j'ai commencé à faire des photos plus professionnelles.

— Qu'est-ce que ça veut dire, « plus professionnelles » ?

— J'estimais faire simplement mon travail. Je ne pensais pas être interpellé pour ça. J'imaginais que cela se passerait comme lors d'un attentat : qu'on nous repousserait un peu. Je ne pensais vraiment pas qu'on allait m'incriminer parce que je faisais mon boulot !

---

1. Shooter : terme utilisé par les paparazzi lorsqu'ils prennent une photo au vol.

— Quelle était l'ambiance entre photographes, au tout début, autour de la voiture accidentée ?

— Nous avons tous été désemparés à un moment ou à un autre. On allait et venait, mais la première réaction a été de rester scotchés. Le seul qui s'est dirigé vers la voiture, c'est Rat.

— Pour essayer d'ouvrir la portière ?

— Je ne sais pas vraiment.

— Comment a été ressentie l'arrivée des deux premiers policiers ?

— Deux ? Je pensais qu'ils étaient plus nombreux. Je me souviens qu'il y en avait un qui essayait de nous écarter. Alors on s'est reculés.

— Comment ça s'est passé avec Rat ?

— Rat est un brave gars, il fait son boulot sans méchanceté, comme nous tous. Cette fois-ci, il y a eu cet accident et on a basculé dans le drame. Rat est jeune, il est photographe depuis quatre ans : il a été ébranlé. Il ne faut pas oublier qu'on fait un métier bon enfant : on photographie des acteurs de cinéma, des chanteurs à trois sous... Ça ne va jamais bien loin.

— Rat a-t-il eu des mots avec les policiers ?

— Je n'en ai pas le souvenir. Moi, en tout cas, je n'ai pas apprécié que les policiers me repoussent. Mais bon, eux aussi faisaient leur boulot !

— Avez-vous le souvenir de gens portant secours aux blessés ?

— Oui, je me rappelle vaguement des gens habillés en sombre qui s'occupaient des blessés, j'ai pensé à des secouristes. Moi, j'étais complètement désarmé devant l'ampleur des événements. Et le fait d'être derrière un appareil photo, ça aide. C'est un écran qui permet de vous distancier.

— Avez-vous donné un coup de main à ces gens qui tentaient de secourir les blessés ?

> Non. Ni un autre photographe non plus. Comment aurions-nous pu faire cela. Peut-être par pudeur. C'est faire preuve d'une grande arrogance d'aller secourir des gens que l'on suivait quelques minutes auparavant, et puis de la pudeur en même temps. J'étais tétanisé par le rapport entre moi et les gens dans cette voiture.

Le lieutenant Éric Gigou note alors dans le procès-verbal :

> A ce stade de l'audition, constatons que la personne entendue verse des larmes.

— Un témoin a entendu quelqu'un crier : « Elle est vivante ! » reprend l'enquêteur.

— Je n'ai pas entendu ça. Mais quand le gars *[de SOS Médecins]* s'est occupé d'elle, moi j'ai vu qu'elle vivait. En tout cas, elle remuait les paupières.

— Des témoins font état d'une dispute et même d'une bousculade entre Rat et vous. Qu'en est-il ?

— Je ne m'en souviens pas. Ce dont je me souviens, c'est que Rat ne voulait pas faire de photos, peut-être parce qu'il était très choqué. À un moment, j'ai pris des photos pour faire comme tout le monde.

— Mais ne vous êtes-vous pas disputé avec Rat en ces termes : « Va te faire foutre, je suis comme toi, je fais mon travail » ?

— Au début, c'est vrai que Rat voulait qu'on ne photographie que la voiture. Après, on s'est rapprochés au zoom. Moi, c'est comme ça que j'ai fait les clichés à l'intérieur de la voiture. J'ai aussi pris un médecin qui soutenait un blessé *[Diana et le D' Mailliez]*. Puis une troisième série de prises de vue avec les pompiers qui sortaient un homme de la voiture *[Dodi Al Fayed]*. C'est vrai, j'ai fait ces photos.

— Combien y avait-il de photographes autour de la voiture ?

— Euh... cinq ou six, par là.

— Serait-il possible de retrouver les photographes qui sont partis avant d'être interpellés par la police ?

— Ce n'est pas à moi de les balancer. S'ils ont décidé de s'en aller, c'est leur affaire. Moi, j'assume mes responsabilités. Je pourrais vous donner quatre ou cinq noms, mais je ne le ferai pas, ce n'est pas dans mon système de pensée.

Les policiers ont encore trois photographes placés en garde à vue à auditionner. Néanmoins, un tableau général des événements est déjà en train de se préciser. Par petites touches progressives, les enquêteurs de la Crime reconstituent le puzzle des circonstances qui ont conduit au drame. Arnal et Martinez confortent le témoignage de Rat et de Darmon sur les événements qui ont précédé l'accident. Le désarroi des photographes à leur arrivée sur les lieux est manifeste. Le drame les surprend de plein fouet, aussi soudainement qu'il vient d'emporter les passagers de la Mercedes. Par définition, un accident est imprévisible et laisse les témoins stupéfaits. On voit alors les personnalités et les réflexes se révéler. Darmon s'éloigne pour regarder de loin ; Romuald Rat s'agite sans trop savoir que faire, puis il veut voir de près et ouvre la portière ; Arnal a le réflexe basique de tenter d'appeler des secours ; Martinez dissimule ses émotions derrière son appareil et « fait son travail ».

Quant aux trois autres photographes, c'est visiblement la faute à « pas de chance » s'ils sont placés en garde à vue. Bien que tous se soient trouvés devant le Ritz au moment du départ de la Mercedes, ils ne sont arrivés sur les lieux de l'accident que bien après celui-ci, et en empruntant des parcours différents.

Laslo Veres, photographe indépendant, né en Yougoslavie mais citoyen français, est âgé de cinquante-quatre ans. Il est marié et père de deux enfants. C'est le lieutenant Isabelle Deffez qui l'interroge.

Veres, qui circule en scooter, raconte qu'il passait dans l'après-midi par hasard devant le Ritz lorsqu'il a aperçu un groupe de « grimlins ». C'est ainsi que les paparazzi baptisent ces chasseurs d'autographes, rivés en permanence devant la porte des grands hôtels, en quête d'une signature de personnalité. Les « grimlins » sont une source de renseignements précieuse : ils signalent à Laslo Veres que la princesse Diana est attendue au Ritz. Le photographe s'installe devant le palace et va participer pendant toute la journée aux activités du couple, y compris à l'aller-retour rue Arsène-Houssaye en début de soirée :

> Sans se cacher le couple est sorti *[de l'appartement]* et est monté dans la mercedes, escortée par un range rover immatriculé en Angleterre, où se tenaient les gardes du corps. Nous avons fait des photos et nous les avons raccompagnés jusqu'au Ritz. Ils roulaient très calmement ; je les suivais en scooter.
>
> Ils sont rentrés au Ritz par la porte d'entrée. Un garde du corps du Prince est venu nous voir et nous a demandé de nous éloigner un peu, parce que le Prince et la Princesse allaient sortir dans la soirée.

Plus tard dans la soirée, Laslo Veres assiste à la tentative de diversion mais préfère rester sur place parmi, estime-t-il, une vingtaine de photographes au milieu de trois cents badauds.

> Deux ou trois minutes après le départ, une personne de la sécurité de l'hôtel et un

```
chauffeur  de   maître   nous   ont   fait
comprendre par gestes que le couple était
parti.
    Pour ma part, j'avais l'intention de ren-
trer chez moi, me disant que je ferais des
photos le dimanche matin, lors du jooging
de la Princesse.
```

Alors que Laslo Veres repart tranquillement sur son scooter, son portable sonne et un photographe – qu'il affirme ne pas avoir identifié – lui dit rapidement : « Diana a eu un accident dans le tunnel. »

```
    Ne sachant pas de quel tunnel il s'agis-
sait, je suis d'abord allé [en direction]
de Châtelet, avant d'aller vers le Pont de
l'Alma.
```

Lorsqu'il parvient enfin sous le tunnel de l'Alma, la police et les pompiers sont déjà là. Il montre sa carte de presse et on le laisse passer, prétend-il. Il aperçoit Dodi Al Fayed allongé sur la chaussée et prend, de loin, quelques photos de la Mercedes et du corps. « On ne m'a pas laissé m'approcher de la voiture. »

Le photographe Jacques Langevin a le sentiment, lui aussi, de se retrouver embarqué dans un processus qui le dépasse. Grand reporter photographe de l'agence Sygma, Langevin, à quarante-quatre ans, est un professionnel reconnu et estimé dans le milieu des journalistes et du photo-reportage. Plus habitué des sujets internationaux[1] que du *people*, il est pour son malheur de permanence ce soir-là. Il raconte son histoire au lieutenant Fabrice Finance.

Il dînait dans le 15e arrondissement chez des amis lorsqu'il a reçu un appel de la rédaction de Sygma lui demandant de se rendre immédiatement devant l'hôtel Ritz, où se trouvait Diana. La soirée est déjà bien entamée, Langevin prend sa voiture et file au Ritz. Il y retrouve vers 23 h 15 Stéphane Cardinal, un autre photographe de Sygma. Les deux hommes se partagent le travail : Cardinal se poste devant l'entrée principale et Langevin va se placer à l'arrière, rue Cambon.

> Peu après minuit, je crois, une Mercedes est arrivée au niveau de la sortie arrière. Aussitôt, la Princesse Diana et M. Dodi Al Fayed ont pénétré à l'arrière où se trouvait un homme à côté du conducteur.
>
> J'ai pris 4 ou 5 photos mais très rapidement la Mercedes est partie. J'ai aussitôt rejoint mon véhicule garé une trentaine de mètres plus haut, mais je n'ai pas réussit à prendre la Mercedes en filature.

---

1. Langevin est notamment l'auteur d'un reportage primé lors des événements de la place Tien-an-Men.

Langevin, qui joue décidément de malchance, s'aperçoit que la batterie de son téléphone est déchargée. Il est « largué » et, pour tenter de savoir où se dirige le couple, revient devant le Ritz. Il n'y a plus que des badauds. Écœuré, Langevin décide de retourner dans le 15ᵉ, chez les amis qu'il a précipitamment quittés un peu plus tôt. Il rejoint donc tranquillement la place de la Concorde... et emprunte le cours Albert-Iᵉʳ parallèle à la voie rapide.

> J'ai aperçu des gens qui barraient l'accès au tunnel. Je voulais emprunter ce souterrain et j'ai vu qu'il y avait un attroupement. J'ignorais ce qui se passait et j'ai stationné mon véhicule au feu rouge, juste avant la place de l'Alma, pour me diriger à pied vers l'attroupement.

Langevin constate alors que plusieurs de ses collègues sont en train de prendre des photos. Il voit que les pompiers sortent un homme de la voiture et réalise à ce moment-là que c'est celle de Diana et d'Al Fayed.

> Je me suis tenu à une quinzaine de mètres des lieux et en aucun moment je n'ai gêné les secours. J'avais mon appareil photo avec moi et j'ai pris 4 ou 5 photos avec la même pellicule qui m'avait précédemment servi à la sortie de l'hôtel. Plus tard j'ai rembobiné la pellicule pour la placer dans la

poche de ma veste. C'est la pellicule qui a
été inventoriée lors de ma fouille à corps.
J'ai seulement pris la voiture et les
secours réanimant Al Fayed. Je n'ai pris
aucune autre photo.

Le récit de Jacques Langevin n'apporte pas de renseignements décisifs aux enquêteurs qui s'appliquent
alors à mettre en évidence les responsabilités des photographes dans l'accident. Le témoignage du dernier
photographe maintenu en garde à vue cette nuit-là va-
t-il apporter de nouveaux éclaircissements ? Les policiers y comptent bien. Pour le moment, seuls les trois
premiers photographes et le motard sont arrivés avant
la police et les pompiers.

Nikola Arsov, trente-huit ans, travaille pour l'agence
Sipa. De nationalité macédonienne, il vit depuis l'âge
de quatre ans en France, où il a effectué toute sa sco-
larité. Arsov est titulaire d'une carte de résident et inscrit sur les listes d'attente pour obtenir une carte de
presse.

Nikola Arsov est interrogé par le lieutenant Marc
Guillemois, auquel il explique que, dans la matinée du
30 août, il a d'abord effectué un reportage photo sur
les difficultés du personnel soignant de l'hôpital de
Pithiviers dans le Loiret. De retour à l'agence Sipa, il
apprend que des bruits font état de la présence de
Diana à Paris. Il décide d'aller faire un tour avec sa

moto devant le Ritz dont il sait qu'il appartient au père de Dodi Al Fayed.

Arsov constate qu'il n'est pas le seul à avoir eu cette idée : de nombreux photographes attendent déjà devant le palace.

> Vers minuit, j'ai vu que deux véhicules quittaient le Ritz à savoir le 4 × 4 Range Rover et une Mercedes. Au point où je me trouvais, je n'ai pas réussi à voir dans quel véhicule le couple avait pris place.
>
> Personnellement, j'ai décidé de filer le Range Rover.

Le véhicule des gardes du corps d'Al Fayed se rend rue Arsène-Houssaye en empruntant le chemin le plus direct, que Nikola Arsov décrit précisément : place Vendôme, rue de Castiglione, rue de Rivoli, place de la Concorde, Champs-Élysées, avenue Winston-Churchill, cours de la Reine, avenue Marceau. À ce moment-là, affirme Arsov, il a renoncé à suivre la Range Rover et décidé de retourner à l'agence Sipa, située boulevard Murat dans le 16ᵉ arrondissement.

Pour cela, le chemin le plus rapide était de passer par le pont de l'Alma...

> Le tunnel était déjà fermé et les forces de l'ordre en empêchait le passage. Je me trouvais à la hauteur de la sortie du tunnel lorsque j'ai vu la moto de l'agence Gamma et

le motard *[Stéphane Darmon]*. Je me suis arrêté à son niveau. Je voyais une nuée de gyrophares à l'intérieur du tunnel, à une quarantaine de mêtres de la sortie.

Darmon indique au photographe que la victime de l'accident est Diana. Arsov gare sa moto et se précipite dans le tunnel.

Plusieurs policiers étaient présents. C'était un peu la panique. J'ai constaté la présence de plusieurs photographes qui s'affairaient autour du véhicule. En ce qui me concerne, j'ai pu approcher la voiture où j'ai constaté la présence d'un homme sur le siège conducteur et de la Princesse à l'arrière le buste penché sur le côté.

— Vous avez tenté de leur porter secours ? demande le policier.

— Ce n'était plus la peine. Il y avait déjà des gens autour qui s'occupaient des victimes. Je pense que c'était les pompiers.

— Vous avez fait des photos ?

— Oui, quatre ou cinq vues d'ensemble de la scène. Mais je crois que mon flash n'a pas bien fonctionné. Je ne suis pas resté plus de cinq minutes à proximité de la voiture. Les policiers nous ont refoulés, et puis gardés pour contrôle d'identité.

— Quand vous avez filé la Range Rover, y avait-il une autre voiture avec ?

— Oui : devant, il y avait une Mercedes. Moi je suivais la Range. Mais je me suis aperçu que c'était un convoi bidon. Et c'est pour cette raison que j'ai quitté la filature et que je suis tombé sur l'accident par hasard.

— Avez-vous quelque chose à ajouter ?

```
Personnellement, je n'ai rien à me repro-
cher dans la mesure où je suis arrivé sur les
lieux bien après l'accident. Je reconnais
m'être approché du véhicule accidenté pour
faire des photos.
```

À l'issue de ces auditions, les enquêteurs de la Brigade criminelle y voient un peu plus clair. Sous réserve de la vérification et du recoupement des différents témoignages des photographes, le déroulement de la soirée peut maintenant être reconstitué avec une certaine cohérence.

La Mercedes a quitté le Ritz un peu après minuit[1], suivie « à vue » par un petit groupe de photographes à bord d'au moins une moto et trois voitures. La moto est pilotée par Stéphane Darmon avec, à l'arrière, Romuald Rat. Une des trois voitures a été identifiée : une Fiat Uno noire, conduite par Serge Arnal avec comme passager Christian Martinez. Les deux autres

---

1. Cf. documents annexes, p. 16.

voitures seraient une Peugeot 205 noire et un 4 × 4 Pajero, repérés au feu rouge de la place de la Concorde. Leurs occupants n'ont pas été identifiés à l'exception du propriétaire du Pajero, « un certain Ker », aux dires de Serge Arnal.

Ce feu tricolore de la Concorde serait le point de départ de la course entre la Mercedes et les photographes : le conducteur de la limousine démarre sur les chapeaux de roues dans l'intention de laisser sur place ses poursuivants. Et semble y parvenir.

Au moment de l'accident, la moto de Darmon et Rat est à quelques poignées de secondes derrière la Mercedes, mais suffisamment éloignée pour que ses passagers ne voient pas la collision avec le pilier central. Ensuite vient la Fiat d'Arnal et Martinez, puis vraisemblablement les deux autres voitures de journalistes non identifiés, et de plus, selon Darmon, trois autres motos et deux scooters.

L'une des priorités de la Brigade criminelle est d'identifier les autres photographes et de vérifier si le motif de l'infraction tel que l'a défini la patronne, Martine Monteil, aux dires des premiers témoins, tient toujours :

```
INFRACTION :
Homicide Involontaire ; Mise en danger de
la vie d'autrui ; Non-assistance.
MODE OPERATOIRE ET MOBILE APPARENT :
Un véhicule contenant quatre personnes,
dont son altesse royale Lady Spencer (« Lady
```

di ») percutait un pilier de soutènement du souterrain, suite à la perte de contrôle de la voiture par son conducteur, pouvant avoir été aveuglé par des « flashes » d'appareils photos de journalistes.

À première vue, il est très improbable que ce soient les flashes qui aient fait perdre le contrôle du véhicule : les photographes étaient trop loin derrière la Mercedes pour actionner leurs appareils. Restent les autres accusations, qui incriminent le comportement de certains photographes après l'accident, et qui semblent se confirmer.

Pour les enquêteurs en tout cas, un fait mérite toujours d'être éclairci : l'échange de dernière minute des véhicules et le remplacement du chauffeur qui coïncident avec un brutal revirement des méthodes de conduite.

Mais pour l'heure, cette direction de l'enquête va être provisoirement abandonnée pour une urgence décidée au plus haut niveau du gouvernement. Il est évident que des photos de la princesse Diana, du corps de Dodi Al Fayed et de la voiture accidentée circulent dans Paris et sont susceptibles d'être vendues à l'étranger. La Criminelle reçoit des instructions très précises pour non seulement identifier les photographes qui se sont enfuis avant l'arrivée de la police, mais aussi récupérer tous les clichés, ou du moins empêcher leur diffusion.

Le gouvernement, qui suit avec la plus grande attention le dossier, ordonne d'employer les grands moyens pour bloquer ces photos. Y compris la perquisition des organes et des agences de presse.

Il y va de la réputation et de l'honneur de l'État français.

– CHAPITRE 6 –

Londres. 54, Clerkenwell Road. 31 août. 3 heures du matin

Greg Allen, directeur de l'agence Big Picture, veille encore à cette heure tardive depuis qu'il a entendu à la radio la nouvelle de l'accident de la princesse de Galles et de son transport à l'hôpital. Il attend avec impatience les photos qu'un de ses correspondants français a promis de lui envoyer par courriel. Du premier choix !

Son ordinateur fait soudain entendre le « ding » caractéristique : « Vous avez un message... » Une agence française – que Greg Allen refusera d'identifier plus tard – vient de lui transmettre une dizaine de photos couleur de l'accident. Le reportage est extrêmement complet : cinq plans d'ambiance où l'on voit les passants, les deux premiers policiers arrivés sur les lieux, des secouristes bénévoles qui s'agitent autour de la carcasse de la Mercedes. Puis le photographe se rapproche et fait un plan plus serré sur la banquette arrière où l'on aperçoit les jambes désarticulées de Dodi

Al Fayed et la silhouette de Diana tassée entre les deux sièges. Les quatre dernières photos sont des gros plans de l'intérieur de la voiture pris par la portière ouverte. On y voit distinctement, de dos, les épaules et le visage de Diana. Elle est assise, sa tête est tournée vers la gauche, un peu penchée en avant. À son côté, le Dr Mailliez tente de lui faire respirer de l'oxygène à l'aide une petite bouteille surmontée d'un masque.

Les photos sont tellement explicites que Greg Allen – qui en a pourtant vu d'autres – a un moment d'incertitude avant d'appeler les journaux du dimanche qui ont tous retardé l'impression de la une. C'est immédiatement une surenchère énorme, les quotidiens se disputent les photos que Greg Allen leur décrit par téléphone. Une heure plus tard, la nouvelle tombe : la princesse est morte à l'hôpital de la Pitié-Salpêtrière. Les règles viennent de changer, même les paparazzi les plus endurcis et les agences les plus « trash[1] » le sentent bien. Greg Allen suspend les enchères. Et cela bien que le *National Enquirer*, une publication américaine, lui envoie par fax une offre « que l'on ne peut pas refuser » : un million de dollars. Greg Allen, la mort dans l'âme, va garder ses clichés, mais n'en sera pas récompensé. Il reçoit des coups de téléphone qui peuvent se résumer ainsi : « Vous avez tué Diana. Nous allons vous tuer. On va faire sauter votre immeuble. »

---

1. *Trash* : « poubelle ». Nom donné en Grande-Bretagne à « une certaine presse ».

Dans son rapport d'interrogatoire, transmis à la police française, l'officier de police Joseph Kennils note :

> M. Allen a suggéré qu'à la suite de son refus, c'était peut-être le «National Enquirer» qui avait révélé que sa société offrait ces photos à la vente. Par conséquent, ses bureaux ont été envahis par des équipes de télévision et son histoire à fait la «Une» du journal de la BBC et M. Allen croit que c'est pour cette raison, qu'il a reçu des menaces de mort.

Pour s'expliquer, le patron de Big Picture publiera un communiqué et remettra les photos à l'officier Kennils, qui les transmettra à Paris.

Paris. Brigade criminelle, quai des Orfèvres

> L'an mille neuf cent quatre vingt dix sept,
> Le trente et un août à dix neuf heures.
>
> Nous, Dominique BOUSSON
>   COMMANDANT DE POLICE
>   En fonction à la Brigade Criminelle
>
> Rapportons qu'une personne désirant garder l'anonymat a fait connaître à notre

service qu'un homme lui avait proposé de lui vendre des clichés de l'accident dont avait été victime la Princesse de Galles et qu'un rendez-vous avait été convenu à partir de 19h au bar de l'Hôtel Méridien Montparnasse.

Hôtel Méridien-Montparnasse. 19 heures

Un petit groupe de policiers répartis dans le hall de l'hôtel observe attentivement deux hommes assis à une table du bar. Discrètement, le commandant Bousson compare la physionomie d'un des hommes avec le signalement fourni par l'indicateur anonyme qui a appelé la Brigade criminelle. L'autre individu est un homme aux cheveux longs, vêtu d'une chemise blanche, qui a posé un casque de moto à côté de sa chaise.

Remarquons que cet homme présente à son interlocuteur un lot de photographies. À 19H30 remarquons que les deux hommes se séparent, l'homme porteur du casque et d'un sac à dos emprunte à pied le trottoir en direction de l'Avenue du Maine.

Procédons alors à la filature de cet individu qui s'approche d'une moto BMW immatriculée ...75 stationnée à une centaine de mètres.

Les policiers de la Criminelle encerclent immédiatement l'homme et lui passent les menottes. Il décline aussitôt son identité : il s'appelle Marc Selle, il est âgé de trente-trois ans. La fouille de son sac à dos révèle une collection de photos de la princesse Diana, prises en divers lieux de son séjour à Paris, dont trois représentent la voiture accidentée. Marc Selle est placé sur-le-champ en garde à vue. Il est emmené à son appartement pour une minutieuse perquisition qui se terminera une heure plus tard, sans qu'on ait découvert d'autres documents intéressant l'enquête.

Lors de son audition, Marc Selle explique au capitaine Germain Nouvion qu'il n'est pas photographe, mais commercial en photos, et que son travail consiste à proposer des reportages à la presse écrite. « Je ne suis pas spécialisé, précise Selle, je peux aussi bien vendre des photos style *Geo* que des photos posées de stars, ou celles de paparazzi. »

En apprenant l'accident de Diana à Paris, Selle a proposé ses services commerciaux à plusieurs agences avant de tomber sur Laurent Sola Diffusion, une petite agence dirigée par un ancien photographe. La sélection de Sola est composée de seize clichés : deux photos de Diana en Sardaigne juste avant son arrivée en France ; onze clichés représentant Diana et Dodi Al Fayed à leur arrivée au Bourget et à différents moments de leur séjour à Paris ; et enfin les trois photos de la Mercedes entourée de secouristes. Ces trois derniers clichés sont les seuls à n'être ni signés ni légendés. Laurent Sola signale à Selle, qu'il souhaite charger de la vente de ses photos, que son agence n'est pas la seule sur le coup et qu'il n'a pas d'exclusivité. Marc Selle évalue le prix du reportage à 50 000 francs (7 500 euros) et part pour le proposer, en vain, à différents magazines dont *Paris Match* et *VSD*. Un hebdomadaire spécialisé dans les enquêtes policières, *Le Nouveau Détective*, se déclare alors intéressé : c'est avec l'un des journalistes de ce magazine que Selle avait rendez-vous à l'hôtel Méridien.

— M. Sola vous a-t-il précisé d'où il tenait ses photos ? interroge le capitaine Nouvion.

— Non, et je ne lui ai pas demandé.

— Vous a-t-il donné des consignes de discrétion pour les écouler ?

— Non, je n'ai reçu de Laurent aucune consigne en ce sens, car tout le monde dans la profession pouvait se procurer les clichés.

Marc Selle est placé en garde à vue dans les bureaux de la Criminelle, où il va passer la nuit.

Les craintes des enquêteurs et du procureur sont donc confirmées : les photos circulent et commencent à être mises en vente... Il faut intervenir à la source.

En fin d'après-midi, le parquet décide la perquisition

des trois plus grandes agences de presse française : Gamma, Sygma et Sipa, ainsi que de deux agences spécialisées dans les photographies *people*, Angeli et Stills Press. Il faut faire vite. Le substitut du procureur de la République, Maud Coujard – qui instruit l'affaire depuis 2 heures du matin –, va se charger de Sygma et de Sipa ; Francis Foulon, procureur adjoint au parquet de Paris, va perquisitionner Gamma et un autre magistrat, Reggrobellet, les agences Angeli et Stills. Ces perquisitions seront exécutées selon les dispositions de l'article 434-4 alinéa 2 du Code pénal :

> Est puni de trois ans d'emprisonnement et de 45 000 euros d'amende le fait, en vue de faire obstacle à la manifestation de la vérité :
>
> (...) 2. De détruire, soustraire, receler ou altérer un document public ou privé ou un objet de nature à faciliter la découverte d'un crime ou d'un délit, la recherche des preuves ou la condamnation des coupables.

La première perquisition, dirigée par le procureur Foulon, a lieu à Vanves, dans les bureaux de l'agence Gamma, avec l'assistance du lieutenant Fabrice Finance de la Criminelle et d'autres officiers de la police judiciaire. Le président de Gamma, Rémi Gaston-Dreyfus, est interrogé par le procureur.

— Avez-vous reçu ou êtes-vous en possession de pellicules photographiques, sur un support argentique ou numérique, prises sur le parcours avant l'accident, pendant l'accident et après celui-ci ?

— Nous n'avons aucune photographie du véhicule prise avant l'arrivée de la police.

— En avez-vous eu en votre possession ?

— Non ! Nous n'en avons jamais eu avant l'arrivée de la police. En revanche, nous avons des clichés de l'enlèvement du véhicule par la dépanneuse.

— Pouvez-vous m'indiquer l'endroit où est conservé le dossier concernant la princesse de Galles ?

Le patron de Gamma emmène le procureur et les policiers devant les rayonnages où sont archivées les photographies de Diana.

> Constatons que celles-ci se trouvent dans quatre bacs comportant environ 28 000 clichés.

— Y a-t-il dans ces archives des photos se rapportant à l'affaire en cours ?

— Non, toutes ces photos concernent la vie de la princesse de Galles, pas sa mort.

— Donnez-moi les photos prises après l'arrivée de la police sur les lieux de l'accident.

On remet au procureur dix clichés, qui sont placés sous scellés. Les policiers procèdent ensuite à la vérification des photographies placées sur les tables à lumière du service commercial, ainsi que dans la salle de rédaction et le laboratoire photo. Ils ne constatent la présence d'aucune photographie pouvant intéresser l'enquête, et ils quittent les lieux.

Les dix clichés remis au procureur sont des photos d'ambiance, prises depuis l'extrémité du tunnel – après le départ des corps et des blessés –, et sont sans importance pour la suite des investigations.

Un autre magistrat du parquet de Paris est chargé de perquisitionner les agences Angeli et Stills. Le substitut du procureur Reggrobellet, assisté de plusieurs officiers de police judiciaire, pénètre à 18 h 30 dans les locaux de Stills Press à Vanves où il trouve Bruno Klein qui représente la P-DG du groupe, Nicole Benoît. Après avoir donné lecture des nouvelles dispositions du Code pénal, le magistrat demande à Klein s'il est au courant qu'un des photographes de son agence est en garde à vue à la Brigade criminelle.

– Je sais, il s'agit de Serge Arnal... qui effectuait son travail.

– Arnal vous a-t-il transmis des pellicules ou des supports numériques quelconques ayant trait à l'accident de la princesse Diana ?

– Absolument pas. Il ne nous a rien transmis du tout ce jour-là.

– Êtes-vous en possession de clichés sur l'accident ?

– Oui, actuellement l'agence a des photos du véhicule accidenté déjà chargé sur le camion-grue de la police. L'intégralité des deux films m'a été apportée par un photographe, Stéphane de Lkieski ; vous pouvez les voir, je viens de les faire tirer.

Le directeur de l'agence Stills présente alors trois photos de la voiture sur le plateau d'un camion-grue lors de son enlèvement, ainsi qu'un quatrième cliché, pris lors d'une conférence de presse du ministre de l'Intérieur.

Le magistrat ne juge pas utile de saisir ces prises de vue ; avant de quitter l'agence, il rappelle simplement à Bruno Klein que le fait de détenir des photos prises avant, pendant ou après l'accident est passible de sévères poursuites.

Dans la foulée, le substitut du procureur file à Levallois-Perret, toujours assisté des mêmes policiers, pour perquisitionner les bureaux de l'agence Angeli. Ils sont reçus par Alain Guizard qui représente Daniel Angeli, directeur de l'agence qui porte son nom.

Guizard admet être au courant de la mise en garde à vue de Christian Martinez, un de leurs photographes. Et confirme que celui-ci était chargé d'un reportage sur la visite de Diana et Dodi Al Fayed à Paris.

— Savez-vous quelles ont été les photos prises par Martinez ?

— Je sais qu'il a fait le couple à sa sortie du Ritz ; une autre équipe m'avait remis auparavant les photos de leur arrivée au Bourget.

— Voulez-vous me donner ces photos ?

— Oui, je veux bien vous remettre quatre clichés.

— Qu'a fait votre photographe par la suite ?

— Il a suivi le couple après leur départ du Ritz.

— Avez-vous reçu de Martinez des pellicules ou des photos numériques traitant de l'accident ?

— Non, je suis formel ! Par contre, un autre photographe de l'agence a pu faire des photos de l'enlèvement du véhicule à 5 heures du matin.

Le magistrat réitère à Guizard ses avertissements en cas de détention de photographies de l'accident, et met un terme à sa « visite ».

Le résultat de ces trois premières perquisitions est plutôt maigre. Mais les magistrats et les policiers ne s'attendaient pas à trouver des photos en évidence sur les tables à lumière des agences. Le but de la manœuvre — et on le voit bien à la manière dont sont menés les interrogatoires — est d'impressionner suffisamment les dirigeants d'agences pour qu'ils refusent de diffuser les photos qu'on pourrait leur proposer.

Entre-temps, l'infatigable substitut du procureur Maud Coujard, assistée d'une équipe de police judiciaire — dont Isabelle Deffez de la Criminelle —, arrive rue Lauriston (16ᵉ arrondissement), dans les locaux de Sygma, en fin d'après-midi.

Elle y est reçue par le fondateur et président de l'agence, le mythique Hubert Henrotte, âgé de quatre-vingt-un ans à l'époque. Henrotte est entouré du direc-teur Jean-Marc Smadja et de leur avocat Emmanuel Brochier. C'est dire si l'une des plus prestigieuses agences du monde se sent concernée par les événe-ments de la nuit et ses conséquences.

Maud Coujard donne connaissance à Hubert Henrotte des dispositions du Code pénal et lui demande si l'agence a reçu des clichés concernant l'accident.

— Je peux vous certifier que nous ne sommes en possession d'aucune photographie d'avant l'accident.

— Votre photographe, Jacques Langevin, a-t-il pris de telles photos ?

— Je ne sais pas quelles photos a prises Langevin, ni ce qu'il en a fait.

— Avez-vous envoyé d'autres photographes sur les lieux de l'accident ?

— Oui, nous en avons envoyé un sur place qui a pris des clichés dans le secteur autorisé, derrière le cordon de police.

— Comment s'appelle-t-il ?

— Thierry Orban. Il a ensuite été rejoint par trois autres photographes de l'agence : Stéphane Cardinal, Pascal Le Secrétain et Alain Noguès.

— Où se trouvent-ils en ce moment ?

— Orban est dans les locaux de l'agence.

— Parfait, nous allons procéder à son audition sur-le-champ. Pouvez-vous me montrer les clichés de ces photographes ?

Hubert Henrotte remet au substitut du procureur

vingt-trois planches-contacts[1] correspondant aux films pris par les quatre hommes. On peut constater à la loupe que ces photos ont bien été faites après l'arrivée de la police. Pour terminer, Maud Coujard perquisitionne dans les locaux, ce qui n'apporte aucun élément nouveau.

Pendant ce temps, le lieutenant Isabelle Deffez procède dans un bureau contigu à l'audition de Thierry Orban.

Le photographe, âgé de quarante-deux ans, reconnaît s'être rendu au pont de l'Alma vers 1 h 30 du matin. Il est arrivé en même temps que le préfet de police Massoni, précise-t-il. Un cordon de CRS interdisait l'accès au souterrain, et il a aperçu de loin son collègue Jacques Langevin au milieu d'un groupe sous la garde de policiers.

— Langevin vous a-t-il remis des pellicules photo ? demande le lieutenant Deffez.

— Je n'ai pu ni l'approcher, ni lui parler. Par conséquent il n'a rien pu me remettre !

— Où avez-vous pris vos propres photos ?

— Je n'ai pu en prendre que du côté Concorde : la visibilité était meilleure et l'on pouvait apercevoir la

---

1. Feuilles de papier photo où sont exposées les films originaux, sans agrandissement.

Mercedes. Ensuite j'ai pris l'épave pendant qu'elle était évacuée sur un plateau.

— Avez-vous entendu parler de clichés pris à l'intérieur du tunnel ?

— Oui, après la réouverture du souterrain, une rumeur courait parmi les journalistes présents selon laquelle une photo des victimes avait été prise à l'intérieur de la Mercedes. On y distinguait les corps. Mais je ne l'ai pas vue, et je n'en ai pas réentendu parler après.

L'équipe du substitut Maud Coujard quitte enfin Sygma pour le boulevard Murat, dans le 16e arrondissement, où se trouvent les locaux de Sipa. Cette troisième agence, de réputation internationale, est dirigée par son fondateur Goksin Sipahioglu, soixante et onze ans, qui a donné à son entreprise les quatre premières lettres de son nom. Il reçoit en personne le substitut du procureur et les policiers qui l'informent des dispositions du Code pénal et lui posent les questions désormais traditionnelles.

— L'agence Sipa est bien en possession de photos de la princesse Diana, reconnaît le P-DG. Elles ont été prises vers 22 h 30, pendant le trajet de la princesse Diana et de M. Al Fayed de l'appartement de la rue Houssaye vers le Ritz.

— Avez-vous d'autres photos prises après leur départ du Ritz ?

– Non. Nous n'avons pas non plus de photographies de l'accident, ni de clichés faits après l'accident et avant l'arrivée de la police. Par contre nous avons des photos prises une fois que le dispositif de police a été dressé.

– Quels sont les photographes qui travaillaient pour Sipa sur cette visite privée ?

– Eh bien, il y en avait trois : Nikola Arsov, un salarié de l'agence, et deux photographes pigistes, Pierre Suu et Pierre Hounsfiend.

– Comment se fait-il que vous n'ayez pas de clichés après le départ du Ritz ?

– Cela s'explique par le fait qu'à la sortie de l'hôtel, nos photographes ont suivi la voiture « leurre », une Range Rover dans laquelle se trouvaient le garde du corps et le chauffeur attitrés de la princesse.

– Comment alors se sont-ils retrouvés sur les lieux de l'accident ?

– D'après ce qu'ils m'ont raconté, ils ont fait demi-tour et se sont retrouvés place de l'Alma : Arsov a pénétré à pied dans le tunnel et les deux autres sont restés à l'extérieur.

Maud Coujard se fait remettre les douze planches de clichés en possession de l'agence tandis que les policiers procèdent à la perquisition des bureaux. Pendant cette procédure, un peu avant 21 heures, un photographe arrive à l'agence : il s'agit de Pierre Suu. Le substitut du procureur demande au lieutenant Isabelle Deffez de se charger immédiatement de son interrogatoire.

139

Pierre Suu, de son nom complet Pham Van Suu, est âgé de trente-deux ans ; de nationalité française, il est marié et père depuis deux mois. Voici ce qu'il explique à l'enquêtrice de la Crime...

Photographe pigiste pour Sipa, il a appris l'arrivée de la princesse au Ritz par un informateur et est arrivé devant le palace un peu avant 20 heures. Mais Diana n'est plus là : elle se trouve dans l'appartement, rue Arsène-Houssaye. Suu, qui est piloté par un motard de Sipa, s'y rend sur une BMW 750. Il escorte le couple, lorsque celui-ci retourne au Ritz, en compagnie d'une quinzaine de journalistes formant un cortège de trois motos, deux scooters et deux ou trois voitures particulières. Le trajet se fait à allure normale. « Nous étions tous détendus », remarque Pierre Suu. La suite va être plus chaotique au moment du second départ du Ritz. Une première feinte, vers minuit, des deux voitures de Dodi Al Fayed : elles se contentent de faire le tour de la place Vendôme, mais cela suffit à « affoler » les journalistes, souligne Suu.

> Il y a eu un deuxième départ de ces véhicules, toujours à vide, vers minuit dix. Ils sont allés derrière le Ritz, rue Cambon puis ils se sont dirigés vers le domicile de Al Fayed à l'Etoile.

Pierre Suu emprunte le même chemin, mais s'aperçoit rapidement qu'il a été berné. Il décide tout de même d'attendre – avec quelques autres photographes dans la même situation que lui –, jusqu'à ce qu'un coup de téléphone l'avertisse de l'accident.

> Je suis allé voir les chauffeurs habituels pour vérifier l'information, mais ils n'étaient pas au courant. Ils nous ont dis qu'ils attendaient le couple qui devait les rejoindre au domicile.

Dès qu'il apprend où a eu lieu l'accident, Suu s'y précipite, suivi par les chauffeurs de Dodi Al Fayed. Lorsqu'ils arrivent, un cordon de sécurité bloque l'entrée du souterrain. Suu ne parvient pas à apercevoir son confrère Nikola Arsov, mais il repère sa moto, stationnée à la sortie du tunnel. Il fait quelques photos banales et rentre à l'agence.

Il est près de 22 heures lorsque les représentants du parquet de Paris et les enquêteurs de la Criminelle terminent leur tournée des principales agences pour s'assurer qu'elles ne procéderont à aucune diffusion de photos litigieuses. Hors procès-verbal, les policiers n'ont pas caché à leurs interlocuteurs qu'ils sont au courant de la présence d'autres photographes cette nuit-là sous le tunnel. Leur identification n'étant qu'une question de temps, il est fortement recommandé à ces hommes de se manifester spontanément au Quai des Orfèvres. Toutes ces manœuvres vont atteindre leur but : les photos scandaleuses de la princesse Diana sont devenues intouchables.

Ambassade de Grande-Bretagne à Paris. 31 août. 23 h 11

L'agent de sécurité Ian Hall est de garde au standard de l'ambassade lorsqu'il reçoit un coup de téléphone d'un homme qui « désire parler de toute urgence à un diplomate » et décline son nom : « Lawrence Solar ». Le garde lui demande les raisons de son appel, car il n'y a plus personne à l'ambassade à cette heure-ci.

Ian Hall note sur une feuille de papier les indications que lui donne son interlocuteur, bien qu'il sache que toutes les communications à l'ambassade sont enregistrées au poste 3444.

```
Telephone call from M. Lawrence Solar the
owner of a press agency. Portable telephone
number 06 11 (...)
He said that he is in possesssion of "the
photos we are missing" of the crash invol-
ving Princess Diana. He wishes to give them
to us.
```

```
He apparently represents the 2 photogra-
phers from "the chasse" that the police did
not catch.

    He does not want the photos to pass by the
police, also asked to be met by a British
Diplomat¹.


    IAN HALL
    SQ²
```

L'agent de sécurité répond qu'il va prévenir quelqu'un de l'ambassade et demande à son interlocuteur de rappeler un peu plus tard. Ce qu'il fera à 23 h 45.

Interrogé dans les locaux de l'ambassade par le lieutenant Desqueyroux – qu'il a averti –, Ian Hall explique :

```
    Cet homme ne voulait pas donner le nom de
son agence, et voulait nous remettre ces
photos à titre gracieux, désirant toute-
```

_____

1. « Coup de téléphone de M. Lawrence Solar, le propriétaire d'une agence de presse. Numéro de téléphone portable : 06.11.(...). Il dit qu'il est en possession des "photos que nous avons ratées" de l'accident concernant la princesse Diana. Il souhaite nous les donner. Il représente apparemment les deux photographes qui participaient à "la chasse" et que la police n'a pas arrêtés. Il ne veut pas remettre ces photos à la police, aussi demande-t-il à rencontrer un diplomate britannique. »
2. SQ : Security Quarter.

    fois avoir affaire à un diplomate britan-
    nique pour donner un ton plus formel à cette
    remise.

L'agent de sécurité remet aux policiers français la cassette d'enregistrement des deux conversations. Il en ressort que « Lawrence Solar » souhaite obtenir des « garanties » de la part des Britanniques pour qu'il n'y ait pas de suites judiciaires. Le deuxième appel est écourté, l'homme soupçonnant la police d'essayer d'en identifier l'origine. Ian Hall, qui affirme que personne de l'ambassade n'a rappelé le numéro de portable, termine son audition en donnant son sentiment sur cette intervention.

    J'avais l'impression qu'il voulait sur-
    tout éviter des ennuis pour lui-même ou ses
    photographes.

Derrière la version anglaise de « Lawrence Solar », les policiers ne tardent pas à identifier Laurent Sola – directeur de l'agence Sola – dont l'un des revendeurs a été précisément interpellé à l'hôtel Méridien, l'après-midi même... La Criminelle décide de l'interroger dès le lendemain.

Laurent Sola va cependant se présenter de lui-même à la Brigade criminelle. Il a trente-neuf ans, est marié et père de deux enfants. Journaliste reporter photographe, il est né dans le métier, son père Michel Sola ayant été pendant plusieurs dizaines d'années directeur du service photo de *Paris Match*. Il a fondé sa propre agence, LSD (Laurent Sola Diffusion), l'année précédente.

Laurent Sola est interrogé par le capitaine Germain Nouvion sur deux éléments. Le premier concerne les trois photos de l'accident, qu'il a tenté de négocier en même temps qu'un reportage sur la visite de la princesse en France. Elles ont été retrouvées dans le sac du vendeur Marc Selle, interpellé en flagrant délit à l'hôtel Méridien-Montparnasse et placé en garde à vue. Sola reconnaît que ces prises de vue ont été faites sous le tunnel, à l'intérieur du périmètre de sécurité, et qu'elles lui ont été remises par un photographe dont il ne veut pas donner le nom. Laurent Sola fait observer au capitaine Germain Nouvion que les trois clichés qui lui sont reprochés montrent la voiture accidentée d'assez loin. Qu'en aucun cas on ne distingue les victimes, et qu'il les a choisis parce qu'ils ont été pris à petite vitesse et sont un peu flous.

— Possédez-vous d'autres photos que ces trois-là ?

— Oui. Je ne les ai pas utilisées et je les ai remises à mon assistante, Dominique Petit.

— Les a-t-elle toujours en sa possession ?

— Je pense que oui. Je lui ai demandé de les conserver avec elle par précaution.

Dominique Petit est convoquée au Quai des Orfèvres et on lui demande d'apporter les clichés que lui a
confiés Laurent Sola. Cette jeune femme de trente et
un ans, journaliste à l'agence Sola, est interrogée par le
lieutenant Finance.

Elle indique que son travail à l'agence consiste à
scanner les négatifs et à les retravailler sur ordinateur
avant de les imprimer. Elle a été appelée ce dimanche
31 août à 4 h 30 du matin par Laurent Sola, qui lui a
annoncé l'accident de la princesse Diana.

> Laurent Sola qui était présent m'a
> demandé de scanner trois clichés figurant
> sur le négatif en m'indiquant qu'il s'agis-
> sait de la voiture accidentée où se trou-
> vait la princesse. Compte-tenue de l'état
> dans lequel se trouvait Lady Diana, il ne
> souhaitait exploiter que les clichés où
> seul le véhicule apparaissait.
>
> J'ai donc scanné ces trois clichés et
> après un travail de recadrage, je les ai
> imprimés.

Dominique Petit a scanné également d'autres photos,
prises la veille à l'aéroport du Bourget et au moment
où le couple sortait de l'hôtel particulier près de l'Étoile
pour se rendre au Ritz.

— À combien d'exemplaires avez-vous imprimé les
trois clichés de l'accident ? Et que sont devenus ces
tirages ? demande l'enquêteur.

— Je les ai imprimés en cinq exemplaires, mais comme je n'étais pas chargée de leur diffusion, je ne sais pas ce qu'il est advenu de ces sorties.

— Vous dites que trois clichés ont été sélectionnés : avez-vous les autres ?

— Oui, bien sûr, j'ai visionné toute la pellicule et il y avait d'autres clichés.

— Vous pouvez les décrire ?

— Certains représentaient l'intérieur du véhicule avec les victimes. Mais à aucun moment ces négatifs n'ont été exploités. Comme je vous l'ai dit, Laurent Sola avait décidé de ne pas les exploiter compte tenu de l'état des victimes.

— Quelqu'un d'autre a-t-il eu accès à ces négatifs ?

— M. Sola et moi étions seuls à l'agence ce jour-là et je peux vous affirmer que personne n'a pu utiliser les négatifs. D'autant que lorsque j'ai quitté mon travail à 18 h 30, Laurent Sola m'a demandé de les emporter avec moi. Depuis ce moment, je suis la seule à détenir ces négatifs.

— Savez-vous qui a pris ces photos ?

— Non, je ne sais pas, c'est Laurent qui me les a remises.

— Est-ce qu'il pourrait avoir réalisé le reportage lui-même ?

— Non, je ne le pense pas. Il m'avait avertie samedi de me tenir prête parce que Diana était arrivée à Paris. À aucun moment il ne m'a dit qu'il envoyait quelqu'un sur Lady Di. Le seul photographe salarié de l'agence se trouvait en Italie.

D'une façon générale les photographies que nous exploitons nous sont apportées spontanément par des photographes indépendants. Laurent Sola est également photographe, mais actuellement, il est surtout patron d'agence et n'assure pas [lui-même la couverture] des événement.

Dominique Petit remet alors au lieutenant Fabrice Finance trois planches de négatifs : une de dix-sept clichés, une autre de vingt-trois clichés et la dernière de neuf clichés.

Il s'agit des négatifs supportant les photographies prises à la sortie de l'hôtel particulier en direction du Ritz et de celles postérieures à l'accident, y compris les trois clichés que j'ai scannés.

Le capitaine Nouvion réentend Laurent Sola sur les négatifs apportés par son assistante. Il l'interroge évidemment sur les photos prises sous le tunnel.

— Je vous ferai observer que les photos représentent principalement les soins apportés aux victimes et que je ne les ai pas fait scanner, ni imprimer, se défend Sola.

— Dites-moi quel est le photographe qui vous a apporté ces photos.

— Je vous répète que pour des raisons éthiques et déontologiques, il m'est impossible de vous dire qui a fait ces clichés. D'ailleurs, les scènes représentées sur les photos vous prouvent que le ou les photographes sont arrivés bien après l'accident. Les pompiers étaient déjà là ainsi que la police. Tout ce que je peux vous dire, c'est que le photographe n'a pas assisté au départ de la Mercedes. Il a été dupé par la sécurité de l'hôtel et n'a pas réagi assez vite. Comme beaucoup d'autres.

— Il a quand même réussi à rejoindre les lieux de l'accident...

— Je ne peux pas vous dire comment.

Le capitaine Nouvion, décidément, est intrigué par la nature des négatifs rapportés par Dominique Petit. Il ne comprend pas pourquoi des films de vingt-quatre ou trente-six poses ne sont pas entièrement utilisés. Il soupçonne que certains clichés situés au début ou à la fin des films ont été volontairement effacés.

— Expliquez-moi pourquoi ces négatifs ont des photos qui n'ont pas été exposées ? Ce film de vingt-quatre poses ne comporte que neuf clichés.

— C'est une pratique commune à tous les photographes professionnels. Ce film de neuf clichés démarre au numéro 5 et se termine au 13, parce que le photographe a « gaspillé » trois ou quatre clichés au début pour être sûr que le film soit bien engagé et se déroule convenablement.

— D'accord, mais pourquoi plusieurs poses ne sont-elles pas exposées à la fin du film ?

— C'est que le photographe a rembobiné sa pellicule parce que la série qu'il vient de réaliser est terminée.

Pour une autre série, il va utiliser une autre pellicule. Cette pratique est courante chez les photographes de presse.

— Ces négatifs n'auraient-ils pas été volontairement noircis pour dissimuler certaines photos ?

— C'est impossible. Demandez à vos collègues photographes de l'Identité judiciaire.

— Les photographes pouvaient avoir plusieurs appareils sur eux.

Généralement les photographes de presse sur ce genre d'évènements, ne portent qu'un appareil. Les améliorations des optiques nous dispensent de porter 2 ou 3 appareils, toujours prêt autour du cou, comme cela se faisait il y a cinq ans. Le travail consiste à se déplacer rapidement derrière les personnalités et le port de différents appareils me paraît très difficile.

Le capitaine Nouvion interroge également Laurent Sola sur le coup de téléphone à l'ambassade britannique. Pour les raisons de déontologie qu'il a évoquées précédemment, il refuse de s'en expliquer et de donner le nom du ou des photographe(s) dont il a été l'intermédiaire. Il estime que ce(s) photographe(s) doi(ven)t maintenant prendre ses (leurs) responsabilités, comme lui les a prises en se présentant au Quai des Orfèvres.

Placé en garde à vue pendant vingt-quatre heures,

Laurent Sola est ensuite remis en liberté et ne sera pas inquiété pendant le reste de la procédure.

Il est vrai que des éléments nouveaux vont amener les policiers à se préoccuper un peu moins des journalistes...

– CHAPITRE 7 –

Institut médico-légal. 1ᵉʳ septembre. 8 h 00

Le fonctionnaire du laboratoire de toxicologie de la préfecture de police exhibe à l'employé de la morgue un ordre de mission signé par son patron, le Pᵣ Ivan Ricordel. Il requiert un échantillon du sang d'Henri Paul, recueilli la veille par le Pᵣ Dominique Lecomte pendant l'autopsie.

L'employé de l'institut ouvre l'armoire réfrigérée, qui contient plusieurs flacons scellés et étiquetés. Ils renferment les échantillons prélevés par le médecin légiste sur le corps n° 2147.

```
- Sang : 5
- Viscères : 4
- Urine : 1
- Bile : 1
- Humeur vitrée : 1
- Contenu gastrique : 1
- Cheveux : 1
- Histologie : Seau : 1
```

L'employé s'empare d'un échantillon, dont il contrôle soigneusement les indications avant de le remettre à l'envoyé du laboratoire de la préfecture de police qui en note la description :

```
Un flacon cylindrique en matière plas-
tique transparent fermé par un bouchon
blanc, à pas de vis contenant un flacon de
verre. Sur ce flacon, sont portées les
indications suivantes :
PAUL Henri
N° IML : 2147
31.8.97
Pr. LECOMTE
```

En effet les premiers éléments de l'enquête de la Criminelle, on l'a vu, ont fait état de plusieurs témoignages inquiétants sur la conduite du chauffeur de la Mercedes. Suffisants, en tout cas, pour que le procureur de la République ordonne qu'on procède à une analyse du sang d'Henri Paul. C'est dans un premier temps le Pr Ivan Ricordel, directeur du laboratoire de toxicologie de la préfecture de police, qui est chargé « en urgence » de rechercher d'éventuelles traces d'alcool dans le sang du conducteur.

La recherche et le dosage de l'éthanol (alcool éthylique) au labo de la police sont régis par un arrêté ministériel qui fixe la méthode officielle. Le Pr Ricordel

D 1310

PREFECTURE DE POLICE
Direction de la Police Judiciaire

Direction de la Police Judiciaire

Identité Judiciaire

Sections Techniques de Recherches et d'Investigations

RÉPUBLIQUE FRANÇAISE

COPIE

Paris le 31.08.1997

qP

RÉPUBLIQUE FRANCAISE

PREFECTURE DE POLICE

DIRECTION
de la
POLICE JUDICIAIRE

RAPPORT

Le Commissaire Divisionnaire Martine MONTEIL
Chef de la BRIGADE CRIMINELLE

à

Monsieur l'Officier d'Etat-Civil de la Mairie du 13 ème Arrdt.
Paris.

OBJET :   DÉCLARATION DE DÉCÈS.

J'ai l'honneur de vous faire connaître que, sur instructions de
M. le Procureur de la République, Parquet de Paris, 1 ère Section (Mme
COUJARD, Substitut), mes services procèdent à enquête suite à un accident
mortel de la circulation intervenu ce même jour, 31.08.1997, à 00 heures [20],
dans le souterrain routier du Pont de l'Alma à Paris 8 ème (sens Paris-Boulogne)
et dont a été victime :

SERVICE

BRIGADE CRIMINELLE

BC N° 288/97

DÉCLARATION DE DÉCÈS

(Lady Diane Frances SPENCER, Princesse
de Galles)

Lady Diane Frances SPENCER,
Princesse de Galles
née le 01 juillet 1961 à Sandrigham (Grande-Bretagne),
de The 8 Th. Earl PENCER.
de The Honourable Mrs. Frences SHAND-KYDD

La dépouille mortelle repose à l'hôpital de la Pitié-Salpétrière à Paris 13 [ème] où le
décès a été constaté ce même jour à O4 heures [00].

Les Autorités Britanniques (M. L'Ambassadeur) ont immédiatement été avisées et
ont pris toutes dispositions pour le rapatriement du corps en Grande Bretagne, ce
même jour, toutes autorisations délivrées (Permis d'inhumer délivrée par Mme
COUJARD, Substitut de Monsieur le Procureur, 1 ère Section du Parquet de
Paris).

Vu et TRANSMIS

Le Commissaire Divisionnaire

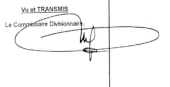

P/O LE COMMISSAIRE DIVISIONNAIRE
LE COMMANDANT DE POLICE
OFFICIER DE POLICE JUDICIAIRE

JEAN-CLAUDE MULÈS

69

Rapport de décès constaté par l'officier de police judiciaire,
le commandant Mulès, à 4 heures du matin le 31 août 1997.

2

RAPPORT MÉDICO-LÉGAL

VU et JOINT :
L'Officier de Police Judiciaire

Jean-Claude MULE...
PRÉFECTURE DE POLICE

Je soussigné *Professeur Lecomte* (expert notial)

Docteur en Médecine de la Faculté de *Paris*

demeurant à *Salle place Mazas Paris 12°*

requis par Monsieur *Monsieur le gardien COUTARD*

Officier de Police Judiciaire,

en fonction à (service)

agissant sur délégation de Monsieur le Procureur de la République conformément à l'article 74 du Code de Procédure Pénale, serment préalablement prêté d'apporter mon concours à la justice en mon honneur et en ma conscience, me suis présenté le *31. 8. 97*

à *5* h *30*

à (1) *Service d'urgence Hôpital Pitié-Salpêtrière*

afin d'examiner le corps identifié par l'enquête judiciaire comme étant

celui d e le nommé *Princesse Diana*

âgé de · ans.

J'ai constaté : *— une incision suturée de thoracotomie g... ...*
— une plaie suturée de front para-médiane
— ... + érosion de côte ...
— une érosion linéaire ecchymotique du cou ...
— une plage ... abdominale latérale ...
— 2 plaies suturées antero externes ... ... et de multiples excoriations genou g... et cheville gauche
— ... ... et ... dos de ... g... et pouls,
— enfoncement thoracique massif.

De mon examen je conclus

Mort par hémorragie interne due à l'enfoncement thoracique et ... phénomène de décélération qui a entraîné une rupture de péricarde une plaie de la veine pulmonaire gauche chirurgicalement opérée

Fait à *Paris* le *31. 8 97*

Signature :

Professeur Dominique LECOMTE
Institut Médico-Légal
2, Place Mazas
75012 PARIS

6 1

Rapport médico-légal rédigé de la main du Pr Lecomte,
médecin légiste.

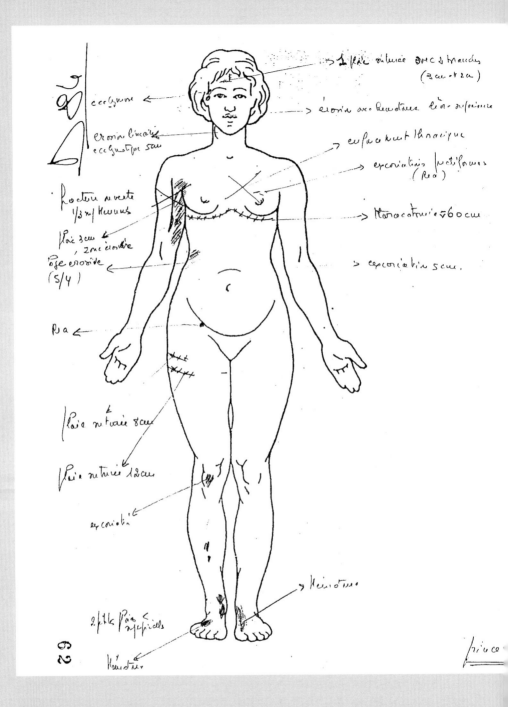

Croquis pré-imprimé de l'identité judiciaire où le médecin légiste
a reporté les contusions et les blessures sur le corps
de la princesse Diana.

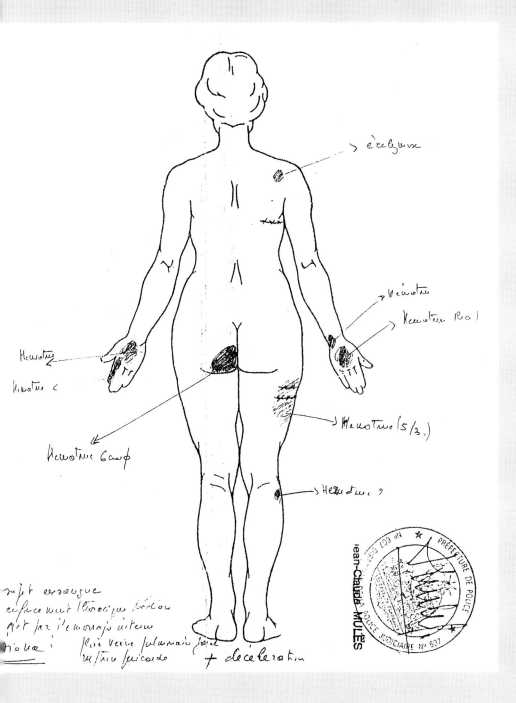

PARQUET DU TRIBUNAL
DE GRANDE INSTANCE
de PARIS

Le procureur de la République près le tribunal de

grande instance de Paris,

Vu le procès-verbal dressé le __31 août__ 19 97

par la __Brigade Criminelle à Paris__

constatant la mort ~~d nommé~~

de __Lady Diane Frances Spencer__

N'empêche qu'il soit procédé à l'inhumation.

Fait au parquet, le __31 08__ 19 9 7

LE PROCUREUR DE LA RÉPUBLIQUE.

Maud Coujard
Substitut

COPIE

Permis d'inhumer signé par le substitut du procureur
de la République, Maud Coujard, autorisant la famille à disposer
du corps de Diana.

DISONS que l'ensemble de ces valeurs et documents seront restitués ultérieurement.

Par mesure **d'hygiène et de décence**, faisons diriger les corps à l'IML, aux fins qu'il sera ordonné, et où il sera procéder à constatations plus précises qui seront consacrées par procès-verbaux distincts (Constatations et vêtements accompagnant les corps).

ACTES TECHNIQUES DIVERS (MESURES CONSERVATOIRES)

Nos constations sur les lieux terminées, à 05 heures ⁰⁰, nous sont remis par les effectifs de la **Sécurité Publique**, objets et valeurs divers, collationnés par les premiers intervenants, dont l'**Inventaire-descriptif** s'établit comme suit :

- 1 montre de marque JAEGER-LECOULTRE, en métal doré, avec cadran serti de pierres blanches.
- 1 bracelet cassé, à 6 rangs de perles blanches avec fermoir en forme de dragon, constitué de brillants.
- 1 bague articulée en métal doré et pierres blanches serties.
- 1 boucle d'oreille en métal doré.
- 1 paire de chaussures, escarpins, bout pointu, de couleur noire, de marque VERSACE, taille 40.
- 1 ceinture femme, en cuir, noire, de marque " Ralph laureen ", de taille 30, présentant des détériorations.
- 1 téléphone portable, de marque MOTOROLLA, de type Startac, N° MSM a 28 RXK 5859, IMEI : 446203070737150, l'appareil contient une carte téléphonique.
L'ensemble de ces effets semblant appartenir à la Princesse de Galles.

- 1 montre de marque "CARTIER ", rectangulaire, en métal blanc, a cadran fenêtre, supportant le N° 053/150, avec bracelet de couleur grenat, type crocodile. Cette montre indique " 3 " et " 55/60 ".
- 1 boitier montre-chronographe, de marque " BREITLING ", en état de fonctionnement, supportant le N° a 59 028, cette pièce est dépourvue de bracelet.
- 1 bracelet articulé en métal blanc, supportant sur son fermoir la marque " BREITLING ".
- 1 boîtier montre, de marque " CITIZEN ", ne fonctionnant pas, bloquée sur 12 heures ou 00 neure, supportant le N° 44 01 35. Cette pièce est dépourvue de bracelet.
- 1 étui à cigares, de couleur fauve, de marque "SAVILINNI ", contenant 1 cigare sans bague.
- 1 coupe-cigares en métal doré, de marque " ASPREY ".
- 1 "beeper " de marque HUTCHINSON Telecoms, supportant sur bande DYMO bleue, les inscriptions de code et d'appel : 0941 116870 ECHO.
- 1 répertoire téléphonique, type organiser, couverture cuir noir, contenant des adresses en Grande-Bretagne, aiansi que des mentions manuscrites en langue anglaise. Se trouve présent un reçu de paiement par carte VISA au nom de M; TREVORS Rees Johns.
- 1 briquet " BIC " bleu.
- 1 trousseau de 6 clefs avec porte-clefs " Canal + "

L'ensemble de ces élément feront l'objet de **restitution ultérieure** après identification de détenteur.

De même suite, nous est communiquée **la liste des véhicules susceptibles d'interesser les investigations**, qui ont été enlevés pour être conduits à la disposition des enquêteurs. Celle-ci s'établit comme suit :

Inventaire des objets retrouvés dans la Mercedes après l'accident.

RÉPUBLIQUE FRANCAISE
MINISTÈRE DE L'INTÉRIEUR
PRÉFECTURE DE POLICE DE PARIS
DIRECTION DE LA POLICE JUDICIAIRE

BRIGADE CRIMINELLE

P.V. : 97/000288/

PROCES VERBAL

D 253c

L'an mil neuf cent quatre vingt dix sept,
le trente et un août à dix sept heures

Nous, Eric GIGOU
  LIEUTENANT DE POLICE
  en fonction à la BRIGADE CRIMINELLE

Officier de Police Judiciaire en résidence à PARIS

--- Poursuivant l'enquête, ---

--- Conformément aux instructions reçues verbalement, ---

--- Nous transportons à l'hôpital La Pitié Salpétrière, pavillon
Corbier, ---

--- Remettons aux autorités britaniques présentes : ---

--- La montre JAEGER LE COULTRE en métal doré, ---
--- Le bracelet cassé, à six rangs de perles blanches avec
fermoir en forme de dragon, constitué de brillants, ---
--- La bague en métal doré et pierres serties blanches, ---
--- Une boucle d'oreille fantaisie. ---

--- Objets découverts à proximité du véhicule MERCEDES qu'occupait LADY Dian Frances SPENCER, ---

--- Dont Procès-Verbal. -----

AFFAIRE :

ontre/ ... X

OBJET :

RESTITUTION D'OBJETS
RELATIFS A LADY DIANA
FRANCES SPENCER

Le Lieutenant de Police

LIEUTANT-COLONEL GUNNER
ATTACHÉ DE L'AIR ADJOINT
AUPRES L'AMBASSADE DE
GRANDE BRETAGNE

C1

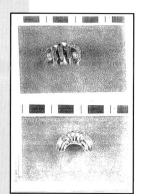

Procès-verbal de restitution des bijoux de Diana
aux autorités anglaises, avant la mise en bière.
En vignette : la boucle d'oreille manquante sera retrouvée plus tard,
incrustée dans le tableau de bord de la Mercedes.

D1494

IDENTIFICATION DE DEBRIS DE FEU

Photographie n° 6

*Vue de la reconstitution partielle
du feu arrière gauche
équipant les véhicules de
marque FIAT, type UNO*

Didier BROSSIER

Reconstitution du phare arrière gauche de la Fiat Uno à partir
des morceaux retrouvés sur la chaussée (cf. vignette)
par l'expert Didier Brossier, de l'Institut de recherche criminelle
de la gendarmerie nationale.

RÉPUBLIQUE FRANÇAISE
MINISTÈRE DE L'INTÉRIEUR
ET DE L'AMÉNAGEMENT DU TERRITOIRE
DIRECTION GÉNÉRALE DE LA POLICE NATIONALE

BRIGADE CRIMINELLE

P.V. : 97/000288/

L'an mil neuf cent quatre vingt dix sept,
le premier septembre

Nous, Joseph OREA
COMMANDANT DE POLICE
en fonction à la BRIGADE CRIMINELLE

Officier de Police Judiciaire en résidence à PARIS

Poursuivant l'enquête,

Nous trouvant au Service,

Sommes informé par Madame le Substitut près le Procureur de
la République à PARIS, de ce que l'analyse effectuée, par le Laboratoire de Toxicologie, a révélé un taux d'alcoolémie chez Mon
sieur *PAUL Henri*, de 1,87g/l.

La contre-expertise effectuée par le Laboratoire du Docteur
PEPIN a établi un taux d'alcoolémie de 1,74g/l.

Dont procès-verbal.

Le Commandant de Police

AFFAIRE :

Contre/X....

OBJET :

MENTION

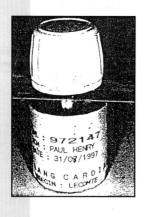

7000038

80

Résultats des deux premières analyses de sang d'Henri Paul,
qui seront confirmés par l'analyse toxicologique.

D1341

NOTE DE SYNTHESE

	Alcool (g/l)	Médicaments (μg/ml ou μg/g)		
		Fluoxétine (taux thérapeutiques: 0,09 à 0,5)	Nor-fluoxétine, métabolite (taux thérapeutiques: 0,15 à 0,5)	Tiapride (taux thérapeutiques: 1 à 2)
Sang prélevé le 31/08/1997	1,74	0,12	0,18	0,006
Sang prélevé le 04/09/1997	1,75	0,12	0,16	0,007
Urines	2,18	0,26	0,42	2,73
Humeur vitrée	1,73	Prélèvement en quantité insuffisante		
Contenu stomacal	1,91	0,68	0,82	<LD
Foie	/	5,5	6,9	<LD
Rein	/	0,29	<LD	<LD
Rate	/	0,62	0,66	<LD
Poumons	/	5,33	6,05	<LD
Pancréas	/	0,18	0,44	<LD
Cheveux	/	1,1 ng/mg		7,8 ng/mg

< LD : inférieur à la limite de détection

Tableau des analyses toxicologiques, indiquant le taux d'alcoolémie et montrant la présence de médicaments antidépresseurs dans le sang et les organes de M. Paul.

30 août. 15 h 30. Arrivée à l'aéroport du Bourget en provenance
de Sardaigne.

D249

17 heures. Petite altercation entre un vigile et les photographes
à l'entrée du domicile de Dodi Al Fayed
au 1 rue Arsène-Houssaye.

cliché 13A

D 204

22 heures. Diana, escortée par son garde du corps,
arrive à l'entrée principale du Ritz, après l'annulation du dîner
au restaurant Chez Benoît.

Henri Paul au volant de la Mercedes 300 au départ de la rue Cambon.
À son côté, Trevor Rees-Jones. La princesse Diana et Dodi sont sur
la banquette arrière. Pour leur dernier voyage…

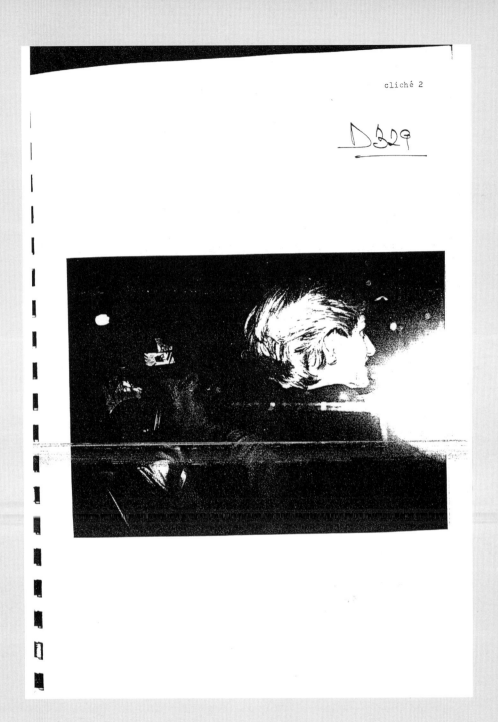

Dernière photo de Lady Di avant l'accident (prise rue Cambon).

cliché 8

Sous le tunnel de l'Alma, quelques minutes après le drame.

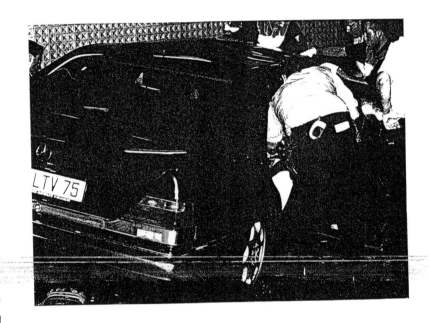

Autour de la Mercedes, les premiers secours, les gardiens de la paix,
les photographes et quelques badauds…

Les pompiers arrivent à leur tour
sur les lieux de l'accident.

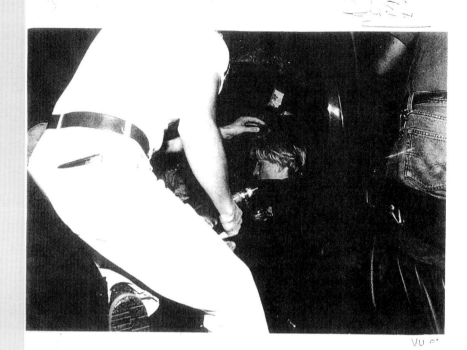

cliché 6

Lady Diana soignée dans la voiture par le Dr Mailliez,
qui va la maintenir en vie en lui faisant respirer de l'oxygène
(exclusivité de la chaine de télévision américaine CBS,
émission « *48 Hours* », le mercredi 21 avril 2004).

réalise une chromatographie en phase gazeuse à l'aide d'un appareil Perkin Elmer F45.

À 9 h 45, la présence d'alcool éthylique est rapidement identifiée. Le dosage est mesuré automatiquement par la machine, qui répète l'opération quatre fois. Les chiffres obtenus oscillent entre 1,8718 et 1,8750 grammes...

Le Pr Ricordel conclut ainsi son rapport :

```
L'analyse a montré une teneur en alcool
éthylique de :
1,87 grammes par litre de sang.
```

Le résultat est aussitôt transmis par téléphone au procureur de la République. On devine que la nouvelle fait l'effet d'une petite bombe au parquet, quand on sait que la législation française fixe à 0,5 g la limite légale autorisée pour prendre le volant. Et qu'une teneur en alcool égale ou supérieure à 0,8 g est passible du tribunal correctionnel, de l'immobilisation du véhicule et d'une suspension de permis de conduire...

Le procureur de la République exige la plus grande discrétion et ordonne aussitôt une contre-expertise.

Celle-ci est confiée à un laboratoire privé dirigé par le Dr Gilbert Pépin, expert auprès de la cour d'appel. Le Dr Pépin reçoit un échantillon de sang de l'Institut médico-légal dans un flacon en tout point semblable à celui analysé par le labo de la police. C'est lui qui procède personnellement à l'analyse sur un chromatographe Hewlett Packard. Après s'être assuré que les scellés sont intacts, le Dr Pépin entame ses analyses à 13 h 19. Il obtient un résultat qu'il valide en effectuant, quelques minutes plus tard, un contrôle de la machine.

Recherche et dosage de l'éthanol dans le sang.

Cette recherche donne le résultat suivant dans le sang de Paul Henri
-éthanol = 1,74 g/litre

Cette conclusion est communiquée sur-le-champ au procureur de la République. Bien qu'elles présentent une différence de 0,13 g, l'expertise et la contre-expertise révèlent toutes les deux un très fort taux d'alcool dans le sang du conducteur de la Mercedes : plus de trois fois la limite autorisée.

Mise au courant, Maud Coujard, le substitut du procureur, téléphone aussitôt à la Brigade criminelle pour communiquer ces informations au commandant Joseph Orea qui dirige le groupe d'enquête. Elle lui demande également de faire le point sur les auditions des photographes. Toutes les gardes à vue ont été prolongées de vingt-quatre heures pour permettre de procéder aux contre-interrogatoires des journalistes.

Le temps presse, et ce nouvel élément incriminant le conducteur de la Mercedes dans l'accident risque d'amplifier encore la pression médiatique. Pour l'heure, l'attention des médias est accaparée par le débat qui se déroule entre la famille royale et la famille Spencer concernant l'organisation des obsèques. Même si les enquêteurs commencent à avoir des doutes sur la responsabilité directe des photographes dans l'accident, l'opinion publique continue de se focaliser sur eux – ce qui permet justement à la Crime d'examiner d'autres pistes, plus discrètement...

Les résultats du labo, qui viennent corroborer plusieurs déclarations de témoins et de journalistes, provoquent une réunion des enquêteurs de la Criminelle sous la direction de Martine Monteil. La décision est prise alors de poursuivre ostensiblement la vérification des témoignages des journalistes et l'analyse des photos qui ont été saisies. Une autre équipe ira élargir le champ de l'enquête au Ritz et se concentrer sur le directeur adjoint de la sécurité, Henri Paul. Enfin, on décide de procéder à une expertise approfondie de la Mercedes accidentée. Bien qu'aucun élément concret ne permette de douter de la thèse de l'accident, l'hypothèse d'un attentat ne peut être définitivement écartée qu'en examinant minutieusement tous les éléments qui ont concouru à la mort du couple et de son chauffeur.

D'autant que la presse – principalement dans les pays arabes – commence à accuser la famille royale et les services secrets britanniques d'avoir fomenté un complot pour se débarrasser de la princesse et de son amant égyptien.

Une rumeur commence en effet à se développer, non seulement dans la presse arabe, mais également, par allusions, dans la presse internationale : Diana aurait été enceinte de Dodi Al Fayed.

Le « mobile » d'un « attentat » coule alors de source : il était impensable, pour la Couronne, que le futur roi d'Angleterre, le futur chef de l'Église anglicane, puisse avoir un frère ou une sœur à demi arabe et musulman(e) !

Le gouvernement français est parfaitement conscient des effets dévastateurs qu'entraînerait une telle rumeur si elle trouvait le moindre fondement pour s'installer. Par acquit de conscience, on sonde des spécialistes des services secrets français sur la faisabilité d'une telle entreprise criminelle.

La réponse est parfaitement claire. Il ne peut s'agir en aucun cas de l'œuvre d'un service officiel britannique, lequel ne se serait jamais avancé à monter une opération aussi aléatoire en plein Paris. Deuxièmement, si le sabotage d'une voiture est relativement simple, non seulement il laisse des traces, mais son résultat est surtout totalement imprévisible. Ainsi, si Diana et Dodi avaient bouclé leur ceinture cette nuit-là – ce qu'ils n'ont pas fait –, jamais le bilan n'aurait été aussi lourd.

Conclusion : s'il s'agit d'une tentative d'assassinat, les expertises policières n'auront aucun mal à la faire apparaître.

En ce qui concerne la Mercedes, les enquêteurs ont établi, depuis les premières heures de l'enquête, qu'il ne s'agissait pas du véhicule qui avait transporté le couple depuis son arrivée au Bourget. Il ne s'agissait d'ailleurs ni du même modèle ni, a fortiori, de la même immatriculation... ni non plus, et c'est là le plus étrange, du même chauffeur.

La Mercedes qui a été utilisée pendant tout l'après-midi et la soirée est un modèle 600, immatriculée 405 JVJ 75 et conduite par Philippe Dourneau, le chauffeur habituel de Dodi Al Fayed. Celle qui a été accidentée est un modèle 300 classe S 280, immatriculée 688 LTV 75 et pilotée par M. Paul[1]. Le propriétaire de ce dernier véhicule est Jean-François Musa, gérant d'une société de location de limousines sous contrat avec l'hôtel Ritz. Il a été entendu deux heures après l'accident par la police judiciaire ; il s'était présenté spontanément aux policiers, après avoir appris l'accident alors qu'il se trouvait au volant de la Range Rover d'escorte.

Les officiers de la Criminelle, en prenant connaissance des premières déclarations – passablement embrouillées – de Jean-François Musa, ont décidé de l'entendre une deuxième fois Quai des Orfèvres. Musa a quelques excuses pour la confusion de sa déposition à la 1re DPJ : encore sous le coup de l'émotion, il a dû, à 2 h 30 du matin, expliquer une situation plutôt compliquée.

---

1. Cf. documents annexes, p. 15.

Il est donc auditionné à nouveau, dans les locaux de la Crime, le 1ᵉʳ septembre à 17 h 45 par le lieutenant Vincent Delbreilh.

— Quand avez-vous été prévenu de l'arrivée de M. Al Fayed et de la princesse Diana ? demande l'enquêteur.

— La veille, le 29 août en fin d'après-midi. Le directeur de la sécurité de l'hôtel Ritz, M. Henri Paul, m'a demandé de me tenir à sa disposition, et de me trouver devant l'hôtel le lendemain à partir de 17 heures. Il avait besoin d'un chauffeur pour conduire la Range Rover de M. Al Fayed pendant la soirée.

— Vous ne deviez pas aller prendre le couple au Bourget ?

— Non, c'est M. Paul et Philippe Dourneau, le chauffeur de Dodi Al Fayed, qui y sont allés dans l'après-midi. Paul conduisait la Range et Dourneau, une Mercedes 600 louée à une autre société que la mienne.

— Qu'avez-vous fait ?

— Eh bien, j'étais à 16 h 30 devant le Ritz comme convenu, un peu en avance, et M. Paul m'a confirmé ses instructions : je devais conduire la Range Rover avec les deux gardes du corps à bord ; quant au couple, il serait dans la Mercedes conduite par Philippe Dourneau. J'ai donc attendu jusqu'à 19 heures, puis nous sommes allés nous garer derrière l'hôtel, rue Cambon, pour embarquer dans les deux voitures le couple et les gardes du corps. Nous sommes allés jusqu'à l'appartement de Dodi, rue Arsène-Houssaye. Diana et Dodi sont restés environ deux heures là-bas puis nous les avons ramenés à l'hôtel Ritz, où ils ont finalement pris leur dîner.

Le lieutenant Delbreilh s'inquiète de savoir si les paparazzi suivaient le cortège. Musa confirme qu'il y en avait une dizaine à l'aller et une quinzaine au retour.

— Étaient-ils agressifs ?

— Un peu plus au retour. Il y avait eu une altercation entre un paparazzo et un vigile rue Houssaye. Le garde avait voulu faire reculer le photographe de force et celui-ci s'était rebellé. Cela avait provoqué une dispute à laquelle les autres s'étaient mêlés.

On présente à Jean-François Musa un album de photographies des sept photographes interpellés. Musa identifie le numéro 2 — il s'agit de Romuald Rat — comme l'auteur de la dispute avec le garde du corps, mais ne reconnaît aucun des autres visages.

Il poursuit ensuite son explication :

— Le trajet aller-retour s'est passé de façon normale malgré la présence des paparazzi. Nous sommes revenus au Ritz un peu avant 22 heures, et j'ai attendu devant l'hôtel avec Philippe Dourneau.

Musa remarque alors que le nombre de photographes augmente, mais la foule des badauds également — certains armés d'appareils photo —, si bien qu'il ne peut dénombrer exactement les journalistes.

Vers minuit quinze, M. Roulet, directeur du Ritz[1] est venu me demander si j'avais un

---

1. Collaborateur du président du Ritz, Frank Klein, absent ce jour-là.

véhicule, plus précisément une Mercedes 300, à disposition.

Musa va consulter le tableau où il range les clefs des six véhicules de sa société qu'il tient à disposition du Ritz. Il constate que la Mercedes 300 S 280 est disponible, et confie les clefs à un voiturier, pour qu'il aille chercher la voiture garée au parking de la place Vendôme. Il lui demande d'amener le véhicule rue Cambon, devant la sortie arrière du Ritz.

J'ai signalé à M. Roulet que je n'avais pas, en revanche, de chauffeur avec la voiture mais que je pouvais la conduire moi-même. Mais on m'a répondu que je devais rester devant l'hôtel.

La société de location de voitures de luxe gérée par Musa – lui-même ancien chauffeur du Ritz – n'a qu'un seul client : l'hôtel Ritz. Sans faire de commentaire sur les instructions qu'on vient de lui donner, Musa retourne devant l'hôtel retrouver son collègue Philippe Dourneau.

Et là, un garde du corps anglais, celui des deux qui n'est pas monté avec Diana et Dodi est venu m'expliquer le déroulement de la fin de soirée.
Il a été convenu – par je ne sais qui – peut-être par Dodi Al Fayed lui-même ou par la

sécurité anglaise, que Philippe Dourdeau et moi-même devions faire diversion, en simulant les préparatifs de départ devant l'hôtel avec la Mercedes et le Range Rover. Pendant que Dodi et Diana partaient par la rue Cambon dans la Mercedes 300 S 280 conduite par M. Paul avec à ses côtés Trévor, l'autre garde du corps.

— Qui a demandé à M. Paul de conduire la Mercedes ?

— À mon avis, c'est la sécurité anglaise. Je vous dis ça parce que, à un moment, l'un des gardes du corps est venu me demander où était le chauffeur qui avait conduit la Range Rover l'après-midi. C'est-à-dire M. Paul.

— Que s'est-il passé alors ?

— Un des gardes du corps nous a rejoints et, avec Philippe, nous avons simulé un départ imminent. Les paparazzi se sont regroupés autour des voitures. Et puis, on nous a prévenus de l'hôtel que la princesse et Dodi étaient partis et nous avons démarré à notre tour. Il devait être environ minuit vingt. Quelques paparazzi nous ont suivis, mais pas plus de deux ou trois : la plupart d'entre eux s'étaient aperçus qu'il n'y avait personne dans la Mercedes, et s'étaient envolés précipitamment pour rattraper l'autre voiture.

— Où vous êtes-vous rendus ?

— À l'appartement de l'Étoile, comme prévu. Mais on n'a pas vu la Mercedes, et on s'est inquiétés. On a alors demandé des nouvelles aux paparazzi. L'un d'eux, qui venait de recevoir un appel sur son portable, nous a dit, l'air stupéfait : « Ils ont eu un accident à l'Alma ! » On a foncé là-bas : la police et les secours étaient déjà sur place. Et alors, on a appris la nouvelle de la mort de Dodi et de M. Paul et les blessures de Diana et Trevor, son garde du corps.

— M. Paul avait-il l'habitude de conduire les voitures des clients de l'hôtel ?

— Non, pas du tout. Je ne sais pas pourquoi il l'a fait à deux reprises dans la journée. Je pense que pour le trajet de l'aéroport du Bourget jusqu'au Ritz, il a pris le volant de son propre chef, et que le soir c'est à la demande des Anglais qu'il l'a fait.

— M. Paul était-il habilité à conduire des limousines de location ?

— À ma connaissance, Henri Paul ne possédait pas l'attestation de capacité de « chauffeur de grande remise » qui est nécessaire dans cette profession.

— En quoi consiste-t-elle ?

— C'est une formalité administrative. Il faut fournir un contrat d'embauche et passer une visite médicale d'aptitude. Le service des taxis et grandes remises délivre alors une attestation qui permet de travailler. Philippe Dourneau et moi-même avons ce papier.

— Est-ce que le comportement de M. Paul vous a paru inhabituel ce soir-là ? Donnait-il l'impression d'avoir bu ?

> J'ai vu Paul dans la soirée, vers 23 heures
> – 23 heures 15 devant l'Hôtel Ritz. Il m'a
> semblé plus causant que d'habitude. En
> revanche, je ne peux pas vous dire s'il
> avait bu. Je ne l'ai pas assez vu et je n'ai
> pas vraiment discuté avec lui.

— Depuis combien de temps votre société était-elle propriétaire de la Mercedes accidentée ?

— Depuis un an exactement. Je l'ai achetée le 30 août 1996, c'était la voiture personnelle du directeur de Mercedes France et elle n'avait que 11 000 kilomètres au compteur. J'ai fait faire les révisions régulièrement.

— Avait-elle déjà été accidentée ?

— Non, jamais. En revanche, un jour, on a agressé son chauffeur et elle a été volée. On ne l'a retrouvée qu'une quinzaine de jours après. Elle avait été en partie dépouillée de plusieurs pièces mécaniques et de carrosserie. Elle a été remise en état par le concessionnaire Mercedes de Saint-Ouen. Je vous ai apporté toutes les factures de réparation et d'entretien, comme vous me l'avez demandé.

— Parfait, je vais placer sous cote[1] ces vingt-huit feuillets de factures et les annexer au procès-verbal. Voyez-vous quelque chose à ajouter ?

---

1. Placer sous cote : enregistrer sous un numéro de cote judiciaire.

> Je vous précise que ce véhicule Mercedes 300 S 280 a fait l'objet d'une facturation pour location de voiture sans chauffeur à M. Dodi Al Fayed pour la nuit du 30 au 31 août 1997.

Business is business.

Ce deuxième témoignage de Jean-François Musa se révèle extrêmement précieux : il permet aux enquêteurs de recouper et de vérifier de multiples informations recueillies depuis deux jours d'enquête.

La manœuvre de diversion qui a conduit le couple à utiliser un véhicule différent pour retourner à l'appartement de la rue Arsène-Houssaye apparaît maintenant plus clairement. Il semble qu'il se soit agi d'une décision de dernière minute, qui a bouleversé l'ordre établi et fait intervenir des acteurs non prévus ou jouant des rôles improvisés. Pour la Brigade criminelle, qui ne perd pas de vue la possibilité d'une tentative d'attentat, il faut maintenant reconstituer très précisément le processus qui a mené à ce désastre. L'interrogatoire de Claude Roulet, l'adjoint du président du Ritz, devrait faire avancer les choses. Jean-François Musa affirme que c'est lui qui lui a demandé, un peu après minuit, d'envoyer une Mercedes rue Cambon.

Le capitaine Mario Menara se déplace avec le lieutenant Debon à l'hôtel Ritz, pour y entendre Claude Roulet. Cet homme de quarante-six ans, né en Suisse mais de nationalité française, travaille au palace depuis sept ans et se présente comme le collaborateur direct de Frank Klein, président de la compagnie qui gère le prestigieux hôtel appartenant à Mohamed Al Fayed.

> Les services de sécurité du Ritz sont placés sous l'autorité directe du Président M. Frank Klein. En son absence c'est moi qui agis à sa place.

Roulet explique alors que le chef de la sécurité Jean Hocquet, qui a démissionné deux mois auparavant, n'a toujours pas été remplacé. C'est donc son adjoint Henri Paul qui dirige le service depuis cette date.

> Pour en revenir à cet incident tragique, le couple Dodi et Diana, sont arrivés au Bourget vers 15h30. M. Paul les y attendait ainsi que le chauffeur attitré de M. Dodi Al Fayed, M. Philippe Dourneau.

— M. Dourneau était le chauffeur habituel de M. Al Fayed, c'est cela ?

— Oui, absolument. Il ne dépend pas du Ritz, il était employé directement par Dodi. Sa seule et unique tâche était d'être à son service lorsque Dodi se trouvait à Paris.

— M. Al Fayed utilisait une Mercedes de location lorsqu'il était à Paris ?

— Non, lorsqu'il était seul à Paris, il utilisait la Range Rover qui lui appartenait. La Mercedes 600 avait été louée par Dourneau auprès d'une société de location de limousines de grande remise. Et c'est Dourneau qui a conduit Dodi et Diana tout l'après-midi.

Claude Roulet révèle alors aux enquêteurs qu'en quittant Le Bourget, le couple s'est rendu directement à ce qu'il appelle « la villa du bois de Boulogne ». Cet hôtel particulier, situé dans le bois de Boulogne et appartenant à la Ville de Paris, a abrité les amours de Wallis Simpson et du roi d'Angleterre Édouard VIII, duc de Windsor, après l'abdication de celui-ci en 1936. La concession de la « Villa Windsor » a été accordée à Mohamed Al Fayed en 1986, pour une durée de vingt-cinq ans, contre un loyer annuel de 1 million de francs (150 000 euros) et la promesse d'y effectuer 30 millions de francs de travaux. Le milliardaire se portait également acquéreur de la totalité du mobilier et des objets, dont avait hérité l'Institut Pasteur et qui se trouvaient toujours dans la résidence[1].

Cette visite de deux heures de Dodi et de Diana à la Villa Windsor ne devait pas avoir de témoins : la filature des photographes avait été rompue, porte de

---

1. La vente aux enchères, en 1998, de ces 40 000 objets rapportera à Al Fayed plus de 2 millions de dollars, qu'il partagera entre la Fondation de la Princesse de Galles et ses propres œuvres caritatives.

Champerret, grâce à une habile manœuvre de M. Paul au volant de la Range Rover. Le couple avait ensuite rejoint l'appartement de la rue Arsène-Houssaye, puis le Ritz, où les attendaient la plupart des photographes.

— Qui conduisait la Mercedes pendant tous ces trajets ? demande le capitaine Menara.

— Toujours Philippe Dourneau... sauf pour le dernier trajet.

— Y a-t-il eu des incidents ?

— Durant tous leurs déplacements, Dodi et Diana ont été harcelés par les paparazzi, qui devaient être un peu plus d'une dizaine. Samedi en fin d'après-midi, lors de leur premier départ du Ritz pour la rue Arsène-Houssaye, j'ai vu deux motos et un 4 × 4.

— Vous les avez accompagnés ?

— Non, Dodi avait prévu d'aller dîner au restaurant Chez Benoît où j'avais, pour des raisons de discrétion, réservé la table à mon nom. Mais au dernier moment, ils ont décidé d'aller dîner au Ritz. J'ai été prévenu de ce changement de programme alors que je les attendais devant le restaurant. Il devait être 21 h 45.

— Vous les avez rejoints ?

— Non, pas tout de suite. Il n'était pas du tout prévu qu'ils reviennent au Ritz. Alors il a fallu que je téléphone à l'hôtel pour qu'on annule la réservation Chez Benoît, qu'on prévienne L'Espadon (c'est le restaurant de l'hôtel) et qu'on avertisse la sécurité de leur retour au Ritz. Mais, lorsque j'ai joint la sécurité, on m'a dit qu'ils venaient juste d'arriver, suivis par la meute des paparazzi[1].

— Vous êtes retourné au Ritz ?

— Non, je suis rentré chez moi.

— Vous avez parlé avec M. Paul ?

J'ai appelé M. Paul vers 23H15 pour savoir comment cela se passait. Il paraissait dans son état normal, parfaitement calme et m'a indiqué qu'il maîtrisait parfaitement la situation.

— Vous a-t-il informé du projet de substitution des voitures ?

N'étant pas au courant lui-même, il ne m'a rien dis sur les intentions du couple pour le reste de la soirée.

Le directeur adjoint du Ritz semble brusquement avoir perdu la mémoire... Le capitaine Menara est obligé de lui tirer les vers du nez.

— Mais alors, à quel moment avez-vous été mis au courant de ce projet ?

Par la suite, j'ignore totalement les circonstances qui amèneront le changement

---

1. Cf. documents annexes, p. 14.

de chauffeur et de véhicule pour le couple
Dodi-Diana.

— Vous saviez que ces voitures étaient louées ?

— En fait, la première limousine a été louée à la
société International Limousines et la seconde à la
société Étoile Limousine. Mais je ne sais rien des conditions de location de ces deux véhicules.

— M. Paul avait-il l'habitude de conduire ce genre de
véhicules ?

— Oui, il en avait l'habitude : d'ailleurs, il avait
effectué deux stages chez Mercedes à Stuttgart en 1990
et 1991. Ce n'était pas son emploi habituel, mais il s'en
acquittait très bien.

— Il avait donc l'attestation de chauffeur de grande
remise ?

— Euh... je ne pense pas. Non, il n'était pas habilité.

— Bon. Quel était l'emploi du temps de M. Paul pour
la visite du couple ?

— Je ne connais pas les détails de son emploi du
temps pendant la présence du couple au Ritz.

— C'était vous le directeur, quand même ! Vous ne
saviez pas où était le chef de la sécurité ?

— En fait, il a été absent de l'hôtel entre 19 h 15 et
22 h 05. Il a dû regagner le Ritz lors du retour de Dodi
et de Diana à 21 h 55.

— On lui a demandé de revenir ?

— Je crois savoir qu'il n'était pas prévu qu'il retourne
là-bas, mais que, étant donné la situation et craignant
des problèmes avec les paparazzi, il a décidé de revenir.

171

— L'avez-vous revu dans la soirée ?

Pour ma part, je l'ai aperçu vers 19h30 dans un café « Le Bar de Bourgogne », rue des Petits Champs.

— Quelle a été l'ambiance générale pendant le séjour de la princesse et de Dodi Al Fayed ?

J'ai accueilli le couple au Ritz après qu'il soit passé au Bois de Boulogne et à *[l'appartement de]* Paris 8e. Tous deux donnaient l'impression d'être amoureux, mais faisaient la remarque que les paparazzi les harcelaient depuis leur arrivée.

Je dois vous dire que depuis la rencontre de Diana et de Dodi (le 26 Juillet), je suis en relation permanente avec Dodi et ce dernier se plaignait très régulièrement de l'attitude des paparazzi.

A chaque déplacement il fallait organiser des subterfuges et imaginer toutes les ruses possibles.

Il n'était pas rare, sous la pression des paparazzi que Dodi demande à Philippe Dourneau de rouler vite, voir de griller quelques feux afin d'échapper à ces derniers.

Cette déclaration de Claude Roulet est bien imprudente, mais le directeur adjoint du Ritz, lorsqu'il fait cette déposition, n'est pas encore au courant des résultats des analyses de sang de M. Paul. Dans son désir de charger les paparazzi, il en rajoute même à propos de la visite de Diana au Ritz le 26 juillet, alors que la princesse, ce jour-là, était justement passée incognito et n'avait donc pas été harcelée. Ni ruses, ni subterfuges n'avaient été employés jusqu'ici contre les paparazzi, sinon quelques mesures de discrétion élémentaires.

Les deux témoignages de Jean-François Musa et Claude Roulet montrent en fait que la première partie de la visite du couple s'est déroulée de manière tout à fait normale. La présence des paparazzi, bien qu'irritante, n'est pas une nouveauté pour la princesse Diana qui, à défaut de s'en accommoder, s'est habituée à les subir, voire à les utiliser.

La situation est différente pour Dodi Al Fayed qui, bien que fils de milliardaire, n'a jamais atteint un niveau de popularité suffisant pour être ainsi pourchassé. Il est clair que la présence des journalistes l'exaspère et va le pousser à changer son comportement et à modifier ses plans.

Le dispositif mis en place pour les trajets va pourtant fonctionner de façon satisfaisante et les règles tacites sont respectées par les paparazzi : ne pas dépasser le convoi, ne pas s'intercaler entre la voiture de tête et celle des gardes du corps, ne pas prendre de clichés en roulant. En contrepartie, les photographes auront leur chance au moment où les personnalités quitteront leur véhicule pour pénétrer à pied dans un lieu public ou privé. M. Paul, qui a décidé de conduire la Range Rover pendant l'après-midi, a depuis la veille prévu son remplacement par Jean-François Musa à partir de 17 heures. L'emploi du temps après le départ du couple du Ritz vers 19 heures n'envisageait pas le retour de Diana et Dodi à l'hôtel : ils devaient rentrer rue Arsène-Houssaye après le dîner initialement prévu Chez Benoît.

Claude Roulet le reconnaîtra, dans un deuxième interrogatoire mené, toujours au Ritz, par le lieutenant Delbreilh.

> C'est en fait l'arrivée inopinée de Dodi Al Fayed et de la Princesse Diana, suite à la décision de dernière minute de Dodi de dîner à l'hôtel et non pas chez Benoît, comme prévu initialement, qui a provoqué le retour [de M. Paul] à l'hôtel à 22h10

L'agent de sécurité du Ritz François Tendil, qui prend ses consignes auprès de M. Paul vers 18 heures, confirme ces dires.

> M. Paul finissait son service. Il m'a expliqué que la journée avait été un peu rude, mais que la soirée serait calme puisque le couple ne devait plus revenir.

> J'ai malgré tout demandé des consignes.
> (...) Il m'a dis qu'en cas de problèmes je
> pouvais le joindre sur son portable.

David Devierre, un autre agent de sécurité au Ritz, est interrogé dans la foulée par les deux hommes de la Criminelle.

Ce soir-là, raconte-t-il, il est arrivé au palace à 19 heures, pour prendre son service. À la vidéo du PC de la sécurité de l'hôtel, il aperçoit M. Paul en train de quitter le Ritz. Il prend les consignes auprès de ses collègues, et commence ses rondes. « Tout était calme », raconte-t-il au lieutenant Delbreilh. Mais, aux environs de 22 heures, il est appelé sur son talkie-walkie par son collègue de garde au PC : il doit se rendre immédiatement dans le hall de l'hôtel.

> Là mon collègue François Tendil [de garde
> dans le hall] m'a dit que la Princesse et
> Dodi étaient arrivés et se trouvaient au
> restaurant « L'Espadon » et de me mettre en
> place à l'extérieur devant l'hôtel.
> Je me suis alors mis en place devant la
> grille de l'hôtel, à côté du maître-chien.
> J'ai alors vu qu'il y avait beaucoup de
> monde et de journalistes devant le Ritz.

François Tendil compose alors le numéro d'Henri Paul pour l'alerter.

175

Alors que la situation était des plus confuses, c'est sur son portable que je l'ai joint. Il a précisé qu'il arrivait immédiatement. Ce qu'il a fait dans les minutes suivantes.

A son arrivée, il a pris les choses en main, je lui ai dis que les deux gardes du corps étaient au bar en train de dîner et que le couple était dans la suite impériale. M. Paul s'est dirigé vers le bar et je dirais un quart d'heure plus tard, je l'ai vu monter au premier.

Dodi et la princesse ne restent que quelques minutes au restaurant du Ritz, L'Espadon. Au bout d'un moment, ils quittent précipitamment la salle pour une raison inconnue. Jean-Pierre Alidière, premier maître d'hôtel du Vendôme, le bar du Ritz, témoigne devant le capitaine Éric Crosnier.

Un peu avant l'arrivée de M. Paul je crois, Vincent [en fait François Tendil, l'agent de sécurité] m'a fait signe. Il m'a demandé de dire en anglais aux gardes du corps que la Princesse et Dodi al Fayed allaient quitter le restaurant pour se faire servir le repas dans l'appartement 102. À peine l'avais-je traduit aux intéressés que j'ai vu passer furtivement Lady Di et M. Al Fayed alors qu'ils montaient les premières marches.

M. Paul patrouille dans les couloirs à la recherche d'éventuels paparazzi infiltrés dans le Ritz, et qui auraient motivé la retraite du couple dans ses appartements.

Pendant ce temps, dans le bar, les deux gardes du corps anglais se font servir à dîner par Jean-Pierre Alidière, le maître d'hôtel, qui explique :

> J'ai pris la commande et servi les gardes du corps, soit des pains grillés avec du homard et des schweppes.

Son inspection terminée, Henri Paul s'installe à la table des gardes du corps.

> Il m'a demandé si l'endroit était fumeur. Je lui ai répondu que comme il n'y avait personne alentour, j'allais arranger cela et je lui ai présenté un cendrier. Il a fumé un petit cigarillo. Il ne m'a rien demandé d'autre.

— Lui avez-vous servi quelque chose ? demande le capitaine Crosnier.

— Moi, je ne lui ai rien servi, ni à boire, ni à manger. Mais j'ai su le lendemain par un serveur, Alain Willaumez, qu'il avait consommé deux Ricard.

Le lieutenant Marc Monot présente donc à Claude Roulet, directeur adjoint, le ticket de caisse 4891, tiré de la liste informatique des consommations au bar Le Vendôme.

M. ROULET nous précise, selon les formes du droit, que le ticket de caisse 4891, en date du 30/08/97 à 22H06, a été éditée pour la table N°1, occupée ce soir là, par M. Paul Henri et les deux gardes du corps de la Princesse Diana.

Le montant total de ce ticket est de 1260 francs mentionnant quelques aliments (2 tranches de pain, 2 pommes allumettes et 2 pâtisseries jours), diverses boissons non alcoolisées (4 schweppes tonic, 2 cafés) et doux RICARD.

Ce ticket de caisse a été enregistré au nom de Claude Roulet, chambre 102.

M. ROULET nous précise : « La chambre 102 correspond au salon de la Suite Impériale qui était mise sous mon nom, pour préserver l'anonymat des occupants ».

Ce début d'enquête dans les coulisses du Ritz laisse les officiers de police circonspects. Certes, ils commencent à comprendre le mécanisme qui a amené le couple à emprunter un autre véhicule. Ou plus exactement, la suite d'improvisations qui a déréglé un programme soigneusement élaboré par les professionnels du palace.

Caprice ou coup de tête, la décision de Dodi Al Fayed de changer de plan pour la soirée a entraîné une chaîne de micro-événements qui ont bouleversé son destin, celui de Diana et d'Henri Paul.

Plus prosaïquement, les policiers retiendront qu'à partir de 19 heures, on a vu M. Paul dans deux bars différents, et qu'il est établi qu'il a consommé des boissons alcoolisées juste avant de prendre le volant. Ce qu'indiquaient déjà les deux analyses de sang pratiquées dans la matinée.

Si la « piste » Henri Paul semble s'affirmer, la Criminelle n'a pas l'intention d'abandonner l'autre, celle des journalistes. Il y va de l'existence même de son enquête : pour continuer, il faut qu'il y ait soupçon de délit criminel... Sinon, le dossier échouera au commissariat du 8ᵉ arrondissement, comme tous les accidents de la circulation.

Et cela, c'est impensable.

– CHAPITRE 8 –

Brigade criminelle. Quai des Orfèvres.
1er septembre

Cela fait maintenant presque trente-six heures que les six photographes et le motard de presse sont en garde à vue dans les locaux de la police. Les pellicules photo qu'ils portaient sur eux ou qu'ils avaient enclenchées dans leurs appareils ont été saisies et développées dans le laboratoire de la préfecture de police.

Après les interrogatoires de la veille, et la prolongation de leur garde à vue, les sept hommes ne sont pas au meilleur de leur forme pour subir un nouvel interrogatoire. Physiquement, ils y sont aptes, ayant pu consulter un médecin. Psychologiquement, il en est tout autrement. Ils ont, comme la loi le stipule, rencontré un avocat. Pas pour parler des motifs qui justifient leur maintien dans les locaux de la police, mais pour vérifier si leurs auditions se déroulent dans le respect de leurs droits. Et ces entretiens avec leurs défenseurs ne leur ont rien appris de bien réjouissant.

Une bonne partie de la presse – surtout audiovi-suelle – tire à boulets rouges sur les paparazzi, dont les sept interpellés sont présentés comme l'échantillon le plus méprisable. Les badauds plantés autour de la Mercedes après l'accident se disputent les interviews à la télévision. Le plus acharné étant un certain Jack Firestone, directeur d'une agence de publicité à New York, qui décrit un spectacle apocalyptique sur plusieurs chaînes de télévision étrangères. Firestone s'exprime en anglais : son témoignage va donc faire le tour du monde...

Interrogé par le lieutenant Debon à la Criminelle, il reconnaîtra en fait n'avoir aperçu la scène que pendant trente secondes, alors qu'il passait dans le tunnel de l'Alma, en taxi et sur l'autre voie.

Nous avons également entraperçu le corps d'une femme blonde affaissée en avant. Je ne peux pas dire si elle était assise à l'avant ou à l'arrière au vu de l'état de la voiture.

Ce genre de description va se multiplier les jours suivants, et les policiers vont se retrouver confrontés à une foule de « témoins » dont la plus grande partie, au moment du drame, se trouvaient – ou auraient pu se trouver... – « pas loin » de l'Alma !

En revanche, les sept hommes qui s'y trouvaient bel et bien ce soir-là maudissent la malchance de les avoir conduits en ce lieu.

C'est en tout cas ce que pense Jacques Langevin, le grand reporter photographe de l'agence Sygma, que le hasard d'une nuit de permanence a transformé en paparazzo. Interrogé à nouveau par le lieutenant Gisbert, Langevin ne peut que confirmer ses premières déclarations : il a assisté au départ du couple rue Cambon, où il a pris quelques photos, mais n'a pas pu suivre la Mercedes.

> Un peu après minuit j'ai remarqué que le chef de la sécurité de l'hôtel se tenait à la sortie rue Cambon. J'ai donc pensé que la sortie s'effectuerait par là. Peu de temps après, dans le même temps, est arrivé une mercedes alors que sortaient la Princesse et son ami. La mercedes s'est arrêtée à hauteur de la sortie arrière de l'hôtel, les deux personnes sont montées et la voiture est partie rapidement.

Langevin est « tombé » sur l'accident plus d'une dizaine de minutes plus tard, alors qu'il retournait, par les quais, dans le 15ᵉ arrondissement pour reprendre son dîner interrompu.

Le lieutenant Gisbert lui présente une série de trente-six clichés, que Langevin reconnaît comme étant les siens. Les neuf premiers représentent la sortie du couple rue Cambon, les suivants diverses vues dans le tunnel.

> Vous pouvez constater que sur la même pel-
> licule figurent successivement la sortie
> de l'hôtel et les photos de l'accident
> alors que les secours sont déjà là. Je pense
> que vous avez ainsi la preuve que je ne me
> suis trouvé sur les lieux que lorsque les
> pompiers étaient [déjà] là.

Langevin s'imagine, avec quelque raison, que les accusations d'« homicide involontaire et non-assistance à personne en danger » ne peuvent être retenues contre lui. Mais le substitut du procureur de la République, Maud Coujard, n'est pas de cet avis et demande qu'il soit envoyé au dépôt[1] à l'issue de sa garde à vue.

Il en est de même pour Nikola Arsov qui, lui, se trouvait devant l'hôtel au moment du départ du couple mais a suivi les voitures « leurres » : la Mercedes 600 et la Range Rover. C'est alors qu'il était sur le chemin du retour – après avoir compris sa méprise – qu'il est « tombé » sur Stéphane Darmon, le motard de Gamma, qui avait garé sa moto à la sortie du tunnel de l'Alma. Arsov explique au lieutenant Marc Guillemois qu'il est

---

1. Dépôt : sous-sol du Palais de Justice, couramment appelé « souricière ».

entré dans le tunnel par l'arrière, parce que l'accès avant était déjà condamné par la police.

> Lorsque j'ai pénétré dans le tunnel les secours étaient déjà présents. J'ai noté la présence de policiers et de pompiers. De ce fait, je n'avais pas à alerter les secours. Cela prouve que j'étais sur place bien après l'accident.

Arsov a pris cinq ou six photos de la voiture au grand angle, mais son flash n'a pas fonctionné et elles ont été ratées. Il pense, comme Langevin, qu'on ne peut rien retenir contre lui, puisqu'il n'a pas pourchassé la Mercedes et qu'il est arrivé dans le tunnel bien après les secours. Lui aussi est, malgré tout, envoyé au dépôt par Maud Coujard à l'issue de ses quarante-huit heures de garde à vue.

Lors de ses premières déclarations, le troisième photographe, Laslo Veres, racontait qu'il était parvenu sur les lieux de l'accident bien après ses confrères. Il avait « raté » la Mercedes et s'était trompé de sens en apprenant, par un bref appel téléphonique, que la voiture de Diana avait eu un accident dans un tunnel. Entendu de nouveau par le lieutenant Éric Gigou, il se montre assez bavard...

— Qui vous a appris que l'accident avait eu lieu dans un tunnel ?

— Je crois que c'est un confrère et ami qui s'appelle Serge Benhamou. J'ai pensé que c'était sous le tunnel du Châtelet et je suis parti dans cette direction.

— Avez-vous vu dans le tunnel des photographes qui ne font pas partie du groupe interpellé par la police ?

— Non, parce que j'ai été interpellé deux minutes après mon arrivée. Je n'ai eu que le temps de faire quelques clichés de la voiture et des secours qui s'affairaient autour. Si des photographes sont partis, c'était avant que j'arrive.

— Avez-vous vu les véhicules qui suivaient la Mercedes ?

— Non, puisque moi, j'ai raté le départ ! En revanche, j'en ai vu devant le Ritz.

— Lesquels ?

— Il y avait un Pajero, dont le propriétaire s'appelle David Ker, je crois.

— Ce ne serait pas, plus exactement, David Odekerken ?

— Peut-être. Nous, on l'appelle Ker. Je ne sais pas pour quelle agence il travaille. Il y avait aussi un photographe, grand et roux, qui travaille pour Sipa. Il était avec un autre photographe, un Chinois avec lequel il fait toujours équipe.

— Est-ce que vous connaissez un Fabrice Chassery ?

— Non, ça ne me dit rien.

— Et une Peugeot 205 noire ?

— Oui, elle était devant le Ritz. Je ne connais pas le nom du photographe qui la conduisait. Mais je peux vous le décrire : vingt-cinq ans, brun, plutôt maigre, il doit mesurer un mètre soixante-quinze.

— Avez-vous d'autres choses à déclarer ?

— Oui. Je viens de me rappeler que, lorsque je me trouvais avec les autres photographes en garde à vue sous le tunnel, quelqu'un a dit : « Les gars de LSD [1] ont réussi à partir avec des photos. »

— Qui vous a dit ça ?

— Il me semble bien que c'est Christian Martinez. Il a même ajouté : « Pendant qu'on est là, LSD se bourre les poches ! »

— Vous n'avez pas vu le photographe qui vous a prévenu de l'accident, Serge Benhamou ?

— Si, mais il n'était pas dans le tunnel. Il était au-dessus, avec les spectateurs, quand je suis arrivé. Il est descendu me rejoindre par la rampe d'accès – sans son appareil photo – pour me dire qu'il n'en pouvait plus et qu'il s'en allait.

Le lieutenant Éric Gigou peut être content : il a obtenu les noms de plusieurs photographes qui sont soupçonnés d'avoir quitté le tunnel avant l'arrivée de la police et dont les photos traînent dans Paris et à l'étranger. Quant à Laslo Veres, sa collaboration avec la police ne sera pas récompensée : il couchera lui aussi au dépôt, envoyé là-bas par l'inflexible Maud Coujard.

---

1. Laurent Sola Diffusion. Agence de photos *people* déjà citée.

Le cas du motard Stéphane Darmon est déjà un peu plus complexe. S'il n'est pas photographe, il a, en revanche, participé – et en tête – à la « coursette[1] » depuis le Ritz : il peut donc tomber sous l'inculpation de « mise en danger de la vie d'autrui et homicide involontaire ». Le lieutenant Isabelle Deffez qui l'interroge se fait préciser exactement sa position au moment de l'accident. Darmon ne varie pas dans son témoignage : il a perdu de vue la Mercedes lorsqu'elle a accéléré pour emprunter les quais. Et c'est au moment où son passager Romuald Rat et lui étaient persuadés d'avoir été semés – et continuaient plus tranquillement leur route – qu'ils ont découvert l'accident.

— J'ai été le premier à dépasser le véhicule accidenté. Derrière moi, il y avait un scooter et une moto. Je me suis arrêté vingt mètres plus loin. Romuald s'est précipité, le casque sur la tête et l'appareil photo en bandoulière. Il a couru vers la voiture.

— Et l'homme au scooter ?

— Il a garé son engin à côté de la Mercedes et il a foncé lui aussi vers l'épave.

Le lieutenant Deffez sait que ce photographe-là fait partie des « fuyards ». Elle demande à Darmon de le décrire.

---

1. Terme utilisé par les paparazzi pour désigner la course en voiture derrière une personnalité.

188

– Un homme d'une cinquantaine d'années, gros, un peu dégarni, avec des Ray-Ban et une saharienne beige. Je ne connais pas son nom, mais j'ai entendu dire que c'était un indépendant, un type dans le métier depuis plus de vingt ans.

– Et les passagers de la moto qui était derrière vous ?

– Ils ont garé leur machine à l'entrée du tunnel. C'était une Yamaha avec deux personnes à bord. Une fois leurs photos prises, ils ont dû repartir en faisant demi-tour, parce que, moi, je m'étais placé à la sortie du tunnel et je ne les ai pas vus passer.

– Vous en avez vu passer d'autres ?

– Le 4 × 4 m'a rejoint ; il y avait une seule personne à bord. Le mec a regardé, puis il a dit : « On fait pas ça », et il a jeté son appareil dans la voiture et il est reparti. Lorsque les pompiers sont arrivés, j'ai vu le photographe sur le scooter qui s'enfuyait à fond la caisse.

– Avez-vous aperçu Nikola Arsov, le photographe de Sipa, sur sa BMW ?

– Oui, il avait un ciré jaune. Il est arrivé par la route au-dessus du tunnel ; il a garé sa moto à côté de moi et il est parti en courant vers la voiture avec son matériel.

Isabelle Deffez montre à Darmon des photos prises dans le souterrain. Le motard identifie les différents protagonistes sans pouvoir les nommer vu que, étant par hasard dans le métier, il n'y connaît personne.

Pourtant, lorsqu'on lui montre un cliché pris au Bourget, il a cette réflexion étrange :

> Je reconnais le chef de la sécurité du Ritz qui a conduit la Mercedes de l'accident. Il paraissait très bizarre, à la limite du normal. Il voulait « jouer » avec nous.

Un peu après minuit, à la fin de sa garde à vue, Stéphane Darmon, comme les autres, est conduit au dépôt du Palais de Justice de Paris, sur instructions du parquet.

Restent les trois autres photographes. Ils vont devoir se défendre des accusations d'« homicide et blessures involontaires, mise en danger de la vie d'autrui et non-assistance à personne en danger ». Ces imputations nourrissent les soupçons du substitut du procureur depuis deux jours. L'enquête, on l'a vu, est loin de démontrer le bien-fondé de ces accusations en ce qui concerne les quatre premiers « photographes ». Par ailleurs, les analyses prouvant que le conducteur était ivre fragilisent la thèse selon laquelle les paparazzi seraient les responsables de la perte de contrôle du véhicule.

Mais, pour que les officiers de police de la Crime puissent mener l'enquête jusqu'à son terme, encore faut-il qu'il y ait matière criminelle ou délictuelle d'envergure. La célèbre brigade n'est pas « compétente » pour enquêter sur un accident de voiture, provoqué par un chauffard ivre qui s'est tué en entraînant dans la mort une partie de ses passagers... Cela relève tout juste des responsabilités d'un commissariat de police.

Serge Arnal est interrogé par le lieutenant Gisbert qui l'attaque bille en tête. L'enquêteur a en main les tirages des clichés pris par le photographe sous le tunnel.

— Vous nous avez déclaré avoir commencé à prendre des photos dix minutes après votre arrivée. Cette affirmation est en contradiction avec le tirage de vos photos. N'étiez-vous pas plutôt le premier sur les lieux, comme le laissent penser vos photos ?

— Je ne sais pas, j'avais perdu toute notion du temps. En tout cas, la première chose que j'ai faite, c'est d'appeler les secours.

Arnal tente bien de noyer le poisson, en expliquant que c'est en voyant ses collègues flasher qu'il a fait pareil. Mais le lieutenant Gisbert enfonce le clou.

— Certains de vos clichés montrent la voiture fumante, porte fermée, et sans personne autour. C'est la preuve que vous étiez le premier et le seul à en faire !

Arnal ergote, parle d'angle de prise de vues et avance des explications peu convaincantes. Le seul élément qui pourrait plaider en sa faveur serait le fait qu'il ait bien appelé le 112 et demandé des secours, ce qui le disculperait déjà de non-assistance à personne en danger. L'officier enquêteur, qui relève alors les dix derniers appels émis par le portable d'Arnal, note que le numéro d'urgence 112 figure effectivement dans la liste. Il insiste néanmoins :

— Pourquoi avez-vous choisi de faire des photos plutôt que de porter assistance aux éventuels blessés ?

— J'avais appelé les secours et je ne sais pas ce qu'il faut faire dans ce genre de circonstances. Je ne voulais pas toucher les corps de peur de mal faire. J'ai pris des photos comme témoin d'un événement, et parce que c'est mon métier.

Sans beaucoup de surprise, Serge Arnal apprend une heure plus tard qu'il est envoyé au dépôt par le substitut Maud Coujard.

C'est le lieutenant Éric Gigou qui se charge de l'interrogatoire de Christian Martinez. Ce dernier n'essaie pas de finasser sur ses responsabilités sous le tunnel et va droit au fait lorsque le policier lui annonce que les photos qu'il a prises ont été développées.

> [C'est exact] que ces clichés ont été pris avant l'arrivée des secours, dés mon arrivée sur place. Passé le premier moment de panique, une des premières choses que j'ai faîtes a été de prendre des photos.

Martinez décrit alors au policier le contenu des clichés, qu'il se rappelle parfaitement, et la manière dont il les a pris, au zoom, depuis le terre-plein central.

— Vous avez déclaré que vous aviez tenté d'appeler les secours au téléphone.

— Non. C'était une erreur. Je n'ai pas cherché à

alerter les secours, pour la bonne raison que j'avais oublié mon portable dans la voiture de Serge, la Fiat Uno noire qui était garée à l'extérieur du tunnel.

— Vous n'avez pas essayé d'aller le chercher pour téléphoner aux secours ?

— Non. Je me suis contenté de photographier.

Le lieutenant Gigou interroge alors le photographe sur le trajet précédant l'accident, et Martinez confirme sa déposition précédente, ajoutant que la Mercedes les avait mis « dans le vent » avec son accélération sur la voie rapide.

```
Je vous confirme qu'à mon arrivée sur les
lieux de l'accident il n'y a aucun autre
véhicule que la Mercedes accidentée.
D'ailleurs nous arrivons à passer pour nous
garer plus loin. Je ne vois même pas la moto
de Rat sur les lieux.
```

— Qui était le premier sur les lieux ?

— Rat, c'est sûr ! Il s'en est d'ailleurs assez vanté ! Ensuite, ça a été Serge et moi.

— D'après ce que vous avez vu, y a-t-il un tiers qui pourrait être impliqué dans l'accident ?

— Personne, je suis formel.

— Pouvez-vous me communiquer l'identité des photographes qui sont partis avant l'arrivée de la police ?

— Non ! Je préfère ne pas vous donner ces noms. C'est une question de principe.

Malgré les nombreuses questions du lieutenant Gigou, Christian Martinez ne dérogera pas à ces principes, même quand l'enquêteur lui citera la phrase que son confrère, Laslo Veres, lui attribue.

— N'avez-vous pas dit que l'agence LSD « allait se bourrer les poches » ?

— Non, mais j'ai peut-être fait un commentaire équivalent. Cela voulait dire effectivement que LSD allait diffuser les photos et donc faire du profit.

Martinez est envoyé au dépôt et rejoint ses autres camarades dans les locaux du Palais de Justice, à la disposition du substitut Coujard.

Reste le dernier photographe, Romuald Rat, dont le témoignage est particulièrement important pour les policiers. Comme passager de la moto de Stéphane Darmon, il est le premier photographe à avoir été présent sur les lieux et la première personne à être intervenue sur le véhicule accidenté.

Le lieutenant Isabelle Deffez, qui procède à sa deuxième audition, lui annonce d'emblée la couleur.

— Nous avons les témoignages de plusieurs personnes qui affirment que vous n'avez pas porté secours aux blessés dans la Mercedes, mais qu'au contraire vous vous êtes montré agressif, insultant les services de police pour pouvoir faire des photos.

— Non, ce n'est pas vrai du tout ! proteste Romuald Rat avec véhémence.

Après cette entrée en matière musclée, Isabelle Deffez invite le photographe à raconter de nouveau ses faits et gestes depuis son départ du Ritz. On le sait, la moto des deux hommes a rattrapé la Mercedes au feu rouge de la place de la Concorde avant de se faire distancer par une accélération foudroyante du conducteur, qui s'est engouffré sur la voie rapide.

— Avez-vous fait des photos à ce moment-là ?

— Non, personne n'a pris de clichés pendant que la Mercedes roulait. C'est quelque chose qui ne se fait pas en France.

— Deux témoins affirment qu'ils ont vu la Mercedes freinée par une voiture à l'entrée du tunnel du pont de l'Alma et qu'à ce moment-là, une moto collait pratiquement à la limousine.

— En tout cas, ce n'est pas la moto sur laquelle je me trouvais. Mais j'étais affairé à remettre mon casque : il y avait peut-être une moto devant la nôtre. En tout cas, nous n'avons jamais collé à la Mercedes ! Nous l'avons même perdue de vue après qu'elle a pris les quais.

— Comment êtes-vous arrivé dans le tunnel, alors ?

— Je vous le répète, nous avions ralenti pour nous concerter, Darmon et moi, et j'ai décidé de rentrer à l'agence. On a donc continué tout droit et c'est là que j'ai entendu ce que j'ai pris alors pour une sirène : c'était le klaxon dans le tunnel.

— Vous avez reconnu la voiture ?

— Non, pas sur le coup. J'ai d'abord remarqué les gens qui étaient sur le terre-plein central et les voitures arrêtées sur l'autre voie. Ensuite j'ai vu de la fumée, j'ai senti l'odeur du caoutchouc brûlé et j'ai vu la voiture mais je ne l'ai pas reconnue. Mon regard était attiré par l'avant complètement broyé et je ne reconnaissais pas la Mercedes que j'avais suivie tout l'après-midi. Darmon a dépassé l'épave et s'est garé un peu plus loin, de peur d'une explosion. Je suis descendu de la moto...

— Avec vos appareils photo ?

— Non. J'ai abandonné mon casque, mes appareils et mes objectifs sur le bord du trottoir, et je me suis précipité vers le véhicule. C'est en m'approchant que je me suis dit : « Ça peut être eux ! » Je me suis approché de la portière arrière droite et j'ai regardé à l'intérieur. J'ai cru qu'ils étaient tous morts. J'ai hurlé sur les badauds qui ne bougeaient pas.

— Vous aviez un portable. Pourquoi n'avez-vous pas tenté de joindre les pompiers ou la police ?

— Parce que j'ai entendu quelqu'un crier : « J'ai appelé les secours ! »

— Je trouve étonnant qu'un photographe abandonne ses outils de travail sur la chaussée alors qu'il assiste à un événement.

— J'ai d'abord pensé à aller voir si je pouvais faire quelque chose[1].

---

1. À la fin de son interrogatoire, le photographe tiendra à rectifier un détail : il se souvient en fait avoir gardé un de ses appareils autour du cou.

— Dites-moi : est-ce bien vous qui avez ouvert la portière ?

> C'est moi qui ai ouvert la portière arrière droite.
>
> J'ai vu Dodi EL FAYED, disloqué sur la banquette, allongé face à moi, les yeux entrouverts.
>
> J'ai vu un tapis de sol sur la Princesse Diana *[le tapis de la voiture, rabattu par le choc]*. Je l'ai pris pour voir si elle était toujours vivante, et je l'ai posé sur le bas ventre de EL FAYED dont le sexe était apparent.
>
> J'ai pris le pouls de la Princesse qui a gémi.

Le spectacle que Romuald Rat découvre dans l'habitacle explique en partie son comportement ultérieur. Les gestes qu'il accomplit à ce moment-là — où il est seul face à cette scène crue et brutale — ne sont pas ceux du personnage cynique ou agressif que suggéreront certains témoins. Il fait même preuve de compassion en dissimulant aux regards extérieurs les manifestations d'intimité qu'indique ce désordre vestimentaire. De même qu'il exécute auprès de la blessée les gestes élémentaires de secourisme dont il est diplômé[1].

---

1. Romuald Rat est titulaire du brevet national de secourisme n° 890548 délivré le 6 juin 1989 par la Direction de la sécurité civile.

D'ailleurs, le comportement de Romuald Rat devient assez étrange vis-à-vis des autres photographes et même des spectateurs. Il s'écarte d'abord de la portière pour laisser le Dr Mailliez – qu'il prend pour un pompier – donner les premiers soins à la princesse Diana. Rat comprend ce que fait le médecin, puisqu'il a lui-même passé un examen de réanimation qui complète son brevet.

Romuald Rat se met à crier : « Elle est vivante ! » puis il s'agite autour de la voiture, allant jusqu'à tomber dans les bras de Serge Arnal pour se féliciter de cette nouvelle. Il le confirme au lieutenant Isabelle Deffez.

– J'ai effectivement crié cela. Mais, contrairement à ce que prétendent les gens, je n'ai pas fait de photos à ce moment-là. C'est vrai que je hurlais, que je me suis engueulé avec Martinez parce qu'il me disait de me calmer ! Et aussi parce que je jugeais qu'il était trop près du véhicule. C'est vrai que je l'ai engueulé parce qu'il prenait des photos à l'intérieur du véhicule.

Cette exaltation de Romuald Rat – qu'il manifeste en empêchant violemment les curieux et ses confrères de voir ce qui se passe dans la voiture – s'explique mieux lorsque l'on sait ce que le photographe y a vu : il cherche à soustraire la scène aux regards. Ce que les témoins ont pris pour des bousculades entre journalistes n'était en fait que la tentative, de la part de Romuald Rat, de préserver un secret.

Le photographe affirme ensuite à l'enquêteur n'avoir pris de clichés qu'au grand angle, jamais de l'intérieur du véhicule. Et ce, parce que tout le monde en avait déjà fait. Il précise dans sa déposition : « J'ai même arrêté de déclencher lorsque les pompiers ont sorti le corps de Dodi Al Fayed. »

Les policiers s'interrogent sur les constatations troublantes du photographe et les conséquences qu'elles pourraient avoir sur les suites de l'enquête. Certaines observations faites par les enquêteurs, ainsi, d'ailleurs, que par des journalistes de la presse d'outre-Manche, pourraient néanmoins trouver là une explication :

Pourquoi la princesse Diana n'a-t-elle pas mis de ceinture de sécurité, alors qu'elle était réputée très pointilleuse à ce sujet ?

Pourquoi Dodi et Diana, soucieux de leur sécurité, ont-ils laissé Henri Paul conduire la Mercedes, en plein Paris, comme une voiture ivre ?

Et enfin, pourquoi donc le garde du corps a-t-il, lui, mis sa ceinture de sécurité, ce que, pour des raisons professionnelles, il ne faisait habituellement pas ?

La révélation de Romuald Rat laisse perplexe. Un seul témoin pourrait donner une réponse claire à ces spéculations : Trevor Rees-Jones, le garde du corps assis sur le siège passager. Unique survivant du crash, ses jours ne sont plus en danger, mais il est soigné à la Pitié-Salpêtrière pour de graves et multiples fractures au visage. Son état a nécessité une trachéotomie d'urgence sur les lieux mêmes de l'accident, et les médecins refusent de se prononcer sur la durée de son hospitalisation et sur la possibilité de l'interroger. Les policiers sont donc contraints de ronger leur frein et de garder la plus grande discrétion sur cet épisode.

Interrogé une dernière fois vers 18 heures par le lieutenant Deffez, Romuald Rat se contentera de commenter les tirages de ses photos qu'on lui présente. Il aura, en regardant un cliché pris à l'aéroport, cette réflexion perspicace :

— Sur ce cliché n° 20, on voit le chauffeur qui conduisait la Mercedes lors de l'accident. Il porte des lunettes de soleil et se trouve à côté d'Al Fayed. Comme je l'ai déjà dit, son attitude m'a paru très bizarre. Je me suis même demandé s'il n'avait pas bu.

— Savez-vous qui conduisait un 4 × 4 Pajero ?

— Oui, un photographe nommé David Odekerken. Ce soir-là, il faisait équipe avec Fabrice Chassery. Ils s'étaient réparti les places autour du Ritz. Chassery conduisait une Peugeot 205 noire.

— Étaient-ils dans le souterrain ?

— Je ne les y ai pas vus.

— Est-ce que cette description vous dit quelque chose : cinquante ans, petit, rond, légèrement dégarni, une veste beige de chasse, circulant sur un scooter vert ?

— Oui, cela me fait penser à un photographe indépendant qui s'appelle Serge Benhamou. Je ne l'ai pas vu sous le tunnel.

Le lieutenant Isabelle Deffez n'est pas mécontente d'elle-même : elle a réussi à obtenir confirmation des noms des trois photographes qui ont participé à la « chasse » et ont quitté le tunnel avant l'arrivée des forces de l'ordre : Benhamou, Odekerken, Chassery. De plus, elle a recueilli une information qui, bien qu'extrêmement délicate, apporte une pièce supplémentaire à un tableau que les policiers de la Crime essaient de reconstituer le plus fidèlement possible.

Quant à Romuald Rat, il est envoyé au dépôt avec ses autres camarades en attendant d'être entendu par le juge d'instruction que doit nommer le premier vice-président du service pénal du tribunal de grande instance de Paris.

Avant cela, il appartient au substitut du procureur de la République, Maud Coujard, de rédiger son « réquisitoire introductif » à la lumière des investigations menées par la Brigade criminelle. Ce qu'elle fait sans tarder :

> Attendu qu'il en résulte contre :
> 1) ARNAL Serge 2) ARSOV Nikola 3) DARMON Stephane 4) LANGEVIN Jacques 5) MARTINEZ Christian 6) RAT Romuald 7) VERES Laslo et tous autres
>
> Des présomptions graves de non assistance à personne en danger (1 à 7) ; homicides

201

involontaires ; blessures involontaires ITT > 3 mois[1].

Vu les articles 223.6 al. 2 ; 221.6 al.1 et 2 ; 222.1.9 du Code Pénal.

Requiert qu'il plaise à M. le Juge d'instruction d'informer par toutes voies de droit et décerner mandat de dépôt à l'encontre de MM MARTINEZ et RAT ; placés sous contrôle judiciaire MM ARNAL, ARSOV, DARMON, LANGEVIN (interdiction d'exercer une activité professionnelle de journaliste ; ne pas quitter le territoire français ; remise de la carte de presse) et Mr VERES.

Un réquisitoire particulièrement sévère pour ces sept hommes, dont cinq sont laissés en liberté, mais avec un contrôle judiciaire et une exigence judiciaire qui représentent en soi une sanction assez lourde : interdiction d'exercer leur profession. Quant aux deux autres, Romuald Rat et Christian Martinez, ils sont placés en détention provisoire au motif suivant :

Des investigations sont nécessaires pour identifier et entendre des photographes

---

1. « ITT > 3 mois » : Interruption totale de travail supérieure à trois mois.

également présents sur les lieux et qui les auraient quittés avant l'arrivée des secours. Elles doivent être menées sans qu'il y ait risque de concertation.

Martinez paie vraisemblablement ici son refus de donner les noms des photographes recherchés. Quant à Romuald Rat, il est manifeste que les autorités policières et judiciaires ne tiennent pas à ce qu'il raconte son histoire à l'extérieur[1].

Une détention provisoire que le substitut du procureur explique en ces termes :

[...] l'unique moyen de mettre fin au trouble exceptionnel et persistant à l'ordre public qu'a provoqué l'infraction en raison de :
La personnalité des victimes ; le retentissement mondial des faits, l'émotion qu'ils ont soulevée et les premiers témoignages recueillis sur [leurs] attitudes.

On ne peut pas être plus clair : les sept hommes sont victimes de l'émotion mondiale et de la personnalité des victimes. Mais aussi d'une volonté politique, celle de donner un socle juridique à une enquête criminelle

---

1. Romuald Rat restera toujours extrêmement discret sur cette affaire.

portant sur un « simple accident de voiture », mais qui va se dérouler sous les yeux de toute la planète. Et les photographes vont servir de diversion à ce tour de passe-passe judiciaire.

C'est le juge Hervé Stephan, premier juge d'instruction au tribunal de grande instance de Paris, qui est nommé pour donner suite à cette délicate affaire. Le juge va recevoir l'après-midi même les sept hommes pour leur signifier leurs inculpations. Cependant, le magistrat ne va pas totalement suivre le parquet dans ses réquisitions.

Il va laisser les sept hommes en liberté, sous contrôle judiciaire. Martinez et Rat vont être placés en liberté sous caution de 100 000 francs (15 000 euros) avec interdiction de pratiquer leur métier.

La raison d'État a frappé fort !

– CHAPITRE 9 –

Bureau du juge Stephan.
Palais de Justice de Paris

Dans le silence de son bureau, au cinquième étage du Palais de Justice dont les fenêtres donnent sur une cour intérieure, le juge Stephan se penche sur le dossier d'enquête de la Brigade criminelle qui au bout de quarante-huit heures atteint déjà près de cinq cents pages [1] !

Le magistrat instructeur soupire en se disant qu'il ne va pas pouvoir instruire cette nouvelle affaire sans aide. Il a déjà plusieurs dossiers en cours d'instruction et celui-ci, qui porte le numéro d'ordre P 97245 3009, va s'ajouter à la vingtaine de dossiers en cours, enfermés dans l'armoire de sa greffière, Laurence Maire. Le caractère hautement sensible de l'affaire ne lui échappe évidemment pas. Il sait qu'à la minute même où il a été nommé, il est devenu le juge le plus important de France et que cette enquête-là va requérir tous ses soins

---

1. Le dossier complet fera près de 4 000 pages.

205

et mobiliser toute son expérience. Aussi rédige-t-il une note au président du tribunal de grande instance.

> J'ai l'honneur de solliciter de votre part l'adjonction d'un juge d'instruction pour la poursuite de cette information visée en référence.
> Cette demande est motivée par la complexité de l'affaire que j'ai actuellement la charge d'instruire.

C'est le juge Marie-Christine Devidal qui sera désignée pour épauler Stephan dans cette instruction aux ramifications diplomatiques délicates et sous la haute surveillance des médias internationaux.

Et le juge se met au travail. L'une de ses premières décisions est de délivrer une commission rogatoire à la Brigade criminelle pour interroger les trois photographes identifiés dans le tunnel mais qui sont partis avant l'arrivée des forces de police. Il s'agit de Fabrice Chassery, David Odekerken et Serge Benhamou.

La patronne de la Crime, Martine Monteil, donne instruction au lieutenant Gisbert d'inscrire les trois hommes au Fichier des personnes recherchées qui est diffusé aux forces de police et de gendarmerie, sur tout le territoire français et aux frontières.

Le juge examine ensuite les demandes de constitution de partie civile. La première à lui parvenir émane de Me Jean-Pierre Brizay, représentant les parents d'Henri Paul. Il reçoit ensuite celle de Mohamed Al Fayed représenté par Me Georges Kiejman et Me Bernard Dartevelle. Les avocats du milliardaire égyptien souhaitent qu'une infraction supplémentaire soit prise en compte dans les poursuites du parquet : la tentative d'atteinte à l'intimité de la vie privée prévue et réprimée par les articles 226-1 et 226-5 du Code pénal.

```
Article 226-1.
Est puni d'un an d'emprisonnement et de
300 000 Francs d'amende, le fait, au moyen
d'un procédé quelconque, volontairement,
de porter atteinte à la vie privé d'autrui.
(...)
2°) en fixant, enregistrant ou transmet-
tant, sans le consentement de celle-ci,
l'image d'une personne se trouvant dans un
lieu privé.
```

Cet article du Code pénal est redouté des directeurs de journaux *people*. Ils ont eu maintes fois à subir les conséquences financières de la publication de photos de personnalités prises sans leur accord. Dans le cas présent, Georges Kiejman cible précisément les photographes en développant son argumentation auprès du juge Stephan.

La poursuite de cette infraction est
déterminante, dans la mesure où elle a été
continuellement commise par les photographes tout au long de la journée. Mais également et surtout, après la sortie du
couple du Ritz, et pendant la poursuite
dont le trajet, et notamment le passage par
le tunnel de l'Alma ne s'explique que par
cette poursuite.

Les faits constitutifs de cette infraction, en ce qu'ils ont joué un rôle majeur
dans l'organisation du départ de l'hôtel et
dans la conduite du véhicule, forment
l'élément initial et déterminant de la
chaîne causale ayant conduit au décès des
trois victimes.

En invoquant cet article du Code pénal, Georges
Kiejman tente de contrer la fâcheuse information que
son client et lui-même ont apprise la veille : le fort taux
d'alcoolémie d'Henri Paul.

Il accuse donc, « en amont », les photographes d'être
à l'origine de l'opération de substitution des véhicules,
du choix de l'itinéraire de la Mercedes par le tunnel de
l'Alma et enfin de la (mauvaise) conduite du véhicule.
L'argument est spécieux. Les photographes sont peut-
être la cause de ces événements ; mais ce ne sont pas
eux qui ont pris des décisions hasardeuses, ni eux qui
conduisaient en état d'ivresse... On ne peut ajouter, aux
accusations douteuses, le procès d'intention !

Le juge Stephan transmettra cette requête au parquet qui ne donnera pas suite.

La troisième constitution de partie civile émane de Mme Frances Shand Kydd et de Sarah McCorquodale, la mère et la sœur de la princesse de Galles représentées par Me Alain Toucas. Elles aussi demandent que la tentative d'atteinte à la vie privée soit retenue, mais le procureur, là non plus, ne délivrera pas de réquisitoire supplétif.

Le juge Stephan se penche également sur le résultat des deux analyses de sang effectuées le 1er septembre faisant apparaître un fort taux d'alcoolémie chez Henri Paul. Sachant par expérience que ces examens sanguins risquent d'être contestés en fonction des intérêts des uns ou des autres, le magistrat décide de demander une analyse toxicologique complète.

> Des prélèvements effectués lors de l'autopsie de Paul Henri (sang et viscère), à l'effet de mettre en évidence la présence de tous toxiques ainsi que celles de substances médicamenteuses.

Certaines insinuations – non fondées – parues dans la presse, sur une éventuelle consommation de cocaïne par le couple, au cours du trajet en voiture, incitent le juge Stephan à compléter sa demande d'expertise.

Analyser les cheveux prélevés le 31 Août
1997 lors des opérations d'autopsie réalisées sur le corps de PAUL Henri, aux fins de
déterminer si l'intéressé était consomma-
teur de produits stupéfiants.

Et, afin de faire taire toute polémique, le juge Stephan décide d'effectuer un transport à l'Institut
médico-légal pour assister, en personne, à une nouvelle
prise de sang et aux recueils des cheveux sur le corps
du conducteur.

Enfin, le juge demande à la Brigade criminelle
d'intensifier son enquête sur la personnalité d'Henri
Paul et sur ses antécédents.

Hôtel Ritz. Place Vendôme.
3 septembre. 16 h 40

Le commandant Gérald Sanderson et le lieutenant
Isabelle Deffez procèdent à la perquisition du bureau
d'Henri Paul, en présence du responsable de la sécurité
incendie, M. Montpellier.

Ils découvrent tout d'abord un répertoire téléphonique sur lequel figurent seize pages de noms et de
numéros de téléphone. Les policiers le saisissent aussitôt pour le placer sous scellés.

À l'aide d'un trousseau de clefs fourni par le responsable incendie, ils ouvrent les tiroirs du bureau.

Nous découvrons successivement parmi des documents professionnels sans intérêt pour l'enquête :

*deux plans de lieux de rencontre homosexuelle à Paris intitulé PARIS PLAN GAY 96.

Les policiers interrogent aussitôt le témoin de la perquisition, M. Montpellier, après lui avoir fait prêter serment.

— Henri Paul était-il homosexuel ?

— À ma connaissance M. Paul n'était pas homosexuel. Je ne m'explique pas la présence de ces plans.

Les policiers poursuivent l'inventaire du bureau et découvrent une lettre anonyme écrite à la main, qui est saisie.

Au comité vous êtes tous des pourris qui vous en métés plein les poches. Lebreton, il a touché des millions et comme il boit l'alcool toute la journée il fait rien et nous les autres on est bon qu'a travaillé quand vous discutez dans les réunions.

Celle qui a acheter un appartement avec ses million elle est pareil mais elle fout encore moin que les autre féniants.

On a compri et on votera plus pour vous.

En plus vous êtes pas fin et vous donnez les appartements du personnel au chef Legay pour ses copains mais tout le monde sait car c'est dans les journeaux.

Interrogé sur ce « poulet », le chef de sécurité incendie estime qu'il a été écrit au cours de l'année 1992, lors d'une restructuration du personnel et qu'il fait allusion à des membres du comité d'entreprise ; à un certain Lebreton, employé au room service, et au cuisinier chef du Ritz, Guy Leguay. Les policiers ne découvrent rien de plus intéressant dans le bureau de Paul et perquisitionnent sa voiture personnelle, une Austin Mini noire garée dans le parking, dans laquelle ils saisiront une invitation à une fête déguisée.

Nous demandons à M. Klein, directeur du Ritz, de nous remettre les bandes video du système de sécurité pour la soirée du 30 08 97.
Celui ci nous remet six cassettes vidéo VHS en nous précisant qu'il s'agit d'un système multiplex.

Ces enregistrements vidéo seront précieux pour la suite de l'enquête, ils vont permettre d'identifier les photographes présents autour du Ritz ce jour-là, ainsi que de déterminer précisément les horaires des allées et venues du couple. Néanmoins, la médiocre qualité des enregistrements ne permet pas de se faire une idée sur l'état physique et psychologique des personnes filmées.

Les officiers de police se rendent ensuite au domicile d'Henri Paul, situé 33 rue des Petits-Champs, dans le 1er arrondissement. C'est un appartement de type F3, avec deux chambres et salle de bains. En présence de Jean, le père de M. Paul, les policiers saisissent et placent sous scellés un agenda électronique Casio « présentant une forte torsion ». Ils découvrent, épars sur la table du salon, un ensemble de cartes de visite et de notes manuscrites avec des numéros de téléphone qu'ils placent aussi sous scellés. L'une d'entre elles attire particulièrement leur attention. Il s'agit d'une petite note, griffonnée sur un papier à en-tête de AMF Bowling Products, sur lequel est inscrit : « Mr Henri Paul. Pour toi nous avons pris une, voire plusieurs bouteilles de Four Roses. » Signé David et Pascale, avec deux numéros de téléphone[1].

Les policiers notent aussi la présence d'une grande quantité de packs de boissons sans alcool – y compris dans la poubelle – et, dans le réfrigérateur, d'une bouteille de Martini blanc aux trois quarts vide et d'une bouteille de champagne. Deux téléphones portables Ericsson appartenant au Ritz ainsi que la cassette du répondeur sont saisis. Jean Paul remet également aux

---

1. L'auteur de ce mot sera identifié. Il faisait allusion à une prochaine visite de M. Paul en Bretagne, où on lui réservait quelques bonnes bouteilles de bourbon.

enquêteurs un listing de dix pages, tiré de l'ordinateur de son fils et intitulé Agenda 95-TDF.

Interrogé sur les relations de son fils, Jean Paul précise qu'une jeune femme, Mlle Badia, s'est présentée à l'appartement pour lui remettre une clef qu'Henri lui avait confiée. Et qu'elle a laissé ses coordonnées.

— D'autres personnes avaient-elles la clef de l'appartement ? demande un policier.

— Oui, sa femme de ménage que je connais sous le nom de Mme Sandra. J'ai aussi son numéro de téléphone.

— Votre fils avait-il une liaison régulière ?

— En ce moment je ne sais pas. Il a vécu pendant six à sept ans avec une jeune femme qui s'appelle Laurence Pujol. Ils se sont séparés il y a deux ans environ et je ne sais pas où la joindre.

Brigade criminelle. Quai des Orfèvres

L'interrogatoire du père d'Henri Paul, soixante-cinq ans, retraité à Lorient, n'apporte pas d'informations bouleversantes aux enquêteurs. Son fils semble être resté très discret, vis-à-vis de ses parents, sur la nature de son travail comme adjoint du responsable de la sécurité du Ritz. Jean Paul est interrogé par le lieutenant Gigou.

— Quand lui avez-vous parlé pour la dernière fois ?

— Nous l'avons eu au téléphone le mercredi 27 août,

mais il ne nous a pas parlé de son travail, comme à son habitude.

— Vous a-t-il dit qu'il allait conduire des personnalités ?

— Non. Il restait très discret sur ses activités. Je ne savais pas que dans le cadre de ses fonctions il pouvait être amené à conduire des personnalités ou autres.

— Votre fils buvait-il de l'alcool ?

> Mon fils était très sobre. Ce n'est pas une personne qui avait l'habitude de s'enivrer ou de boire plus que de raison. Je me souviens que lorsqu'il venait nous voir à la maison, nous trinquions avec de l'eau.

— Votre fils était-il en bonne santé ?

> Il était en très bonne santé. J'en veux pour preuve le résultat des examens qu'il avait subis et qui sont relatifs à sa qualité de pilote [d'avion] aux instruments. (...) Le 28 août 1997, il avait reçu le certificat d'aptitude physique et mentale, délivré par la Direction Générale de l'Aviation Civile.

Le policier restitue à Jean Paul les trois cartes de crédit de son fils, des trousseaux de clefs, le certificat d'immatriculation de son Austin Mini, l'agenda électronique Casio endommagé dans l'accident et une somme de 12 565 francs (1 915 euros) retrouvée dans le portefeuille du mort.

— Avez-vous quelque chose à ajouter ? demande le lieutenant Gigou.

— Oui. Notre fils était en pleine forme : le matin même, il a joué au tennis avec son ami d'enfance Claude Garrec. Tout s'est bien passé...

Claude Garrec est entendu à la Crime par le lieutenant Gisbert. C'est un homme de quarante et un ans, né à Lorient et directeur administratif d'une société parisienne. Il fait partie des témoins entendus dans le cadre d'une enquête dite de personnalité, et n'a, bien entendu, rien à voir avec l'accident proprement dit.

Garrec et Paul se sont connus en Bretagne une vingtaine d'années auparavant, juste après le service militaire que Paul avait effectué comme aspirant, sur la base aérienne de Rochefort[1]. Sa véritable passion, c'était l'aviation, qu'il pratiquait régulièrement depuis l'âge de dix-sept ans, âge auquel il avait obtenu son brevet de pilote. Après son service militaire, Paul trouve un job de formateur à la partie théorique du brevet de pilote, dans une société parisienne. Puis il

---

1. Les rumeurs faisant d'Henri Paul un ancien militaire – voire un membre des services secrets (*sic*) – ne sont pas fondées. Il a effectué – comme tous les jeunes appelés – un an de service national, dont quelques mois comme élève officier de réserve (EOR), ce qui lui a permis d'accéder au grade d'aspirant.

change complètement de branche pour devenir vendeur de bateaux pour les sociétés Archipel et Émeraude-Marine situées au 5 rue des Petits-Champs. Henri Paul ne va pas quitter le quartier pendant vingt ans : il occupe d'abord un appartement au-dessus des bureaux de sa société, avant de déménager quelques années plus tard au numéro 33 de la même rue, le Ritz se trouvant à quelques pâtés de maisons de son domicile.

> Je pense qu'il a occupé son emploi de vendeur de bateaux pendant six ou sept ans.
>
> Il a quitté son activité pour entrer à l'Hôtel Ritz qui créait alors un nouveau service de sécurité. Il a quitté [de] lui-même son emploi pour intégrer l'Hôtel où il est resté 11 ou 12 ans.

Claude Garrec, qui éprouve beaucoup de peine après la disparition de son ami, trace de lui ce portrait à l'inspecteur Gisbert :

> Henri était ce qu'on appelle : un personnage. Il ne pouvait laisser indifférent. Il avait beaucoup d'humour, malgré un contact qui pouvait se révéler déconcertant pour la personne qui le rencontrait pour la première fois. En effet, il « taquinait » souvent les gens. Pour moi c'était une personne formidable. Il était généreux, le

cœur sur la main. Il était très attentif aux
autres.

Puis Claude Garrec, qui note qu'Henri Paul avait une
foule de relations mais une petite poignée de vrais amis,
affirme qu'il était très apprécié de tous et qu'il ne lui
connaissait pas un seul ennemi. Il tient à ajouter ceci
à la fin de sa déposition :

> Je pense qu'Henri, personne conscien-
> cieuse, n'a pas pu refuser la mission qu'on
> lui demandait. Je tiens à vous dire cela par
> apport à ce que j'ai pu lire dans les jour-
> naux, selon lesquels Henri aurait pris le
> volant avec un taux d'alcoolémie supérieur
> à la norme. En effet, je pense qu'Henri
> n'aurait pas bu s'il avait su qu'il devait
> conduire dans le cadre de son travail.

Ce qui intrigue les policiers de la Crime dans cette
déposition, c'est l'itinéraire professionnel d'Henri Paul.
Comment un vendeur de bateaux, pilote amateur, a-t-il
bien pu se retrouver directeur adjoint de la sécurité du
plus célèbre palace parisien ? Le lieutenant Delbreilh va
réentendre le directeur adjoint du Ritz, Claude Roulet,
à propos des conditions de recrutement de Paul.

> C'est à l'occasion d'une affaire de gri-
> vèlerie dont a été victime l'hôtel en 1981

```
ou 82 que j'ai entendu pour la première fois
le nom d'Henri Paul.
```

L'affaire a été élucidée par les policiers de la 3ᵉ DPJ qui, en guise de remerciement, ont été invités à une petite réception par la direction du Ritz. À cette occasion, Frank Klein, le président, a annoncé aux policiers qu'il envisageait de monter un service de sécurité au sein de l'hôtel et a demandé s'ils avaient quelqu'un à recommander. Un des enquêteurs de la DPJ a avancé le nom d'un de ses amis : Henri Paul. Qui a envoyé son CV et rencontré Roulet auquel il a fait bonne impression.

Mais comment un vendeur de catamarans devient-il spécialiste de la sécurité ?

```
     En 1984-85, alors que l'hôtel était en
travaux de réfection, M. Klein m'a demandé
de trouver quelqu'un pouvant conseiller
l'architecte pour des questions de sécu-
rité. J'ai alors pensé à M. Paul.
```

Henri Paul a alors fait appel à l'un de ses amis qui travaillait à la sécurité de la Banque de France, et tous deux ont « conseillé » l'architecte du Ritz pendant la durée des travaux.

```
     Si bien qu'en 1986, lorsque les services
de sécurité de l'hôtel ont commencé à se
mettre en place, Henri Paul a été engagé
```

comme assistant au chef de la sécurité de l'époque.

L'examen de l'itinéraire d'Henri Paul montre que devenir numéro 2 de la sécurité du Ritz demande plus de relations et d'opportunités que d'expérience professionnelle.

Claude Roulet poursuit son témoignage en indiquant aux policiers qu'Henri Paul a entretenu une discrète liaison avec une jeune femme du service comptabilité et qu'il fréquentait un bar de la rue Chabanais, « La Champmeslé ».

La propriétaire de ce bar, Josiane Le Tellier, est âgée de cinquante et un ans. Elle est interrogée par le lieutenant Isabelle Deffez et déclare tout d'abord qu'elle connaissait très bien M. Paul, qu'ils se fréquentaient depuis 1991 et qu'avec le temps, ils avaient noué des liens d'amitié.

– Avez-vous eu une liaison ? demande Isabelle Deffez.

Je précise que je tiens un établissement de et pour lesbiennes. M. Paul venait cependant de temps en temps prendre un verre. Il venait surtout pour dire bonjour.

Il m'avait raconté qu'il travaillait pour un milliardaire au Ritz, et qu'il était le pilote du propriétaire du Ritz.

Selon Josiane Le Tellier, quand Paul venait au bar, il passait des heures à « papoter » avec elle ou avec ses employées, se contentant de boire un jus de fruit, à la rigueur un demi, en fumant un cigare et en lisant *Ouest-France*.

> Je lui ai connu, il y a 2 ou 3 ans, une liaison qui a duré quelques années avec une femme qui avait une petite fille. Il a un peu élevé cette gamine ; cette dame l'a quittée et la petite fille est élevée par la famille de la mère.
>
> Henri aurait souhaité avoir des enfants, et c'était pris d'affection pour cette fille dont il se sentait responsable. Je savais qu'il envoyait de l'argent à la famille.

Depuis cette rupture, poursuit Josiane Le Tellier, il avait parfois des petites amies et de brèves liaisons. Mais il ne venait que rarement au bar avec ses conquêtes. Il préférait venir seul.

— Pensez-vous que M. Paul aurait pu être homosexuel ?

— En aucun cas il n'était homosexuel ! Je crois que dernièrement il draguait une petite Nord-Africaine.

— L'avez-vous vu dans la journée du 30 août ?

> J'ai aperçu Henri vers 22h00. Il est entré dans le bar et a lancé à la cantonade :

`« À tout à l'heure les filles ! »` On l'a vu prendre sa mini austin noire qu'il gare habituellement devant notre établisse-ment. Il a fait un signe de la main et il est parti très calmement.

— Pensez-vous qu'il était dans son état normal ?
— Oui, il était comme d'habitude avec nous. Et ce soir-là, il était tout à fait normal, pas du tout excité.

Les policiers décident d'entendre cette jeune femme d'origine nord-africaine, qui avait d'ailleurs une clef de l'appartement, et semble être la dernière conquête d'Henri Paul. Ils souhaitent reconstituer l'emploi du temps de celui-ci à partir de 19 heures, lorsqu'il quitte le Ritz, jusqu'à 22 h 15, heure à laquelle il y retourne.

La jeune femme en question a laissé ses coordonnées au père d'Henri. Elle est convoquée et interrogée par le commandant Jean-Paul Copetti. Née à Casablanca, elle est de nationalité française. Elle a vingt-cinq ans, elle est célibataire sans emploi, et dit vouloir reprendre ses études en octobre.

Elle a fait connaissance d'Henri environ trois semaines avant sa mort. Il l'a abordée dans la rue et l'a invitée à boire un café. Au bistrot, elle a commandé un Coca et Henri a pris une Pelforth. Il lui a proposé une coupe de champagne et ils ont discuté jusqu'à tard le soir. Badia n'avait plus de transports en commun et

Henri lui a offert de dormir chez lui, ce qu'elle a accepté.

— Avez-vous eu des rapports sexuels ?

— Non. Bien que nous ayons partagé le même lit, il n'a pas cherché à avoir de rapports avec moi. Nous avons parlé.

— De quoi ?

— De tout et de rien. Mais surtout d'aviation : il m'a dit qu'il exerçait la profession de pilote privé. Il ne m'a jamais parlé du Ritz, et ce n'est qu'après l'accident et par la télé que j'ai appris qu'il y travaillait à la sécurité.

— Qu'avez-vous fait le lendemain ?

— Je suis rentrée chez moi. Henri m'a laissé une clef de l'appartement et nous avions rendez-vous pour le 15 août. Ce jour-là, j'ai retrouvé Henri en bas de chez lui et nous sommes allés boire un verre au « Bourgogne ». Il était aux environs de 22 heures. J'ai bu du thé et un diabolo menthe, lui a pris une bière ou deux...

— Vous êtes retournée chez lui ?

— Oui. Nous avons discuté de choses et d'autres et j'ai de nouveau dormi chez lui, à ses côtés. Mais là encore, il ne s'est rien passé.

— Vous êtes-vous revus ?

— Non. On devait se revoir, mais j'ai eu un petit accident et je me suis décommandée. Ensuite j'ai essayé de le contacter, mais je tombais toujours sur son répondeur. Je n'avais pas son numéro de portable, uniquement celui de son domicile. Je ne suis parvenue à le joindre que le 30 août vers 12 heures. Il était chez lui. Il s'est inquiété de ma santé et m'a dit que nous ne pourrions pas nous voir ce soir-là, mais que je pouvais l'appeler le lendemain vers 15 heures.

— Si je résume bien, vous n'avez rencontré Paul qu'à deux reprises, vous n'avez jamais été sa maîtresse, et vous ne l'avez pas vu le 30 août mais vous l'avez eu au téléphone. Voyez-vous autre chose à ajouter ?

— C'est bien ça. Lors des deux nuits que j'ai passées dans son appartement, il n'a bu que du Coca light et je ne l'ai pas vu prendre autre chose. Je veux vous dire aussi qu'il s'agissait d'un homme très gentil.

Le commandant de la Criminelle, Jean-Paul Copetti, est chargé avec les officiers de son groupe de procéder à une enquête de voisinage aux abords du 33 rue des Petits-Champs. Mission lui est confiée de déterminer où était Henri Paul entre 19 heures et 22 h 10. Dans son compte rendu d'enquête, le commandant Copetti écrit...

> L'enquête de voisinage n'a pu établir dans quels lieux précis Monsieur Paul s'est rendu dans ce créneau horaire.

En effet, explique le commandant, il n'a pu retrouver que deux témoins qui ont vu M. Paul ce jour-là. Une voisine, Mme Zeitoun, l'a vu descendre vers 13 heures de son appartement, accompagné d'une jeune femme blonde. La patronne du bar « La Champmeslé »,

Josiane Le Tellier, l'a vu monter dans sa voiture vers 22 heures.

> Ceci laissait à penser que Monsieur Paul se trouvait à son domicile ou à proximité, lorsqu'il a reçu l'appel l'invitant à revenir au Ritz.

Le groupe du commandant Copetti procède alors à la consultation de tous les résidents de l'immeuble où habitait Henri Paul, ainsi que des commerçants de la rue des Petits-Champs et de la rue Chabanais.

> Il en ressort que Mr Paul était très connu et apprécié dans le quartier, pour sa courtoisie et son naturel réservé.

Ce rapport d'enquête de voisinage permet de se faire une idée des habitudes d'Henri Paul. En remontant la rue des Petits-Champs, les enquêteurs remontent aussi les étapes de sa vie ordinaire.

Au 28. L'opticien. M. Paul, qui était myope, venait y changer ses lentilles toutes les trois semaines.

Au 30. Le café-brûlerie San José. M. Paul prenait un café le matin dans cet établissement.

Au 31. Le Bourgogne. M. Paul était un habitué de ce bar-brasserie. Ses amis disent que c'était son

« annexe ». La gérante, qui le connaît très bien, dit qu'elle ne l'a pas vu le 30 août[1].

Au 35. Labo-images. Le patron ne connaissait pas M. Paul mais signale aux policiers que le lendemain de l'accident, des journalistes, se faisant passer pour sa famille, sont venus chercher des photos que M. Paul aurait pu laisser à développer.

Au 41. Le restaurant asiatique Fok Lok. M. Paul venait y dîner une ou deux fois par semaine.

Au 43. Tabac. Depuis huit ans, M. Paul venait chaque semaine y chercher des cigares. Le patron tient à préciser qu'il ne l'a jamais vu ivre et qu'il était très discret.

Les enquêteurs de la Brigade criminelle vont entendre une bonne vingtaine de personnes plus ou moins proches d'Henri Paul. Un profil de son caractère va se préciser au fur et à mesure des témoignages qui décrivent tous à peu de chose près le même personnage. Loin de l'image de chauffeur alcoolique dont on l'a affublé, M. Paul apparaît comme un homme tout en nuances. Plutôt « bon vivant », il est aussi sensible et délicat ; très ouvert et attentif aux gens, il est à la fois réservé et discret. Doté d'un fort sens de l'humour, il ne se montre jamais méchant. Consciencieux et

---

1. Ce témoignage est en contradiction avec celui de Claude Roulet, directeur adjoint du Ritz, qui affirme l'avoir aperçu dans ce bar vers 19 h 30.

estimé dans son travail, il est aussi passionné par d'autres activités, pilotage, bowling, tennis... Ses rapports avec les femmes sont normaux et il est décrit comme incapable de racisme et de discrimination. C'est un gentil. En ce qui concerne ses problèmes avec l'alcool, ils ne semblent pas être massifs mais au contraire plutôt maîtrisés, et affaire de circonstances.

C'est de cet Henri Paul intime que va parler Laurence Pujol qui a partagé sa vie pendant deux ans. Elle est auditionnée par le lieutenant Gigou à la Brigade criminelle. C'est une femme âgée de trente-deux ans, qui vit alors en province à la recherche d'un emploi.

— Comment avez-vous connu M. Paul ?

— J'avais été engagée en décembre 1989 au Ritz comme employée de bureau et j'ai ensuite été nommée secrétaire en gestion du personnel. Comme adjoint au chef de la sécurité, Henri avait la charge de la sécurité de la clientèle, mais aussi des employés. Il était donc amené à consulter des dossiers au service du personnel et c'est ainsi que nous nous sommes rencontrés.

— Comment vous apparaissait-il alors ?

— Avant de mieux le connaître, je voyais en lui un homme réservé, qui ne s'extériorisait pas, qui se montrait même un peu froid, parfois. Mais je pense que c'était dû à sa fonction. Pourtant, c'était un « amuseur », un « déconneur » qui aimait plaisanter et qui avait beaucoup d'humour.

— Quand êtes-vous devenue sa maîtresse ?

— Je ne me souviens plus de la date. Je sais qu'Henri m'a fait la cour et que nous avons entamé une relation amoureuse. C'est alors que je me suis rendu compte que sous une apparente froideur, Henri cachait une très grande sensibilité.

— Pouvez-vous me dire quels étaient ses traits de caractère les plus significatifs ?

— Avant tout, la fidélité. Il était fidèle en amitié et dans ses relations. Il n'avait jamais rompu le contact avec ses vieux amis d'enfance. Et en partageant son intimité, je ne suis allée que d'agréables surprises en agréables surprises. C'était un homme gentil et intéressant.

— Et dans son travail ?

— Il était passionné et perfectionniste. Lorsqu'il s'intéressait à quelque chose, il s'y mettait à fond. L'informatique, par exemple. Il s'y est mis quand il a compris l'importance que cela prenait dans la vie courante et professionnelle. Il voulait maîtriser ce qu'il entreprenait. Il était perfectionniste aussi dans sa vie privée : curieux, il s'intéressait à plein de choses. Il adorait se cultiver pour son plaisir...

— Aimait-il prendre des risques ?

— Pas du tout. Il était très prudent. Par exemple, il avait une moto de grosse cylindrée en Bretagne, 1 000 ou 1 200 cm^3. Eh bien il m'emmenait en balade, et moi qui suis une motarde, je lui reprochais en riant de ne pas être assez rapide. Quand nous partions en voyage en voiture, il me laissait conduire la plupart du temps et me demandait de mettre ma ceinture.

— Avait-il des penchants homosexuels ?

— Quand je suis arrivée au Ritz, une rumeur disait qu'il était homosexuel. Je ne sais pas sur quoi se basait ce bruit. Ce n'était selon moi que de la médisance. Il a toujours eu une attitude tout à fait ordinaire durant notre relation amoureuse.

— Vous n'avez pas une idée d'où cela pouvait provenir ?

— Il faut dire qu'Henri était un esprit très ouvert. Il ne jugeait ni ne rejetait personne, quelles que soient les origines des gens, leurs mœurs ou leurs idées. Il s'intéressait d'ailleurs aux gens « différents », voire marginaux. Une chose est sûre, il n'était pas raciste ! Au contraire, je l'ai entendu se « prendre de gueule » avec des employés qui affichaient des attitudes ou des propos racistes. Il lui est arrivé de m'emmener boire un verre dans un bar tenu et fréquenté par des femmes homosexuelles. Ce n'était pas pour frimer, simplement parce qu'ils étaient amis.

— Est-ce qu'il était aimé au Ritz ?

— Certains lui reprochaient de trop fouiner. D'ailleurs il était surnommé « la fouine ». Les employés lui reprochaient de mettre son nez partout. Mais c'était son boulot. On lui reprochait aussi d'avoir été engagé par piston, mais il était d'abord passé par plusieurs mois de contrat à durée déterminée. Et puis, il ne faut pas exagérer, la moitié des employés du Ritz y entrent par piston !

— Était-il porté sur la boisson ?

— Non, vraiment pas. Il buvait du vin à table, un

apéritif de temps à autre, un peu de bière... Je ne l'ai jamais vu ivre ni au travail ni ailleurs. Quelquefois un peu « gai » à l'occasion des fêtes. Mais il aimait trop maîtriser les choses pour s'enivrer au point de ne plus se contrôler.

— Comment se comportait-il lorsqu'il était « gai » ?

— Il plaisantait, il devenait « rigolo », un peu provo-cateur peut-être pour « titiller » son entourage. Il faisait le pitre mais n'était jamais agressif. Il avait le vin drôle.

— Pourquoi vous êtes-vous séparés ?

— Notre relation a eu des hauts et des bas. Nous avons vécu ensemble puis nous nous sommes séparés, puis remis ensemble, puis séparés. Mais en 1995, j'ai voulu rompre définitivement. Henri a souffert de notre séparation, et moi aussi. Après notre rupture, j'ai volon-tairement cessé tout contact avec lui. Je lui ai téléphoné une seule fois en juillet 1996, c'est tout. En revanche, je sais qu'il appelait ma fille, à laquelle il s'était attaché.

— Henri Paul aurait-il pu se réfugier dans l'alcool à la suite de votre rupture ?

— Il m'est difficile de vous répondre étant donné que j'avais cessé toute relation avec lui et avec ses amis. Il était sensible, mais aussi très responsable. Il est vrai qu'il a été affecté par notre rupture, mais Henri donnait l'impression de dominer sa vie. S'il avait commencé à boire, je suppose qu'il aurait eu des ennuis dans son travail.

— Pourquoi a-t-il accepté de conduire la Mercedes alors qu'il avait bu ?

— Je pense que même si Henri avait bu un verre de

trop ce soir-là – ce qui me paraît incroyable –, il aurait conduit la Mercedes s'il en avait reçu l'ordre. Par respect de la hiérarchie. Mais je suis persuadée que si Henri avait su qu'il allait être rappelé pour son travail, il n'aurait jamais bu.

L'enquête progresse, progresse... et bientôt les analyses vont révéler un autre facteur qui va renforcer la conviction des policiers de la Brigade criminelle.

– CHAPITRE 10 –

Institut médico-légal. 4 septembre. 17 heures

Le juge Hervé Stephan se penche sur le corps d'Henri Paul que les assistants de l'Institut médico-légal viennent de sortir de la glacière. À ses côtés Laurence Maire, sa greffière, un bloc à la main, note les opérations au fur et à mesure. Autour de la table d'examen se pressent le Dr Campana, médecin légiste, le Dr Gilbert Pépin, médecin biologiste expert près la cour d'appel, deux officiers de police et un gardien de la paix. Le juge Stephan demande aux policiers de l'Identité judiciaire de faire des clichés du corps et du visage de M. Paul.

Puis, se tournant vers le Dr Campana, il lui demande de procéder aux prises de sang. Le médecin légiste introduit l'aiguille d'une seringue dans l'artère fémorale droite et prélève un peu de sang qu'il verse dans un flacon portant une étiquette de l'IML où est inscrit le n° 972147 et dessous « N° UN ». Il procède ensuite de la même manière en prélevant un peu de sang dans l'artère fémorale gauche, lequel sang est injecté dans le flacon « N° DEUX ». Les deux flacons sont ensuite placés dans deux enveloppes scellées. Le Dr Campana s'empare d'un scalpel et enlève un petit morceau de tissu musculaire qu'il place dans un flacon à deux compartiments. Puis il prélève délicatement des cheveux qui sont placés dans l'autre compartiment. Le flacon est étiqueté N° TROIS et scellé sous enveloppe. Un quatrième flacon de tissus et de cheveux est inscrit sous le scellé N° QUATRE.

Le juge Stephan remet immédiatement les scellés n^{os} deux et trois au Dr Pépin, pour qu'il procède dans son laboratoire aux analyses qui lui ont été commandées.

Brigade criminelle. 4 septembre. 11 h 40

Le planton de service à la Brigade criminelle signale au commissaire Vianney Dyevre que trois hommes viennent de se présenter spontanément dans les locaux de la Criminelle pour y être entendus.

Ils sont photographes et se nomment Fabrice Chassery, David Odekerken, dit « Ker », et Serge Benhamou. Le commissaire Dyevre reçoit aussitôt les trois hommes dans son bureau, leur annonce qu'ils font l'objet d'une inscription au Fichier des personnes recherchées. Puis il prévient le juge Stephan qui fait aussitôt placer les trois hommes en garde à vue. Le magistrat demande aux officiers de la Crime de procéder aux interrogatoires et à toutes les opérations nécessaires à l'enquête.

Serge Benhamou est un homme de quarante-quatre ans, célibataire, Français né en Algérie. Photographe indépendant depuis plus de vingt ans, il partage un local professionnel avec un autre inculpé, Laslo Veres, et un troisième photographe, Michel Dufour. Il est interrogé par le lieutenant Gigou.

C'est par instinct, raconte-t-il, que le 30 août vers 17 heures, il s'est rendu sur son scooter vert devant le Ritz, se disant que la princesse Diana y passerait peut-être en rentrant de Sardaigne. Remarquable intuition, puisque la princesse est bien là et que déjà de nombreux confrères font le pied de grue autour du palace. Benhamou téléphone alors à son ami Laslo Veres qui, enfourchant son scooter noir, vient le rejoindre. Les deux hommes commencent leur planque et effectuent, derrière la Mercedes, le trajet jusqu'à la rue Arsène-Houssaye où ils restent jusqu'au retour du couple au Ritz vers 21 h 30. Benhamou fait quelques photos mais avoue :

> Depuis, j'ai fait développer ces photos mais je n'ai pas osé les regarder. Je n'avais surtout pas envie de tomber sur celles fait plus tard...

Alors que Laslo Veres fait le guet devant le Ritz, Benhamou, lui, s'est installé rue Cambon. Il a juste le temps de voir le couple monter dans une Mercedes que celle-ci démarre, laissant le photographe sur place. Il n'a même pas eu le temps de faire une photo, dit-il. Alors qu'il se débat avec son casque et la clef de son scooter, la voiture s'éloigne en trombe et Benhamou ne parvient à la rattraper qu'au coin de la rue Royale.

Le feu est au rouge. Le chauffeur marque le stop, puis brûle le feu et commence à s'infiltrer dans la circulation qui vient de sa droite. Les automobilistes klaxonnent mais la Mercedes parvient à passer la rue Royale. Benhamou, sur son scooter, suit et brûle le feu lui aussi.

```
    J'étais au niveau de l'aile arrière
gauche de la voiture, un peu décalé de deux
ou trois mètres. [La Mercedes] me servait
de bouclier contre les voitures qui arri-
vaient de la droite [et qui passaient] au
feu vert.
```

Benhamou ne parvient pas à se maintenir longtemps à hauteur de la Mercedes. Le chauffeur accélère après le carrefour et tourne à gauche sur la place de la Concorde.

— Où étaient vos collègues ?

— Je n'en sais rien. Je m'occupais de moi. J'étais bien trop préoccupé à passer ce feu sans me faire renverser !

— Ensuite vous arrivez au feu des Champs-Élysées ?

— Non, à partir de là j'ai été largué. Ça allait trop vite : j'ai aperçu la meute qui traversait les Champs-Élysées et j'ai suivi au pif. J'ai emprunté la voie rapide parce que c'était la seule route possible. Je roulais tranquillement à 60 km/h en me demandant où ils pouvaient bien aller. Je suis sorti à la bretelle de l'Alma. Il n'y avait personne sur la place, alors je suis reparti vers la voie rapide en passant par l'accès où il y a le restaurant chinois.

— Dans ce cas, comment avez-vous su qu'il y avait un accident sous le tunnel ?

— Parce que j'ai vu comme un embouteillage sur l'autre voie. J'ai fait demi-tour et j'ai garé mon scooter à l'entrée du souterrain. Il y avait déjà beaucoup de monde. Des badauds et des photographes qui prenaient des photos.

— Les secours étaient là ?

— Non, pas encore.

— Vous n'avez pas essayé d'appeler ?

— Non, on m'a dit que les pompiers avaient été prévenus. Une voiture de police est arrivée. C'est moi qui ai dit au policier que c'était très grave et qu'il s'agissait de Diana.

— Vous aviez déjà fait des photos ?

— Oui. Mais je me sentais mal. J'ai appelé Veres pour qu'il vienne parce que je ne voulais pas rester. Quand je l'ai aperçu, j'ai filé. J'ai repris mon scooter et je suis parti.

Benhamou téléphone au collègue qui partage son

local professionnel, Michel Dufour, lequel veut le retrouver au tunnel de l'Alma.

> Mais je ne voulais pas y retourner.
> C'était trop horrible. Je n'avais jamais vu
> un accident de ma vie, [et là] j'ai vu une
> voiture écrabouillée.

Benhamou retourne alors à son bureau, où il reste prostré sur une chaise en attendant le retour de Dufour qui est allé jeter un coup d'œil à l'Alma. Il faut dire que la spécialité de Benhamou, ce sont plutôt les photos mondaines, les soirées, la mode et les rendez-vous avec des personnalités.

> Je lui ai dis que j'avais fait des photos
> et que je voulais les jeter. Il m'a dit non
> et qu'il allait s'en occuper. Je les ai donc
> laissées au bureau.

Serge Benhamou est complètement traumatisé. Il rentre chez lui, décroche le téléphone et reste allongé sur son canapé les yeux ouverts. Au matin, il va se réfugier chez ses parents où son père, médecin, lui donne un sédatif. Le lundi soir, Dufour lui apporte les deux pellicules développées.

> Je n'ai pas regardé les clichés. De toute
> façon, je n'ai pas de tirage, je n'ai que des
> négatifs. Je ne veux pas les voir. J'espère

que votre enquête ne m'obligera pas à voir mes photos. Je ne veux pas [les regarder] parce que j'ai fait des photos et maintenant je sais que ces gens sont morts. C'est un souvenir horrible.

Le lieutenant Gigou questionne ensuite Benhamou sur les photographes présents à la fois au Ritz et sous le tunnel. Celui-ci ne lui apprend rien de plus que les policiers ne sachent déjà.

Tous ceux qui étaient là l'après-midi (...) sont restés jusqu'au bout. On ne part pas quand Diana est là !

— Parmi les photographes présents, quels sont ceux qui auraient pu aller chez Laurent Sola Diffusion ?
— Les indépendants. Il n'y en avait que deux : Ker et Chassery. Je me souviens que Ker était dans le tunnel, mais je ne me souviens pas pour l'autre.

La perquisition chez Serge Benhamou permettra aux policiers de récupérer les négatifs des deux pellicules prises par le photographe. Elles confirmeront son récit ; excepté pour une série de clichés, pris au départ rue Cambon, bien qu'il ait affirmé ne pas avoir eu le temps d'en réaliser. En revanche, cet « oubli » prouve que Benhamou – comme il le soutient – n'a pas eu le cran de regarder ses négatifs.

Sur la deuxième pellicule, on voit des photos du passager avant, des deux passagers arrière et du corps de Dodi lorsque les policiers le sortent de la voiture. Les premières photos ont été prises, alors que les secours ne sont pas arrivés, à moins de deux mètres de la voiture accidentée.

Le capitaine Mario Menara, pour sa part, interroge David Odekerken, dit « Ker ». Un jeune homme de vingt-six ans, célibataire et fils d'un fameux photographe de faits divers, Jean Ker. Il est photographe indépendant depuis un an et demi après avoir travaillé à l'agence Sygma et à l'agence Sphinx. Il est associé avec Fabrice Chassery.

Dans l'après-midi du 30 août, il a reçu un coup de fil de Chassery, raconte-t-il. Laurent Sola (de l'agence LSD) a téléphoné pour prévenir que Diana et Dodi Al Fayed arrivaient dans l'heure, à l'aéroport du Bourget. Sola a même communiqué le numéro d'immatriculation du jet privé.

Les deux photographes débattent alors un moment pour savoir s'ils acceptent ou non la mission. Les arguments contre sont que l'essentiel de l'histoire – l'idylle Diana/Dodi – a été largement couvert en Sardaigne ; que travailler avec Sola n'est pas très rentable (50-50) ; qu'ils n'ont jamais photographié la princesse et qu'enfin cet événement, en attirant de nombreux journalistes, va faire baisser le prix des photos. Néanmoins ils concluent : « C'est Diana, on le fait quand même ! »

Les deux hommes décident de se retrouver au Bourget : Ker prend son 4 × 4 Pajero et Chassery sa Peugeot 205 noire. Ils assistent à l'arrivée de l'avion et, bien placés, font des photos de Dodi et de Diana sur le tarmac, entourés des gardes du corps, de policiers en uniforme et des chauffeurs d'une Mercedes noire et d'un Range Rover noir, vitres fumées, immatriculé en Grande-Bretagne ; une voiture de police pie et deux motards sont garés à côté du jet. Romuald Rat et d'autres journalistes sont également présents derrière les grillages de l'aéroport, et dès qu'ils sentent que « ça va partir », tous se regroupent à la sortie dans leurs véhicules ou sur leurs motos.

Le convoi, encadré par deux motards et par la voiture de police, file vers la bretelle d'accès de l'autoroute A1 en direction de Paris. Les policiers abandonnent alors l'escorte tandis que les journalistes continuent à suivre le convoi, qui roule sur la voie médiane à vitesse raisonnable, puis emprunte le périphérique ouest. Ker ferme la marche. C'est en arrivant sur l'avenue Charles-de-Gaulle, à Neuilly, qu'il constate qu'il a perdu de vue la Mercedes. Il aperçoit toujours le Range Rover, mais Chassery lui confirme par téléphone que le véhicule d'escorte a bloqué la circulation pour permettre à la Mercedes de s'évaporer.

La manœuvre de diversion a réussi et les photographes s'arrêtent sur le bord de l'avenue pour se consulter sur la destination possible de Diana et Dodi. La plupart décident d'aller au Ritz. Ker, lui, a choisi de suivre le Range Rover mais à hauteur de Nanterre il est distancé par une soudaine accélération. Il lui vient alors l'idée d'aller jeter un coup d'œil à la Villa Windsor dans le bois de Boulogne.

> Mais j'ai fait choux blanc, car il était quasi-impossible de voir [quelque chose] de l'extérieur. Il n'y avait aucun journaliste à côté de cette maison.

Ker, sans se douter que Diana et Dodi sont dans la villa, renonce et retourne au Ritz où l'attend Chassery, son équipier. Les détails sur la fin de l'après-midi et le début de soirée qu'il donne au capitaine Menara n'apportent pas d'éléments nouveaux au récit des autres photographes. Ils confirment simplement que l'atmosphère entre les paparazzi et les gardes du corps était plutôt bon enfant, excepté un incident – rapidement réglé – devant l'appartement de la rue Arsène-Houssaye. Tout se passe si tranquillement que les deux photographes indépendants ont même des doutes sur l'opportunité de poursuivre leur planque, mais Laurent Sola leur demande d'assurer le reste de la soirée. Ils s'installent donc devant le Ritz, se relayant chacun devant une des deux entrées de l'hôtel.

Selon Ker, c'est alors que les choses commencent à dégénérer. Des dizaines de badauds et de touristes, dont beaucoup sont munis de caméras et d'appareils photo – comme chaque fois qu'une célébrité réside à l'hôtel, précise-t-il –, se massent devant l'entrée du palace.

C'est à partir de là que la sécurité du Ritz a commencé à s'énerver, car il y avait trop de monde à leur goût. Nous sentions une certaine tension monter et les membres de la sécurité s'activaient de plus en plus.

Parmi eux, Ker remarque un homme qu'il n'avait jamais vu et Chassery lui indique que c'est le chef de la sécurité.

Cet homme donc, faisait l'aller-retour de l'intérieur de l'hôtel à l'entrée. Il venait nous voir et de façon ironique nous informait du minutage concernant la sortie du couple.

Il s'adressait à l'ensemble des journalistes, mais à personne en particulier. Il nous disait « 10 mn » puis au passage suivant « 5 mn » et ensuite « 2 mn ».

Peu de temps après, la Mercedes et la Range Rover démarrent en trombe. Ker n'a même pas le temps de voir s'il y a quelqu'un à l'intérieur. Le faux départ provoque une « envolée de moineaux »... mais les deux véhicules se contentent de faire le tour de la place Vendôme, et reviennent se garer devant l'entrée principale. Les deux photographes se partagent les lieux de guet : Chassery ira derrière l'hôtel, Ker restera devant.

Soudain, le portable de Ker sonne. C'est son équipier.

> Il parlait à voix basse et me dit alors :
> « ils sont dehors tous les deux, debout, et
> attendent sans garde du corps ».

Étrangement, aucun photographe ne fait de clichés ! Ker suppose qu'ils ont tous été surpris de cette soudaine apparition. Chassery lui demande en chuchotant de le rejoindre. Le temps de faire le tour et Ker aperçoit la Mercedes qui enfile la rue Cambon. Il voit Chassery courir vers sa 205 et, l'un derrière l'autre, ils descendent la rue. La Mercedes a disparu. Au feu, les deux hommes se concertent et, selon Ker, décident alors d'arrêter et de rentrer. Pourtant, à l'angle de la place de la Concorde et des Champs, Ker aperçoit encore des flashes, et suppose que la Mercedes continue dans cette direction. Les deux hommes se séparent. Chassery – dans sa 205 noire – tourne vers les Champs-Élysées pour s'acheter un sandwich, alors que Ker – dans son Pajero – continue tout droit pour emprunter la voie rapide et rejoindre, par son chemin habituel, son domicile de la rue Raynouard.

C'est alors qu'il tombe sur l'accident et aperçoit la Mercedes.

> Dans le même temps, j'ai vu des photogra-
> phes à pied qui prenaient des photos. Le
> crépitement des flashs se détachait nette-
> ment.

David Ker comprend tout de suite de qui il s'agit et, de peur de se faire emboutir, passe avec son 4 × 4 à côté de l'épave et continue jusqu'à la sortie du souterrain.

> Pour plus de sûreté, j'ai décidé de sortir du tunnel, et je me suis garé en haut, sur un trottoir à droite. Je suis alors sorti sans mon matériel. Le motard de Gamma était là, celui qui pilotait Romuald Rat.
>
> Je lui ai demandé ce qu'il s'était passé. Il était comme moi, très choqué, écœuré, et ne comprenait rien. J'étais moi-même très choqué et je lui ai dis que je me refusais à faire des photos. Il m'a répondu que j'avais raison.

Ker téléphone alors à Fabrice Chassery pour lui apprendre l'accident, mais il est tellement ému que son équipier a du mal à reconnaître sa voix.

> J'ai été quasiment paralysé pendant cinq minutes. J'ai entendu quelqu'un dire « les secours sont appelés ». (...) J'ai remarqué à ce moment là des policiers dans le tunnel. De ma position j'avais vu sur la Mercedes.
>
> Mon matériel professionnel était dans ma voiture. Par contre j'ai toujours sur moi

un petit appareil photo compact dans un
étui attaché à ma ceinture[1].

J'ai alors décidé de redescendre à pied
dans le tunnel. Les premiers pompiers
venaient d'arriver.

David Ker explique alors à l'inspecteur qu'il a
commencé à prendre des photos à côté de ses confrères
qui continuaient à mitrailler.

— Mais vous aviez dit que vous ne vouliez pas en
prendre !

— C'est vrai, mais du fait de la présence des policiers
et des pompiers, je me sentais davantage autorisé à en
prendre. Je n'étais plus dans le même état d'esprit. Hors
de la présence des secours, j'aurais été incapable de
prendre ces photos.

— Combien avez-vous pris de clichés ?

— J'ai pris dix clichés. C'est le chiffre qui était inscrit
dans mon viseur. À ce moment-là, les policiers nous
ont demandé d'arrêter les photos et de dégager. Il y a
eu quelques altercations entre les photographes, les
policiers et les badauds. Certains badauds faisaient aussi
des photos avec leurs appareils[2]. J'ai retrouvé Fabrice
et on a décidé de partir.

— Où êtes-vous allés ?

— Je suis rentré directement chez moi pour retrouver

---

1. Vieille habitude héritée de son père, Jean Ker.
2. On peut imaginer la même scène, aujourd'hui, avec le développement des portables équipés photo et vidéo !

ma femme et tout lui raconter. J'avais terriblement envie de parler à quelqu'un.

Ker traîne donc chez lui, jusqu'à ce qu'un coup de téléphone lui donne rendez-vous chez Laurent Sola. Les trois hommes discutent sur l'opportunité de diffuser les photos.

> Sola a dit : « On va développer et on verra ce qu'il y a » Nous avons donc été faire développer les photos, il devait être 3H00 du matin.

Les trois hommes apprennent à ce moment-là, par France Info, la mort de Dodi, mais aussi que la princesse Diana a été transportée vivante à la Salpêtrière.

> Sola a dit alors qu'il ne publierait rien sur Dodi, mais qu'il publierait le reste, notamment les photos du tunnel. Nous étions d'accord avec cela. Nous sommes revenus tous les trois à l'agence de Sola. Il a scanné les photos sur son mac afin de les montrer à ses correspondants.

Les journaux et les agences du monde entier commencent en effet à appeler l'agence pour acheter les photos... jusqu'au moment où Laurent Sola apprend la mort de Diana, par l'un de ses correspondants anglais.

```
    Je lui ai dit « arrête tout ». Il était
d'accord. Et par la suite nous avons appris
que des photographes étaient en garde à
vue.
```

— Pourquoi n'avez-vous pas pris contact avec les services de police ?
— Nous en avons beaucoup discuté avec Fabrice. Mais nous avons considéré que, n'ayant pas été témoins de l'accident, nous ne pouvions rien apporter à l'enquête. Ce n'est qu'hier, en entendant à la radio que la police recherchait des photographes présents sous le tunnel et partis avec des photos, que j'ai pensé que cela s'appliquait à moi. Après avoir pris conseil auprès de mon père et de mon avocat, je me suis présenté à votre bureau ce matin.

L'appartement et le Mitsubishi Pajero de Ker sont perquisitionnés et ses appareils photo saisis ainsi qu'un numéro de *France-Dimanche* consacré à l'accident, où le photographe revendique deux photos, dont l'une de la voiture accidentée sous le tunnel.

Fabrice Chassery, de son côté, est entendu par le commandant Jean-Claude Mulès. C'est un homme de trente ans, célibataire, photographe indépendant depuis une dizaine d'années. Il roule dans une Peugeot 205 gris anthracite, presque noire. Le récit qu'il fait de l'après-midi et de la soirée concorde en tout point avec celui de son équipier David Ker. Depuis Le Bourget où ils se sont retrouvés dans l'après-midi, les deux hommes sont restés en contact visuel ou téléphonique permanent. Chassery apporte tout de même une précision intéressante concernant la manœuvre de M. Paul au volant de la Range Rover pour déjouer la filature sur le périphérique.

> Arrivé vers la Porte Maillot, le convoi avait pris de l'avance, mais nous pensions qu'ils allaient au Ritz où nous savions pouvoir les rejoindre. Tout d'un coup, la Range Rover qui se trouvait 200m devant, a effectué une manœuvre subite, voire dangereuse, passant de la voie la plus à gauche pour sortir directement en direction de Neuilly. Nous avons aussitôt embrayé sur ce véhicule qui en fait venait de servir d'appât nous écartant ainsi de l'objectif à savoir la Mercedes.

Chassery va être interrogé le lendemain par le lieutenant Delbreilh à propos d'accusations portées contre lui par l'un des gardes du corps, Alexander Wingfield. Celui-ci affirme que le conducteur d'une Peugeot 205 noire a eu un comportement dangereux sur le trajet du

Bourget. Selon le garde du corps, une 205 noire aurait doublé à plusieurs reprises la Mercedes pour se rabattre brutalement devant elle afin de la ralentir. Wingfield affirme aussi qu'il avait repéré la 205 dans l'aéroport du Bourget.

> A cela je vous répond qu'il n'a pas pu voir ma voiture au Bourget car elle était garée sur un petit parking en dehors du tarmac, hors de la vue des occupants de l'avion et que je n'ai rejoint le convoi avec mon véhicule qu'après l'entrée sur l'autoroute.

Chassery dément formellement avoir eu ce comportement qui, dit-il, ne lui aurait rien rapporté. David Ker, interrogé par le commandant Orea pour les mêmes raisons, avait expliqué :

> Avec Fabrice nous travaillons ensemble : pas pour la concurrence. L'hypothèse donc, selon laquelle Fabrice aurait volontairement ralenti le convoi, par des freinages intempestifs, me semble erronée, car si tel avait été le cas, il n'y aurait eu que la concurrence qui aurait pu prendre des photos. Nous étions seuls à bord de nos véhicules respectifs et pour ma part je me tenais en arrière me contentant de suivre. Il m'est impossible de prendre une photo en

conduisant et cela ne me viendrait pas à
l'esprit.

Le témoignage du garde du corps Wingfield semble particulièrement orienté puisqu'il affirme également avoir vu la 205 noire, le Pajero et les motos autour de la villa du bois de Boulogne. Ce qui est impossible : seul Ker est passé devant la villa et, ne voyant rien ni personne, il est reparti vers le Ritz ou se trouvaient les autres photographes. D'ailleurs, aucune photo n'a été prise devant la Villa Windsor, ce qui n'aurait pas manqué si des photographes s'y étaient trouvés.

Concernant le reste de la journée et de la soirée, Chassery conforte devant le commandant Mulès le témoignage de son équipier. Les deux hommes se sont séparés vers 21 heures alors qu'ils planquaient devant l'immeuble de la rue Houssaye. Chassery a emporté leurs pellicules à Photo-Service, un magasin de développement rapide sur les Champs-Élysées. Ils voulaient connaître le résultat de leur travail de l'après-midi afin de faire diffuser rapidement les clichés. Chassery a récupéré ses négatifs vers 22 heures et est retourné au Ritz où l'attendait Ker qui avait suivi le convoi de Diana et Dodi. Ils ont patienté tous les deux devant l'entrée place Vendôme.

M. PAUL nous tenait informés de l'immi-
nence du départ de façon ironique. Vers
00h05 M.PAUL a dit que cela allait partir

> dans les dix minutes. À 00h15 Paul a encore
> dit que c'était imminent. J'ai alors pensé
> que nous étions fixés devant la sortie
> principale et que le départ allait se faire
> par taxi par derrière.

Chassery, vu cette déduction, prend donc sa voiture et va se garer rue Cambon. Il y repère Benhamou et Langevin ainsi qu'un rédacteur de l'agence Angeli qui fait le guet pour son photographe. M. Paul apparaît et jette un coup d'œil dans la rue. Il rentre puis il ressort, raconte Chassery, comme s'il venait s'assurer de la tranquillité alentour pour une sortie discrète de Diana et Dodi. Ce manège conforte le photographe dans son intuition. Quand M. Paul ressort, il voit derrière lui Dodi et Diana qui attendent dans l'embrasure de la porte[1]. Chassery appelle aussitôt Ker pour lui confirmer que le départ se fera par la rue Cambon.

> Juste après mon coup de fil, une Mercedes
> est arrivé en trombe, dans laquelle AL-
> FAYED et Diana sont montés ainsi que le
> garde du corps.

— Avez-vous pu voir que c'était M. Paul qui conduisait ?

---

1. Cette scène sera filmée par les caméras de sécurité du Ritz et largement diffusée dans les médias.

— Non. Quelques secondes auparavant, je l'avais vu sortir sans me préoccuper de lui : toute mon attention était fixée sur le couple que je distinguais derrière la porte. Du coup je n'ai pas vu M. Paul se mettre au volant.

> J'ai regagné mon véhicule et David est arrivé à côté de moi. Nous avons convenu d'arrêter là nos photos. (...) Je suis parti sur les Champs-Élysées pour aller manger et David m'a dit qu'il rentrait chez lui. Nous sommes séparés.

Mais Chassery est bientôt alerté par un coup de fil de Ker, bouleversé, qui vient de tomber sur l'accident en rentrant chez lui. Il saute dans sa voiture et fonce vers l'Alma. Il se gare cours Albert-Ier et descend dans le tunnel avec son appareil photo.

> Quand je suis arrivé à hauteur de la voiture, il y avait plein de monde autour. Des photographes, des badauds, et 3 petits jeunes qui gueulaient contre les photographes en les qualifiant de charognards. Il y avait déjà deux sauveteurs bénévoles qui s'occupaient de Diana. Je ne comprenais pas ce qui arrivait. Les invectives des jeunes contre les confrères m'ont secoué de ma

torpeur et aussi d'avoir vu un badaud [qui photographiait avec un appareil] jetable[1].

Chassery se met alors à prendre des photos. Il fait une douzaine de clichés en plan large tandis que les pompiers arrivent.

> Étant fixé à mon viseur, j'ai fait un cliché des pompiers lorsqu'ils ont désincarcéré AL-FAYED. Cela m'a troublé et j'ai décidé de partir. De toute façon, les policiers nous faisaient dégager.

Selon Fabrice Chassery, le reste de la nuit se passe, avec David Ker et Laurent Sola, à développer des photos, et à discuter sur l'opportunité de leur distribution. L'annonce de la mort de Dodi puis de Diana les fera renoncer à cette diffusion.

> A 5h30 j'ai appris la mort de Diana, et j'ai reçu un coup de téléphone de David qui avait appelé SOLA pour cette histoire de diffusion. David l'a sommé de ne pas vendre les clichés. En accord avec David, j'ai

---

1. Cet Américain, Michael Walker, propose ses photos à CNN puis à CBS (1 000 $), France 2 (4 000 F) ainsi qu'à *Paris Match* et au *Sunday Times*. Il aura le front de présenter ces clichés comme preuve de « l'attitude incorrecte des journalistes sur les lieux ». Entendu à la Brigade criminelle comme témoin, il ne sera pas inquiété.

rappelé SOLA pour lui confirmer cette décision[1].

Les trois photographes vont voir leur garde à vue
prolongée de vingt-quatre heures avant d'être présentés
au juge Stephan. Celui-ci va les inculper de « non-assistance à personnes en danger, homicides involontaires,
blessures involontaires avec incapacité totale de travailler supérieure à trois mois ». Ils seront tout de même
remis en liberté sans contrôle judiciaire ni caution.

La décision de faire porter, artificiellement, tout le
poids des suspicions sur les photographes apparaît clairement. Il s'agit de maintenir une fiction juridique afin
de poursuivre une enquête, dont le développement se
dirige de plus en plus à l'encontre de ces mêmes suspicions.

Palais de Justice. Bureau du juge Stephan.
9 septembre

Le rapport d'expertise toxicologique commandé par
le juge Stephan au Dr Gilbert Pépin vient d'arriver par
porteur spécial. C'est un document de trente-quatre
pages qui décrit précisément la méthodologie et les

---

1. Le coup de téléphone de Laurent Sola – le soir même à l'ambassade de Grande-Bretagne – proposant de remettre les photos à un
diplomate britannique prouve les bonnes intentions des trois
hommes, même si la démarche est un peu maladroite.

instruments ayant permis les analyses sur les divers échantillons prélevés sur le corps d'Henri Paul ; non seulement pendant l'autopsie du 31 août, mais aussi en présence du juge, le 4 septembre. Hervé Stephan saute immédiatement aux conclusions du rapport. Elles sont édifiantes.

Dans le sang :

-alcool éthylique = 1,74 g/litre

La présence de :

– fluoxétine = 0,12 µg/ml (taux thérapeutiques de 0,09 à 0,05 µg/ml)
– norfluoxétine = 0,18 µg/ml (taux thérapeutiques de 0,15 à 0,5 µg/ml)
– tiapride = 0,006 µg/ml (taux thérapeutiques de 1 à 2 µg/ml)

Les commentaires du praticien sont éloquents. Le Dr Pépin indique tout d'abord que les résultats de ses analyses donnent des taux identiques quels que soient les échantillons de sang : soit prélevé dans le cœur lors de l'autopsie, soit prélevé plus tard dans l'artère fémorale.

> La fluoxétine est le principe actif du Prozac, médicament inscrit sur la liste 1, délivré sur prescription médicale uniquement.

Les indications données par le dictionnaire Vidal 1997 sont les suivantes :
- Episodes dépressifs majeurs (c'est à
dire caractérisés)
- Troubles obsessionnels compulsifs.

Le taux trouvé est thérapeutique. (...) Le
dictionnaire Vidal indique : « la fluoxétine peut modifier l'attention et les capa-
cités de réaction. Pour cela, il convient
de prévenir les conducteurs de véhicule et
les utilisateurs de machine. »

> La tiapride est le principe actif du
Tiapridal ou Equilium, médicaments inscrits sur la liste 1 délivrés sur prescrip-
tion médicale uniquement. Les indications
données par le dictionnaire Vidal 1997 sont
les suivantes :
- États d'agitation et d'agressivité,
notamment chez les sujets éthyliques.

Le Dr Pépin ajoute que le taux de tiapride trouvé
dans le sang d'Henri Paul est infra-thérapeutique, c'est-
à-dire que la prise de ce médicament – à élimination
rapide – date de plusieurs heures avant le décès. Citant
le Vidal, il note :

L'alcool entraîne une majoration de
l'effet sédatif des neuroleptiques.
L'altération de la vigilance peut rendre

257

dangereuse la conduite de véhicules et de
machines. Pour cela, il faut éviter la
prise de boissons alcoolisées et de médicaments contenant de l'alcool.

Ces lignes font grimacer le juge Stephan. Non seulement elles confirment les deux précédentes analyses :
Henri Paul conduisait avec un taux très élevé d'alcool
dans le sang, mais de plus il prenait des médicaments
qui affectent la vigilance et les réflexes. Et de surcroît,
les effets de ces médicaments sont majorés par la prise
d'alcool !

S'il était besoin d'une confirmation, les autres analyses viennent renforcer l'analyse de sang.

L'analyse de l'humeur vitrée (gel emplissant le globe
oculaire) confirme le taux d'alcool éthylique : 1,73 g/l.

L'analyse du contenu gastrique (estomac) révèle la
présence d'alcool et de médicament (Prozac).

Les urines font apparaître un fort taux d'alcool
(2,18 g/l) et la présence des médicaments.

Quant aux analyses des échantillons de viscères (foie,
rate, poumons, pancréas et reins), elles révèlent toutes
la présence, à des taux divers, des trois composants :
fluoxétine, norfluoxétine et tiapride.

La présence dans les cheveux de ces substances à
un taux important prouve, de surcroît, qu'il ne s'agit
pas de prises occasionnelles (ou accidentelles) mais
qu'Henri Paul suivait un véritable traitement.

Enfin, de nombreuses autres recherches ont été
effectuées par le laboratoire du Dr Pépin – concernant

notamment les produits stupéfiants : elles se sont révélées négatives.

Une seule analyse donne un résultat atypique, il s'agit de la présence dans le sang d'Henri Paul d'un très fort taux d'oxyde de carbone : carboxyhémoglobine = 20,7 %[1].

Sans même refermer le rapport du Dr Pépin[2], le juge Stephan décroche son téléphone et appelle Martine Monteil à la Brigade criminelle. Il l'informe du résultat des dernières analyses et lui demande d'enquêter, toute affaire cessante, sur l'état de santé d'Henri Paul.

---

1. La présence d'oxyde de carbone trouvera une explication avec l'analyse du gaz présent dans les airbags du véhicule qui, en se dégonflant, ont saturé l'habitacle de CO_2.
2. Cf. documents annexes, p. 10 et 11.

– CHAPITRE 11 –

Brigade criminelle. Bureau de Martine Monteil. 9 septembre

Devant une partie de ses collaborateurs, la patronne de la Crime fait le point sur l'enquête. Le commandant Joseph Orea lui annonce qu'il a effectué des vérifications auprès du 2ᵉ bureau de la direction de la Circulation et des Transports.

> Elles ont fait apparaître que le nommé *PAUL Henri n'est pas titulaire de la Licence de Chauffeur de Grande Remise.*

Joseph Orea explique que le directeur adjoint de la sécurité n'était donc pas habilité à conduire la Mercedes 300 ce soir-là, ce type de véhicule nécessitant – comme pour la conduite d'un taxi – une licence particulière. Il ajoute qu'au cours de son interrogatoire M. Musa, le gérant d'Étoile Limousine, avait signalé ce fait. Martine Monteil hoche la tête et annonce à ses collaborateurs que le juge Stephan lui a donné par téléphone les résultats des dernières analyses d'Henri Paul. Et qu'il en ressort que celui-ci suivait un traitement médical.

Que des traces des médicaments suivants :
PROZAC, NOCTAMIDE, TRIAPIDAL et TIAPIDE
EQUILIUM avaient été trouvées au cours des
examens toxicologiques effectués sur la
personne de PAUL Henri.

Martine Monteil charge ses collaborateurs de poursuivre leurs investigations dans cette direction en effectuant de nouvelles perquisitions, au domicile et au bureau de Paul ; en consultant les livres de police et les ordonnanciers des pharmacies situées à proximité ; enfin, en identifiant et interrogeant son médecin traitant.

Le lieutenant Marc Monot se rend aussitôt au Ritz, se fait ouvrir les tiroirs et les placards du bureau d'Henri Paul et saisit tous les médicaments qu'il y trouve :

– Une plaquette d'Imodium 2 mg (contenant une gélule) dans le premier tiroir.

– Une plaquette vide de deux comprimés d'Aotal 333 mg dans la corbeille à papiers sous le bureau.

– Deux plaquettes de Gaopathil avec cinq et six comprimés ; une boîte de Gaopathil avec plusieurs comprimés brisés ; une plaquette de Doliprane 500 mg

(6 comprimés) ; et un tube de Detoxalgine (16 comprimés) sur l'étagère d'un placard.

Le lieutenant Éric Gigou, lui, perquisitionne le domicile de Paul au 33 rue des Petits-Champs. Le policier saisit dans l'armoire à pharmacie de la salle de bains des boîtes entamées de plusieurs médicaments : Nifluril, Aspégic, Balsamorhinol, Doliprane enfant, Rhinatiol, Spasfon, Amyodospray, Ercefluril, Pansoral, collyre, Maalox et autres traitements de douleurs diverses et états fébriles.

En somme, le contenu de l'armoire à pharmacie d'un Français moyen.

Le lieutenant Gigou en profite pour explorer plus à fond la « cave » de M. Paul, ce qui avait été fait assez sommairement lors de la première perquisition. Cela lui permet de noter la présence :

> Dans l'entrée, d'une étagère de placard contenant divers apéritifs plus ou moins entamés (*crème de cassis*, *Ricard*, *Suze*, *Porto*, *bière*) et autres bouteilles neuves (*vin rouge*, *Champagne*)
>
> Découvrons toujours dans l'entrée dans la table-bar la présence de quelques bouteilles d'apéritifs entamées (*Martini blanc*, *Vodka*, *Pinault*, *Suze*, *vin cuit*)
>
> Remarquons que dans le réfrigérateur se

trouvent une bouteille de *Champagne* et deux
petites bouteilles de *bière*.

Notons également dans le placard de la
cuisine, sous la table chauffante, la présence de bouteilles d'apéritif entamées
(*Ricard, Bourbon Four Roses, Martini
blanc*)

La cave d'un « bon vivant ».

Le lieutenant Vincent Delbreilh se charge des investigations auprès des pharmacies, après avoir consulté
les fiches de remboursement de la Sécurité sociale. Il
va retrouver la trace d'achat des médicaments – ceux
dont l'inscription dans le livre de police est obliga-
toire – dans cinq pharmacies parisiennes : rue des
Petits-Champs ou dans des rues aux alentours du Ritz,
toutes situées dans le même quartier.

Il apparaît qu'Henri Paul fréquentait régulièrement
deux pharmacies, les autres n'étant qu'occasionnelle-
ment visitées. Dans une des pharmacies de la rue des
Petits-Champs, Paul achetait régulièrement et exclusi-
vement du Prozac depuis le mois de mars 1997, son
dernier achat remontant au 17 juin (2 boîtes).

Dans une autre pharmacie de la rue Saint-Roch, Paul
achetait à chacune de ses visites : du Tiapridal
(2 boîtes), un neuroleptique : du Noctamide (3 boîtes) ;
et de l'Aotal 333 (3 boîtes), un médicament destiné à
faciliter le sevrage alcoolique. Dans cette pharmacie,

Paul a effectué depuis le 11 juin 1996 sept achats, dont les quatre derniers n'ont pas été inscrits sur le livre de police, le pharmacien estimant que M. Paul était un client régulier et qu'il pouvait donc se dispenser de cette formalité. Néanmoins on retrouve trace des fiches de remboursement dans les dossiers de Sécurité sociale. Excepté pour un dernier achat de 579,00 francs (88 euros) effectué le 15 juillet 1997, qui n'apparaît que dans les comptes du pharmacien et de l'intéressé.

Les policiers découvrent rapidement le médecin traitant d'Henri Paul : la signataire de la plupart de ces ordonnances est installée dans un petit village du Morbihan. Après avoir pris contact par téléphone avec elle, le capitaine Éric Crosnier, assisté du lieutenant Marc Monot, décide d'aller l'auditionner sur place.

La femme qu'ils rencontrent est âgée d'une quarantaine d'années, médecin généraliste en milieu rural. Elle indique aux policiers qu'elle est avant tout une amie d'enfance d'Henri Paul et, en réalité, son médecin occasionnel. Ils se sont connus au lycée de Lorient et sont toujours restés en contact malgré le départ d'Henri pour Paris. Visiblement affectée par sa disparition, le médecin tient à évoquer d'abord la mémoire de son ami Henri avant d'aborder les problèmes de son patient.

```
Henry a toujours beaucoup compté pour
moi, mais nous n'avons eu que des relations
amicales et je le considérais presque comme
```

quelqu'un de ma famille. Il a toujours été très proche de nous : de mon mari et de mes enfants. Il était très attentionné et ne nous oubliait pas, malgré les distances et nos activités professionnelles.

Le médecin a vu Henri Paul pour la dernière fois pendant des vacances qu'elle passait en famille en Espagne à la fin du mois de juillet. Elle l'a trouvé fatigué et tendu. Paul lui a confié qu'il était soumis à une grande tension dans sa vie professionnelle, étant seul à assumer la sécurité au Ritz. Par la suite, elle ne l'a joint que deux fois au téléphone, fin juillet et à la mi-août. Henri Paul lui a annoncé qu'il ne viendrait pas en Bretagne, car il ne pouvait se libérer pour aucun des week-ends suivants.

Le médecin résume la personnalité de son ami en décrivant un homme secret, qui assumait ses problèmes personnels et ses responsabilités, sans s'étendre sur sa vie professionnelle ou privée. Un homme pudique qui se livrait peu, cachait ses états d'âme. Un timide qui masquait ses pudeurs sous des attitudes provocatrices, exprimant quelquefois de façon abrupte ce qu'il pensait. Généreux et délicat, il cherchait toujours à offrir des cadeaux personnalisés. Intelligent et cultivé mais modeste, il était avide de s'instruire et curieux de tout.

Bref, un portrait attachant qui ressemble de façon étonnante à celui brossé aux policiers par Laurence Pujol, son ex-compagne.

> Je pourrai vous parler d'Henri pendant
> des heures car c'était un ami que j'appré-
> ciais énormément et sur lequel je pouvais
> compter sans restriction.

Concernant la vie sentimentale de Paul, le médecin avoue n'en pas connaître grand-chose. Elle n'a rencontré que Laurence Pujol, quatre ou cinq fois, sans que les deux femmes se lient, même pour un aparté.

> Elle avait une fille Samantha qui comp-
> tait énormément pour Henry. Il était ado-
> rable avec elle et la rupture avec la mère
> et encore plus avec cette enfant l'ont per-
> turbé. Je ne lui ai pas connu d'autre
> liaison sérieuse et je pense, sans en être
> sûre, qu'il n'avait que des aventures pas-
> sagères.

— Henri Paul était-il homosexuel ? demande le capitaine Crosnier.

— Non, il aimait beaucoup les femmes et aurait souhaité fonder une famille.

— Pouvez-vous me dire maintenant quelles étaient vos relations sur le plan médical ?

— Je vous l'ai dit, il n'a été qu'un patient occasionnel. C'était il y a environ un an et demi...

Ce jour-là, Henri Paul a téléphoné à son amie pour qu'elle lui fasse une ordonnance de Prozac et de Noctamide. Il lui a affirmé qu'un médecin parisien lui avait déjà prescrit ces médicaments et qu'il en était satisfait. Elle l'a interrogé sur les résultats de ce traitement.

> Il m'est apparu qu'ils lui convenaient, qu'il avait retrouvé une certaine dynamique pour son travail et de joie de vivre ; bien que persistaient de temps à autre des moments de cafard et de sensation de solitude extrême et d'isolement qui le conduisaient à s'alcooliser en dehors d'un contexte de convivialité, c'est-à-dire seul chez lui.

Cette situation inquiétait Henri, poursuit son amie, il craignait d'être dépendant de l'alcool et il était angoissé à l'idée de ne pouvoir gérer lui-même ce problème. C'est pour cette raison qu'il s'adressait, ce jour-là, autant à l'amie qu'au médecin.

> Je lui ai proposé de rajouter deux classes thérapeutiques à son traitement : l'Aotal qui a pour rôle d'entraîner un dégoût des boissons alcoolisées.

Le médecin précise au policier qu'elle n'est pas très convaincue de l'efficacité de ce médicament mais qu'il avait pour but de rassurer Paul, et qu'elle le lui avait prescrit plus par amitié que comme praticien. En revanche, le deuxième médicament n'est pas anodin.

> Le Tiapridal est un neuroleptique ayant habituellement une connotation éthylique. (...) Dans le cas d'Henri, j'ai utilisé cette molécule à petite dose, surtout pour ses effets secondaires (le neuroleptique est un anti-obsessionnel, un empêcheur de tourner en rond). Ce qui lui permettait de se dégager de sa problématique personnelle, de pouvoir être performant dans son travail et de régulariser son sommeil.

Le médecin confirme qu'elle a averti Henri Paul des dangers que pouvait générer la prise de ces médicaments avec de l'alcool. Interrogée sur le comportement d'Henri Paul au volant, elle répond qu'il « conduisait doucement et prudemment ». Et ajoute en fin d'audition, comme le feront d'une manière ou d'une autre pratiquement tous les témoins ayant connu Henri Paul :

> Je puis seulement vous dire que j'ai la conviction, qu'il ne se serait pas alcoolisé, sachant qu'il était susceptible de conduire une voiture. Ce qui me laisse à croire que les circonstances l'ont contraintes.

L'enquête de la Brigade criminelle, bien qu'elle conforte parfaitement les analyses du Dr Pépin, apporte tout de même un peu d'humanité à la glaciale cruauté des résultats de laboratoire.

Néanmoins, ce qui ressort de ces investigations, c'est qu'Henri Paul, peu après la rupture avec sa compagne, s'est fait traiter pour un épisode dépressif avec des insomnies (antidépresseur et hypnotique) ; puis il a consulté son amie médecin pour une dépendance alcoolique, et s'est vu prescrire un médicament favorisant le sevrage ainsi qu'un neuroleptique. Les analyses montrent que Paul était toujours sous traitement médical au moment de l'accident et que ce soir-là, il avait cédé à ses penchants alcooliques (bien qu'il ait vraisemblablement essayé de lutter contre, comme semble l'indiquer l'emballage vide d'Aotal, retrouvé dans sa corbeille de bureau). Par ailleurs, il semble que l'entourage et les collègues d'Henri Paul n'avaient pas conscience de l'alcoolisme du chef de la sécurité. Celui-ci s'abstenait de consommer de l'alcool pendant son travail et buvait modérément en société : il attendait d'avoir quitté le Ritz et d'être seul chez lui pour se livrer à cette habitude.

Ce fut le cas, pensent les enquêteurs, en ce soir du 30 août.

Mais ils voudraient en avoir confirmation, et élucider son emploi du temps entre 19 heures et 22 heures. Ils soupçonnent Henri Paul d'avoir eu un rendez-vous ce soir-là, et recherchent avec qui.

L'une des fréquentations d'Henri Paul, Sylvie Lambert, jeune femme célibataire d'une trentaine d'années qui se présente comme écrivain, les intrigue. Elle est interrogée à deux reprises à la Brigade criminelle, d'abord par le lieutenant Isabelle Deffez, puis par le capitaine Jean-Pierre Cheron. Sylvie Lambert, qui a travaillé comme vendeuse dans une des boutiques du Ritz, a sympathisé avec M. Paul après l'avoir rencontré ensuite, par hasard, en Bretagne.

> Nous nous sommes vus régulièrement tous les quinze jours. Bien que je sois à plusieurs reprises allée à son domicile, nous nous voyons surtout à l'extérieur. Nous discutions beaucoup de littérature. Il arrivait qu'on aille au restaurant ensemble. Il m'emmenait chez « Armand » au Palais Royal. Il est arrivé aussi qu'il m'emmène au « Champmêlé » pour boire un verre, c'est à dire un Ricard. Il était ami avec la patronne.

Sylvie Lambert affirme qu'ils étaient très liés mais se défend d'avoir été sa « petite amie », précisant que sur ce sujet, Henri se montrait très discret. La jeune femme reconnaît avoir téléphoné à Henri Paul le 30 août en début d'après-midi « pour lui soumettre un texte » mais, dit-elle, il était très occupé. Il ne lui a pas parlé de la visite princière ; et Sylvie Lambert se dit très choquée par ce qu'elle a pu lire dans la presse, à propos de l'alcoolisme de M. Paul. Elle ne l'a jamais vu boire autre chose qu'un apéritif de temps à autre.

Sylvie Lambert, réentendue quelques jours plus tard, confirme ses précédentes déclarations : elle n'a pas vu M. Paul ce 30 août ! Elle reconnaît néanmoins l'avoir retrouvé la veille à l'hôtel Coste, rue du Faubourg-Saint-Honoré, pour boire un verre (un Ricard) et lui remettre un texte qu'elle avait écrit. Les enquêteurs n'en sauront pas plus au sujet de ses relations avec Paul.

Les policiers poursuivent leurs investigations au Ritz en interrogeant tous les témoins susceptibles d'avoir remarqué quelque chose d'anormal au cours de la soirée. C'est ainsi qu'ils sont amenés à s'intéresser au comportement de deux hommes attablés dans le bar du palace ce soir-là. C'est le premier maître d'hôtel Jean-Pierre Alidière qui le mentionne au capitaine Éric Crosnier : un des agents de sécurité lui a glissé à l'oreille qu'il soupçonnait les clients de la table n° 15 d'être des paparazzi.

> J'ai aperçu deux hommes de type européen, d'une quarantaine d'années, de taille et de corpulences normales, et je me souviens que l'un d'entre eux, mal rasé, portait une veste sans manche de couleur claire avec beaucoup de poches. Ils étaient assis et sous leur fauteuils il y avait deux sacs plastiques publicitaires.

Visiblement ces deux consommateurs n'ont pas le look du bar du Ritz et, lorsque le maître d'hôtel aperçoit M. Paul, il le fait aussitôt prévenir.

> Puis, j'ai vu rentrer M. Paul qui a fait mine d'être un client et m'a demandé si on pouvait accéder à la terrasse par la porte, passant ainsi devant la table 15 pour observer ses occupants.

Henri Paul fait ensuite signe à Jean-Pierre Alidière de le rejoindre discrètement.

> Il m'a dit que leurs deux sacs pouvaient contenir de petits appareils photographiques. Il m'a dit qu'il les trouvait calme et qu'il aviserait.

Les policiers prennent au sérieux cette « piste » qui donne une idée de la paranoïa anti-paparazzi dont le personnel du Ritz est atteint ce soir-là. La facture n° 4882 de la table 15 (quatre whiskys Macallan et deux Perrier) d'un montant de 480 francs (73 euros) a été réglée par Carte Bleue à 23 h 41. Le ticket de caisse et le ticket de carte bancaire sont saisis afin d'identifier les consommateurs. C'est le lieutenant Vincent Delbreilh qui s'y colle. Il ne faudra pas moins d'une semaine de recherches et d'une dizaine de procès-verbaux pour retrouver et interroger le porteur de la Carte Bleue. Il s'agit d'un provincial, habitant en Moselle, et de son frère, venus passer une semaine à Paris et qui, après avoir dîné au restaurant boulevard des Capucines, ont décidé d'aller boire un dernier verre au Ritz et d'y fumer un bon cigare (double Corona de marque Gloria Cubana). Dans leurs sacs plastique, ils avaient placé, outre une boîte de cigares, des cadeaux pour leurs neveux et nièce.

Mais la volonté de la patronne de la Brigade criminelle est de vérifier toutes les pistes, y compris les plus fantaisistes, voire les plus scabreuses. Il s'agit de « fermer toutes les portes ». Et les témoignages fantaisistes n'ont pas manqué...

Ainsi, le lieutenant Delbreilh prendra-t-il la peine d'aller vérifier le témoignage « audiovisuel » de M. et Mme Gary Hunter, de Londres, qui se sont répandus sur les ondes britanniques, affirmant avoir aperçu l'accident depuis leur fenêtre de l'hôtel Royal Alma. Or la fenêtre de leur chambre, la 304, située au troisième étage de cet hôtel, donne uniquement sur la rue Jean-Goujon et ne permet même pas d'apercevoir la place de l'Alma !

Le 22 septembre, le même lieutenant Delbreilh note, laconique, dans un PV :

```
Le 21 Septembre, à 2h45, l'État Major de
la Préfecture de Police a reçu un appel de
Mme P (...) Chantal témoin convoqué le
10 Septembre pour la présente affaire,
```

suite à un appel de sa part en date du 1er Septembre 1997.

Mme P. a déclaré ne pas souhaiter témoigner pour cause de problèmes psychologi-
ques.

Le commandant Joseph Orea, pour sa part, reçoit
Nick Gargan, officier de liaison près de l'ambassade de
Grande-Bretagne à Paris. Celui-ci lui remet la déposition d'un médecin anesthésiste français, participant à
un congrès à Londres et qui est allé témoigner dans les
bureaux de New Scotland Yard. Selon ce médecin, un
de ses amis, Karim Kazi, employé comme chauffeur
au Ritz, était le conducteur attitré de la Mercedes 300
et avait reçu *l'ordre formel* de ramener le véhicule au Ritz
avant 20 heures le samedi 30 août. Le Dr Thomas, qui
célébrait son anniversaire ce jour-là à Paris, tient cette
information de Kazi lui-même, lequel a ensuite rejoint
les invités à cette fête d'anniversaire.

Le Dr Thomas est aussitôt convoqué par le lieutenant
Delbreilh, qui semble spécialisé dans les témoignages
étrangers. Dans le même temps, le lieutenant Gigou
reçoit une plainte des parents d'Henri Paul qui se disent
importunés par un certain Alain Thomas, médecin
anesthésiste à Rennes : celui-ci prétend détenir des
informations qui pourraient leur valoir « des millions
de la part du Ritz » grâce à un avocat qu'il leur propo-
serait. Le Dr Thomas ne se présente pas à plusieurs
convocations des policiers, préférant réserver la pri-
meur de ses révélations au juge d'instruction.

Entre-temps, Karim Kazi est identifié et interrogé par le lieutenant Delbreilh. Il confie à l'officier qu'il a bien été chauffeur de grande remise jusqu'au mois de juin pour le compte de la société Étoile Limousine et qu'il a eu l'occasion à l'époque de conduire la Mercedes 300. Mais, précise Kazi, le soir du 30 août, il est allé chercher les parents du Dr Thomas dans sa voiture personnelle, pour les emmener à la fête d'anniversaire de leur fils. Il pense qu'il y a eu certainement confusion dans l'esprit du médecin : celui-ci, ne le voyant pas arriver avec sa limousine de fonction, a dû penser qu'il avait ramené celle-ci au Ritz avant 20 heures.

L'affaire devient de plus en plus embrouillée.

Il faudra quelques menaces pour que le Dr Thomas se décide à déposer devant le lieutenant Delbreilh. Le médecin explique alors qu'au départ, il a été agacé par ce que la presse anglaise disait : « La princesse est morte à cause d'un Breton ivre. » Connaissant un chauffeur du Ritz en la personne de son ami Karim ; ayant entendu parler du vol de la Mercedes, quelques mois avant l'accident ; persuadé que le soir de son anniversaire, Karim avait dû rendre son véhicule « en urgence », le sang du Dr Thomas n'a fait qu'un tour !

Je suis passé par hasard devant Scotland Yard, et l'idée m'est venue d'aller raconter le faisceau de présomptions que j'avais récolté au sujet de cette affaire.

C'est ainsi que le Dr Thomas, se prenant pour le Dr Watson, fit perdre son temps au superintendant de Scotland Yard et aux inspecteurs de la Brigade criminelle, ajoutant une bonne dose de ragots aux rumeurs déjà bien abondantes dans ce dossier. Et Thomas de conclure ainsi sa déposition :

> Je n'ai rien d'autre à déclarer, si ce n'est que pour moi, les journalistes et M. Paul sont des boucs émissaires ; que les clés de la Mercedes ont été remises à Henri Paul à l'arrière du Ritz par un nommé Niels, le même qui s'était fait voler la Mercedes en mai 1997 ; que la caméra du Pont de l'Alma ne fonctionnait pas ce soir là ; que c'était la société Murdoch et non Etoile Limousine qui devait prendre en charge la Princesse ; que celle-ci au vu des prélèvements sanguins était enceinte. En conclusion : À qui profite le crime ? S'il y a crime bien sur !

Quant à Romain G., vingt-quatre ans, surveillant dans un lycée, il se présente au lieutenant Éric Gigou pour témoigner de la manière suivante...

> J'ai un ami qui est journaliste à la télévision japonaise. Il m'a demandé de lui accorder une interview. Je pensais que cela n'irait pas plus loin, mais l'interview a fait un scoop au Japon alors je me suis dit

que je devais comme citoyen vous donner mon témoignage.

Et Romain de raconter comment, alors qu'il roulait avec un ami sur la voie rapide, il a été doublé par une moto carénée qui roulait à 130 ou 140 km/h et que suivait une grosse berline noire avec des vitres teintées.

Juste derrière la grosse voiture noire, il y avait cinq ou six motos, qui la suivaient de près, comme si elles la poursuivaient.

Arrivées devant le souterrain, ces motos – une dizaine peut-être – ont toutes pilé en même temps et, raconte Romain, « nous avons dû freiner très fort, piler nous aussi ». Romain et son ami descendent de voiture et s'élancent dans le tunnel où ils aperçoivent le véhicule accidenté entouré de « gens qui prenaient des photographies comme des vautours ». Il voit la Mercedes qui a tapé le pilier mais qui a reculé sous le choc !

Romain est étonné que personne ne porte secours aux occupants de la voiture, mais ils décident son ami et lui de s'en aller en faisant marche arrière – et en tapant quelques pare-chocs – par la bretelle de l'Alma.

Pour tout vous dire, j'avais les larmes aux yeux sur le chemin du retour.

— Vous n'avez pas l'air à l'aise, remarque l'inspecteur.

— C'est vrai. En ce moment je suis très tendu car j'ai peur que vous ne me croyiez pas et que vous recoupiez mon témoignage avec d'autres.

— Est-ce que vous n'avez pas inventé toute cette histoire ?

— Si, répond, comme soulagé, Romain. J'ai menti, je n'ai jamais été témoin de quoi que ce soit. Devant vous je me sens vraiment con. Depuis la mort de mon père, je me sens seul et mal dans ma peau.

— Vous avez l'habitude de mentir ?

— Quelquefois sur ma vie ou mes diplômes. Jamais à la police !

— Mais pour faire cette interview, vous avez menti...

— Oui, j'ai menti à mon ami caméraman en lui faisant croire que j'avais assisté à l'accident. J'ai la vidéo chez moi. Je voulais être sous les feux de la rampe. J'avais le sentiment qu'alors on me considérerait.

— Que faisiez-vous ce soir-là ?

— En fait, ce samedi 30 août, j'ai passé la soirée chez moi, seul.

— Je dois vous avertir que mentir à un officier de police constitue une infraction pénale prévue et réprimée par la loi.

— Oui, bien sûr... Je mérite d'être puni, mais je ne voudrais pas perdre mon travail. Je ne recommencerai plus. J'ai toujours voulu être important et aimé.

Le lieutenant Gigou, bon prince, demandera à l'avocat

de Romain de venir le chercher à la Brigade criminelle, et ne donnera pas suite.

Les divers témoignages recueillis pendant les semaines qui suivent l'accident par les enquêteurs de la Brigade criminelle ne sont pas tous aussi farfelus. Sur la trentaine de témoins entendus sur les circonstances de l'accident, les policiers en retiendront la moitié comme témoins directs, les autres venant confirmer telle ou telle situation ou ajouter un détail à l'ensemble.

Mais les enquêteurs attendent tous un témoignage crucial, celui du seul survivant de la Mercedes : le garde du corps Trevor Rees-Jones, soigné à la Pitié-Salpêtrière pour de graves contusions et fractures au visage. Le bilan lésionnel décrit dès le 4 septembre par le Dr Chikhani se présente ainsi :

```
Multiples fractures faciales avec
  - fracture mandibulaire droite (...)
  - fracture coronaires des dents 21,24 et
11
  - fracture du plateau palatin [palais]
  - disjonction faciale complète
  - disjonction faciale haute gauche
  - fractures du malaire gauche et de
l'arcade zygomatique
  - disjonction orbito-naso-ethmoïdo-
```

```
frontal avec recul et bascule en bas du
tiers médian facial
   [...etc]
```

Par ailleurs, le médecin du Samu a dû pratiquer en urgence une trachéotomie pendant la désincarcération de Trevor Rees-Jones et celui-ci souffre d'une fracture de l'avant-bras gauche, opérée à son arrivée à l'hôpital. Traité dans l'unité de polytraumatologie du département de réanimation de la Pitié-Salpêtrière où il restera trois semaines, Rees-Jones sera opéré du visage par le Dr Chikhani et son équipe. Ce n'est qu'à partir du 15 septembre que les médecins autoriseront son interrogatoire – le garde du corps ayant recouvré en partie la faculté de s'exprimer, grâce aux miracles de chirurgie réparatrice réalisés par l'équipe Chikhani.

Hôpital de la Pitié-Salpêtrière. Chambre de Rees-Jones. 15 septembre

Le juge Hervé Stephan, accompagné de sa greffière Laurence Maire et de M. Ivan Tcherkassov, traducteur assermenté, s'installe au chevet de Trevor Rees-Jones. De l'autre côté du lit, ont pris place Ernest Rees-Jones et Gillian Blackborn, le père et la mère de Trevor. Le Pr Jean-Jacques Rouby, patron du service de réanimation, et le commandant Orea assistent à l'audition.

Dans son procès-verbal de transport, le juge Stephan note :

> Compte tenu des conditions particulières de l'entretien, attachées à l'état de santé de Rees Jones, il a été décidé de procéder à l'enregistrement de l'entretien. Il convient de souligner que compte tenu des difficultés d'élocution de l'intéressé, ses parents, plus habitué à communiquer avec lui ont assez souvent relaté les propos de leur fils, ces propos nous ont été immédiatement traduits par l'interprète.

Le juge Stephan, donc, fait prêter serment non seulement à Rees-Jones mais également à ses parents.

> Q : Est-ce qu'il se souvient de ce qu'il s'est passé à partir du départ de la rue Cambon du Ritz ?
>
> R : Je me souviens d'être monté dans la voiture, et je ne me souviens de rien d'autre.
>
> Q : Concernant l'accident, il n'a pas de souvenirs de ce qu'il s'est passe ?
>
> R : Non
>
> Q : Est-ce qu'il a des souvenirs de ce qui s'est passé au Ritz avant ?
>
> R : Oui
>
> Q : Est-ce qu'il peut les dire ?

R : Lorsque nous sommes arrivés, il y avait de nombreux photographes et de nombreuses caméras et donc ils nous gênaient. Cela a énormément dérangé la Princesse et Dodi.

Je suis allé manger.

Je suis allé voir les photographes, je leur ai demandé de reculer. Ils essayaient de rentrer dans le Ritz par l'entrée.

Eux, [Diana et Dodi] ils ont mangé leur repas et nous nous avons mangé notre repas.

Dodi a changé le plan.

La princesse, Dodi et moi sommes partis de l'arrière. Il y avait encore des photographes à l'arrière.

Q : Et après, il n'a pas de souvenirs à partir de ce moment là jusqu'à... sur le trajet qui a été suivi ?

R : Je me souviens que nous étions suivis mais rien d'autre.

Q : Et ils devaient aller où ?

R : On devait retourner aux appartements.

Q : Au Champs-Elysées ?

R : Oui

Q : Est-ce qu'il se rappelle jusqu'où ils ont été suivis et par qui ?

R : Il y avait deux voitures et une moto. Je ne sais rien au sujet du trajet.

Q : Est-ce qu'il peut donner des précisions concernant la voiture et les motos.

R : Il me semble que c'était une voiture blanche avec un coffre qui s'ouvre à l'arrière, une trois portes mais je ne me souviens de rien.

Q : Donc les voitures suivaient après le départ du Ritz.

R : Oui

Q : Est-ce qu'il se souvient comment M.Paul a été appelé et par qui ?

R : Dodi l'a appelé pour qu'il nous conduise depuis l'arrière de l'hôtel.

Q : Est-ce qu'il peut dire pourquoi ?

R : Non. C'est Dodi qui a changé le plan, ce n'est pas moi.

Q : Qu'elle était l'idée de départ ?

R : À l'origine il fallait partir avec deux voitures parce que nous tenions les photographes à une bonne distance. Ils étaient là de toute façon. Je pensais que c'était mieux d'avoir deux voitures plutôt qu'une.

Q : Est-ce qu'il connaît la Place de la Concorde ?

R : À côté du Ritz ?

Q : À côté du Ritz, c'est la Place Vendôme ; la place de la Concorde est à côté des Champs Elysées.

R : Je ne me souviens pas.

Q : *[Sur interrogation]*

R : Tout le monde conduit vite.

Q : Est-ce qu'il se souvient qui était le plus proche quand il a vu la voiture et les motos.

R : Je ne me souviens pas. C'a changeait.

Q : Est-ce qu'il se souvient si des photos ont été prises ?

R : Je ne sais pas.

Q : Pourrais-t-il reconnaître la voiture blanche ?

R : Je ne crois pas, non.

Q : Cette voiture était-elle derrière eux au départ du Ritz ?

R : Elle a traversé la route et puis elle nous a suivi.

Q : Est-ce qu'il l'a vue précédemment ?

R : Je ne sais pas.

Q : Est-ce qu'il se souvient d'autres voitures de photographes, par exemple qui l'ont suivi dans la journée ?

R : Oui. Une jeep 4x4 deux motos et une petite voiture, 3 portes. Il me semble qu'elle était de couleur sombre.

Q : Est-ce qu'il se souvient de l'attitude de la princesse et de Dodi al-Fayed par apport aux journalistes qui les entouraient.

R : Ils n'étaient pas content. Ils étaient trop prêt.

Q : Pendant le trajet du Bourget à Paris, déjà ?

R : Ils nous ont suivi.

Q : Et après le Ritz aussi ils étaient très présents ?

R : Oui, tout le temps

Q : Est-ce qu'il y a eu un incident avec les journalistes à un moment quelconque ?

R : Entre deux voitures voulez-vous dire ?

Q : Non généralement, verbalement.

R : Oui, c'est vrai. Il y a eu ça. Mais ce n'était pas nous, c'était un homme qui s'occupe de l'appartement. Il s'est mis devant le photographe et ce photographe était énervé et j'ai essayé de calmer tout ça.

Q : Est-ce qu'il se souvient comment était M. Paul ce soir là, puisqu'il le connaissait avant ?

R : Il était très bien.

Q : Est-ce qu'il se souvient si Dodi a demandé de changer de trajet pour le retour ?

R : Non.

L'audition de Trevor Rees-Jones a duré environ vingt-cinq minutes sous la surveillance constante du Pr Rouby. Le juge Stephan n'est pas étonné que le garde du corps ait perdu la mémoire des moments précédant immédiatement l'accident : cette amnésie est fréquente dans ce cas. Néanmoins, il a pu avoir confirmation de plusieurs points.

Le principal est que le départ du Ritz devait se faire en empruntant les voitures du convoi habituel, mais que ce « plan » a été changé au dernier moment par Dodi Al Fayed. Ensuite il apparaît que c'est Dodi Al Fayed, en personne, qui a donné l'ordre à M. Paul de prendre le volant de la Mercedes de remplacement.

Enfin, le juge Stephan a été intrigué que Rees-Jones garde le souvenir d'une petite voiture blanche « *avec un coffre qui s'ouvre à l'arrière* ». Le garde du corps situe cette voiture parmi les véhicules qui ont suivi la Mercedes pratiquement depuis la rue Cambon. Elle n'a pourtant été signalée par aucun autre témoin. Néanmoins, elle semble bien présente dans la mémoire de Rees-Jones, qui la décrit en parlant de son coffre.

Comme s'il se la représentait roulant devant lui.

Le juge Stephan a une petite idée de ce que peut être ce souvenir persistant...

– CHAPITRE 12 –

Garage nord de la préfecture de police. Boulevard MacDonald

Assisté de deux autres officiers de la Brigade criminelle, le capitaine Bechet, un carnet à la main, circule tout autour de la Mercedes 300 qui a été remisée comme pièce à conviction n° 5 dans un garage de la préfecture de police.

Les trois policiers procèdent aux premières constatations sur le véhicule accidenté et commencent naturellement par le point d'impact le plus spectaculaire, à l'avant du véhicule.

```
Le choc est nettement concentré à l'avant
et au milieu. L'arrière notamment le
coffre, les ailes et le pare-chocs sont
quasiment intacts.
```

Le capitaine Bechet prend les mesures du point d'impact, situé à peu près au milieu du capot et formant un « V » vers l'intérieur. L'angle du pilier, percuté par la Mercedes, s'est enfoncé de plus d'un mètre, sur toute la hauteur du bloc moteur et du capot.

Notons en outre que le bloc moteur est complètement éclaté et laisse voir les pistons, les bielles et autres organes mécaniques.

Les quatre pneus Michelin ne montrent pas d'usure anormale : celui de l'avant gauche est intact, bien que la jante présente un choc ; le pneu avant droit, lui, est crevé et endommagé par les débris de la carrosserie. Le toit du véhicule a été découpé par les pompiers pour faciliter les manœuvres de désincarcération, ainsi que les portières arrière gauche et passager.

Nous pouvons constater que les deux coussins de sécurité *[airbags]* ont été, sous le choc, extrait de leurs logements et sont tachés de sang. Le volant est quasiment en position horizontal et relevé. Le dossier du siège avant est à l'arrière de l'habitacle, il ne présente plus de garniture arrière et les barres métalliques de rigidité sont enfoncées vers l'avant. Toute la console de bord *[tableau de bord]* et le chauffage sont détruits et reculés presque sur les sièges avant. Il n'existe plus qu'une place infime à l'emplacement ini-

```
tial des jambes conducteurs et passager
avant.
```

Les policiers se penchent alors sur les traces de peinture ou de rayures sur la carrosserie. Ils en relèvent de
deux sortes :

```
Aile avant droite : deux longues rayures
grisâtres, la plus longue de 126 cm de long,
et celle du bas de 80 cm de long. La largeur
varie de 1 à 4 cm environ. Elles partent
approximativement de la pointe de l'aile
pour se terminer sur l'avant de la portière
passager avant.
```

Les autres traces sont de couleur rouge et s'apparen-
tent plus à de simples taches – certaines minuscules –
sur les portes avant et arrière droite et sur le pare-chocs
arrière [1].

Les policiers de l'Identité judiciaire photographient
ces traces ainsi que l'intérieur et l'extérieur du véhicule.

Divers objets sont retrouvés dans l'habitacle, dont la

---

1. Ces traces rouges – qui n'apparaissent pas sur les photos de
l'Identité judiciaire prises sous le tunnel – ont été produites pendant
la manutention et le transport du véhicule par les services techniques.
Selon le rapport de l'expert Patrick Touron, la teinte et la composi-
tion de ces marques sont proches des peintures « appliquées sur les
matériels dont disposent les centres de secours (véhicules, outils et
matériels divers) ».

carte grise et l'attestation d'assurance de la Mercedes ainsi que le certificat et le macaron de contrôle de « véhicule de grande remise » délivré par la préfecture de police. Les officiers récupèrent aussi différents documents sans importance (cartes routières, plan de Paris, etc.) ainsi que quelques objets appartenant aux passagers et qui ont échappé à l'attention des premiers enquêteurs[1]. Le plus notable est un ensemble de

```
    Deux plaques de métal l'une rouge et
l'autre noire sur lesquelles sont gravées
les inscriptions suivantes : « D FAYED TYPE
BPOS – DR BOB KOBLIN [n° de tél.] DR. ANN
COXANN [n° de tél.] » Saisissons ces deux
plaques pour restitution éventuelle.
```

Pour les expertises concernant le véhicule, le juge Stephan décide de faire appel au service le plus performant en France dans ce type d'investigation. Il s'agit de l'Institut de recherche criminelle de la gendarmerie nationale (IRCGN), installé à Rosny-sous-Bois et dont le département véhicules possède les experts les plus pointus de l'Hexagone. Le juge souhaite que l'on analyse cinq scellés qui ont été recueillis après l'accident et sont ainsi libellés :

---

1. Les gendarmes retrouveront plus tard la deuxième boucle d'oreille de Diana, incrustée dans le tableau de bord, ainsi que les six perles manquantes de son bracelet (cf. documents annexes p. 8, vignette).

UN : Un ensemble de débris en matière plastique ou en verre de couleur blanche, découverts à proche distance de l'entrée du tunnel souterrain attenant à la Place de l'Alma, sur la chaussée.

DEUX : Un ensemble de débris en matière plastique ou en verre de couleur rouge découvert sur la chaussée à proche distance de l'entrée du tunnel.

TROIS : Un élément réflecteur de phare automobile en matière plastique, brisé, de marque BOSCH, supportant le signe MERCEDES sur une étiquette collée au verso, et découvert dans le tunnel.

QUATRE : Ce qui semble être l'habillage d'un rétroviseur de couleur gris métallisé foncé supportant le sigle MERCEDES, ainsi que son encadrement en mêmes couleurs et matières ; le tout découvert dans le tunnel souterrain.

CINQ : Le véhicule de Marque MERCEDES type 280 immatriculé 688LTV75 appartenant à la Société Etoile Limousine, véhicule accidenté dans le tunnel souterrain attenant à la Place de l'Alma.

En voulant que tous les débris retrouvés dans le tunnel soient précisément analysés et identifiés, le juge Stephan cherche à savoir si un autre véhicule n'a pas été impliqué dans l'accident. Par ailleurs, en demandant aux experts de la gendarmerie de décortiquer la Mercedes, il veut s'assurer qu'aucune tentative de sabotage n'a pu être perpétrée contre la voiture.

La presse se fait en effet l'écho d'un épisode qui concerne ce véhicule et alimente les rumeurs de sabotage ou d'attentat.

Le 21 avril 1997, un certain Philippe Siegel, chauffeur de grande remise de la société Étoile Limousine, s'était présenté à la 1re division de police judiciaire de Paris pour porter plainte. Il avait été reçu par le lieutenant Jean-Paul Martinez, à qui il avait raconté sa mésaventure.

Vers 22 h 05, alors qu'il garait sa Mercedes après avoir déposé des clients au restaurant, rue Lamennais, il avait été attaqué par trois individus cagoulés, qui l'avaient menacé avec une arme.

Les trois hommes s'étaient emparés de la Mercedes, immatriculée 688 LTV 75, et s'étaient enfuis à son bord.

Le véhicule avait été retrouvé une quinzaine de jours plus tard, en partie désossé et dépouillé de certaines pièces.

Dans son témoignage après l'accident de l'Alma, le patron d'Étoile Limousine, Jean-François Musa, a fait mention de cet épisode en déclarant :

[La Mercedes] a alors fait l'objet de réparations chez le concessionnaire Mercedes BOSQUET-BAUER situé à Saint-Ouen

(93) et nous a été restituée le 19 Juin 1997.
Et depuis elle n'a plus rien eu.

Musa a alors remis au lieutenant Delbreilh, qui l'inter-rogeait, une forte liasse de factures du garage Bosquet-Bauer pour une somme de 114 666,14 francs (17 479 euros) hors taxes et 19 586,42 francs (2 985 euros) de taxes correspondant aux réparations et au remplacement des pièces volées sur la voiture. Ces factures, ainsi que le carnet d'entretien de la Mercedes, ont été confiées aux gendarmes de l'Institut de recherche criminelle.

Le 10 septembre à 10 h 45, note le commandant Jean-Claude Mulès, le juge Hervé Stephan se transporte au garage MacDonald de la préfecture de police, accompagné de sa collègue Marie-Christine Devidal et en présence de quatre officiers et sous-officiers de gendarmerie de l'Institut de recherche criminelle : le lieutenant-colonel Hebrard, expert auprès de la cour d'appel ; le capitaine Touron, expert en traces et peintures ; l'adjudant-chef Brossier, expert en débris d'optiques automobiles ; et le gendarme Bouat, expert en traces et peintures.

Les quatre premiers scellés recueillis après l'accident sont remis officiellement aux experts avec comme tâche de déterminer leurs origines ; ainsi que le scellé n° 5, l'épave de la Mercedes avec les traces suspectes sur le côté droit qui laissent supposer qu'un autre véhicule a pu être impliqué dans l'accident.

Les experts se penchent tout d'abord sur les scellés 1, 3 et 4 qui leur semblent les plus aisés à identifier. L'expert Didier Brossier signe son rapport...

Étude des débris de plastique de couleur blanche du scellé n°1.

A permis de sélectionner un feu de direction [clignotant] avant droit de marque BOSH équipant les véhicules de marque MERCEDES, type W140, fabriquées après le mois de Juillet 1994.

Afin de corroborer l'ensemble de l'examen, nous reconstituons le feu à partir des débris sur le moulage d'un clignotant similaire.

Étude du réflecteur d'un feu avant du scellé n°3.

La recherche dans le catalogne des pièces détachées des sociétés BOSH et MERCEDES a permis de sélectionner un feu de direction avant droit, fabriqué au mois d'août 1996 équipant les véhicules de marque MERCEDES type W140.

Étude de l'habillage du rétroviseur du scellé n°4.

La recherche dans le catalogue des pièces détachées des sociétés SR et MERCEDES a permis de sélectionner un habillage de rétroviseur droit, fabriqués au mois de Juin 1995 et équipant les véhicules de marque MERCEDES type W140, assemblées avant le mois de Janvier 1995.

L'expert conclut que le feu de direction et l'habillage de rétroviseur peuvent provenir de la Mercedes accidentée, bien qu'il ne s'agisse pas des pièces d'origine. Ils figurent effectivement dans la liste des réparations effectuées sur la Mercedes.

La dernière mission de l'adjudant-chef Brossier est la plus délicate : il s'agit d'identifier le scellé n° 2, contenant les débris de feu rouge (feu stop) d'un véhicule, et de mettre en évidence la marque et le type de véhicule dont ces débris peuvent provenir.

Le juge Stephan, qui confie cette mission à l'expert de l'Institut de recherche criminelle dès le 12 septembre, demande à être informé des résultats de l'expertise au fur et à mesure de l'avancement de ces travaux. C'est dire l'importance qu'il attache à cette investigation.

L'adjudant-chef Brossier constate tout d'abord le bon état du scellé avant de rompre la cordelette – qui ferme le sachet de plastique *ad hoc* – le 13 septembre à 8 h 30. Il reconstituera le scellé le 18 septembre à 17 h 30, son expertise terminée.

Inventaire.

Le scellé n°2 est constitué de vingt petits débris et un grand morceau de plastique de couleur rouge.

Étude du grand débris

Ce débris mesure 9,5 cm dans sa plus grande hauteur et 6,5 dans sa largeur. Ce morceau est séparé en deux par une saignée de 0,6 cm de largeur.

La surface intérieure est formée de différents prismes.

La surface extérieure est lisse et ne porte aucune trace de frottement. Elle comporte au-dessus de la saignée le dessin suivant. [un rond avec quatre petits traits en forme de croix]

Signification.

[symbole[1]] : Centre d'éclairement.

---

1. Symbole universel pour désigner l'emplacement où est située la lampe des feux des véhicules automobiles.

Étude des petits débris.

Les surfaces extérieures sont lisses et ne portent aucune trace de frottement.

Les surfaces sont formées, soit de prismes, soit de petites stries.

Identification.

La recherche dans le catalogue des pièces détachées des constructeurs automobiles a permis de sélectionner le feu arrière de marque **SEIMA ITALIANA** équipant les véhicules de marque **FIAT** type **UNO** fabriquées entre les mois de **mai 1983 et septembre 1989.**

Afin de corroborer l'ensemble de l'examen, nous reconstituons le feu, à partir des débris sur le moulage d'un feu similaire[1].

Cette dernière expertise, qui révèle que les débris du scellé n° 2 proviennent du feu arrière d'une Fiat Uno, change toutes les données de l'enquête. Elle oriente les soupçons du juge d'instruction et de la Brigade criminelle sur la présence d'un tiers dans l'accident.

Les experts en traces et peintures, Patrick Touron et Jean-Charles Bouat, sont immédiatement chargés d'examiner et de prélever toutes traces de frottement visibles sur le côté droit de la Mercedes et sur la coque du rétroviseur. Ils devront ensuite procéder à l'analyse

---

1. Cf. documents annexes, p. 9.

physico-chimique des prélèvements de peinture afin d'en déterminer – si possible – la nature et l'origine. Voici les conclusions du rapport de l'Institut de recherche criminelle de la gendarmerie nationale, signé du capitaine Patrick Touron et du gendarme Jean-Charles Bouat.

• Les traces blanches visibles sur le rétroviseur droit, l'aile et la portière avant droite sont constituées d'une même résine polymère caractéristique des peintures automobiles de type « solid base-coat » (non vernies, non métallisées).

• Les recherches dans les bases de données et les interprétations effectuées sur les résultats permettent de proposer une solution à l'identification de la trace de peinture.

Il s'agit d'une peinture référencée BIANCO CORFU 224 fabriquée par la société PPG et apposée sur différents modèles de véhicules commercialisés par le constructeur FIAT.

• La teinte BIANCO CORFU 224 a été appliquée sur les véhicules Fiat, modèle Uno assemblés à Rivalta Torinese et Mirafiori (Italie) de 1983 à fin août 1987.

Les experts précisent également qu'ils ont relevé des traces noires visibles sur les parties basses de l'aile et de la portière et correspondant à un dépôt de polypropylène, très largement utilisé dans l'industrie automobile pour la fabrication de pare-chocs... Et que les Fiat Uno sont équipées de pare-chocs noirs de cette matière.

Enfin, les experts établissent qu'au vu des hauteurs mesurées, un véhicule Fiat Uno peut avoir occasionné les traces relevées sur la Mercedes. Et que le contact entre ces deux véhicules n'a pu être qu'un contact entre le côté droit de la Mercedes et l'arrière gauche de la Fiat Uno : un choc de trois quarts arrière.

> De plus, le positionnement des traces relevées sur le côté droit du véhicule Mercedes permet d'établir que celui-ci avait, au moment du contact avec l'autre véhicule, une vitesse supérieur à ce dernier.

Le juge Stephan est particulièrement satisfait du travail du laboratoire de la gendarmerie nationale. Ses experts ont réussi à déterminer, à partir de quelques morceaux de plastique et de simples traces de peinture, un élément capital dans l'enquête.

Une Fiat Uno de couleur blanche construite entre 1983 et août 1987 a été touchée par la Mercedes à l'arrière gauche.

Le choc a été suffisamment fort pour briser un feu de signalisation et imprimer une double trace, de peinture blanche et de matière plastique noire, sur une bonne partie de la longueur du côté droit de la Mercedes. En revanche, l'impact n'a pas été suffisamment puissant pour dérouter la Fiat Uno et l'envoyer dans le décor.

Enfin, c'est de toute évidence en tentant d'éviter cette Fiat Uno qu'Henri Paul a perdu le contrôle de la Mercedes, et qu'il est allé percuter, quelques dizaines de mètres plus loin, le treizième pilier du tunnel.

Le juge Stephan déplie le plan du tunnel établi par le Bureau central des accidents de la préfecture de police. Il peut ainsi situer précisément la place des objets et débris retrouvés sous le tunnel, ainsi que les traces de pneus sur la chaussée et les impacts sur le mur, les piliers et les trottoirs du souterrain. Il est alors en mesure de visualiser ce qu'a pu être le déroulement des événements à la lumière des découvertes faites par les experts.

La première trace de freinage se situe au bas de la descente, à peu près à l'aplomb de l'entrée du souterrain. Elle est identifiée comme une trace de freinage de la Mercedes et débute, sur la voie de gauche, à moins d'un mètre seulement du trottoir qui supporte les piliers de soutènement. Cette trace, laissée par le pneu avant gauche, forme une légère courbe pour se rapprocher dangereusement à vingt centimètres du trottoir. Elle mesure un mètre de long et le point d'impact avec la Fiat Uno se situe approximativement au milieu. Il est matérialisé par des éclats de plastique rouge mélangés à des éclats de plastique blanc, dispersés sur un rayon de plus de deux mètres sur la chaussée. Il s'agit des éclats blancs de l'optique droit de changement de direction de la Mercedes (scellé n° 1) et de ceux, rouges, de l'optique arrière gauche de la Fiat Uno (scellé n° 2). À une dizaine de mètres après le point d'impact, on trouve sur la chaussée l'enveloppe du rétroviseur de la Mercedes (scellé n° 4) ainsi que le réflecteur de son feu clignotant (scellé n° 3).

Les traces de gomme pneumatique sur la route reprennent une trentaine de mètres après le point d'impact. Elles sont doubles, débutent sur la voie de gauche et s'incurvent vers la voie de droite pour revenir vers la série de piliers. Elles mesurent 32 mètres et matérialisent la course ultime de la Mercedes. La roue avant gauche ripe un peu avant le douzième pilier sur le trottoir, et la voiture continue sur sa lancée pour emboutir le treizième pilier. Puis elle pivote sur elle-même et vient mourir sur le mur droit du tunnel. Des débris volent sur la chaussée d'en face (parabole du phare droit ; miroir du rétroviseur intérieur ; bloc optique gauche et indicateur gauche de changement de direction) tandis que des débris de verre sécurit (de l'optique avant) et de l'huile se répandent sur le sol.

Où se trouve alors la Fiat Uno ?

Les experts ont déterminé que la Mercedes, en touchant la Fiat Uno à l'arrière, roulait à une vitesse bien supérieure à celle-ci, et que c'est donc en tentant de le dépasser par la gauche et en frôlant le trottoir qu'Henri Paul a accroché ce véhicule.

Le conducteur de la Fiat Uno se trouve alors derrière la Mercedes et l'accident se déroule devant ses yeux. Il assiste à la tentative de M. Paul pour reprendre le contrôle de son véhicule après l'accrochage. Mais la Mercedes part en dérapage, et cette fois-ci, la roue gauche touche le trottoir, ce qui déforme la jante en alliage. La voiture devient incontrôlable et poursuit sa course directement dans le pilier avant de rebondir devant le conducteur de la Fiat Uno, pour aller s'écraser sur le mur à sa droite. Le conducteur de la Fiat, qui a instinctivement freiné après l'accrochage, parvient à éviter de percuter la Mercedes devenue folle, et passe littéralement « entre les gouttes ».

Ce scénario ne demande qu'une confirmation : le témoignage du conducteur de la Fiat Uno blanche. Mais ce témoin, essentiel, impliqué dans cet accident, a disparu sans jamais se manifester.

Existe-t-il seulement ?

Aucun témoin de l'accident n'a mentionné qu'une Fiat Uno blanche, ni même une simple voiture blanche, ait été aperçue à proximité de la Mercedes sous le tunnel. Seules des traces et des analyses scientifiques manifestent son existence.

Pourtant, le 18 septembre à 18 heures, un nouveau témoin se présente à la Brigade criminelle. Pour des raisons de discrétion il va, avec l'autorisation du juge Stephan, être « domicilié » au Quai des Orfèvres et son témoignage ainsi que celui de sa femme resteront secrets.

Georges D. est auditionné par le lieutenant Éric Gigou. Ce cadre financier parisien de quarante-deux ans relate ainsi les faits dont il a été le témoin...

Le dimanche 31 août, il rentrait chez lui en voiture, avec son épouse, d'un dîner chez des amis rue de l'Université. Georges D. emprunte le pont de l'Alma pour passer de la rive gauche à la rive droite, puis, se dirigeant vers la porte d'Auteuil, il tourne à gauche sur la place pour rejoindre la voie rapide après le tunnel de l'Alma.

> Alors que je m'appêtais à entrer sur les quais rive droite, j'ai vu un véhicule de marque FIAT modèle UNO, de couleur blanche à deux portières, vieux modèles, assez crasseuse, immatriculée soit dans les Hauts de Seine (92) soit dans les Yvelines (78).

Pourquoi le témoin s'intéresse-t-il particulièrement à cette voiture ?

> J'ai remarqué que cette voiture zigzaguait en sortant du tunnel, passant de sa voie de droite à la voie de gauche. À tel point qu'elle est venue presque me toucher

> sur mon côté gauche alors que nous roulions
> cote à cote.
>
> Je me suis dit que le chauffeur devait être
> ivre et j'ai eu peur qu'il me percute. J'ai
> alors klaxonné. L'homme qui fixait son
> rétroviseur en roulant, a ralenti assez
> pour que je puisse le doubler. Il roulait
> vraiment lentement, car moi j'ai abordé les
> quais à environ 30km/h.

La scène se situe donc précisément à l'entrée de la bretelle qui permet, depuis la place de l'Alma, de rejoindre la voie rapide, juste après le souterrain.

L'attitude du conducteur frappe de plus en plus Georges D.

> L'homme a ralenti au point de pratique-
> ment s'arrêter. J'ai eu l'impression qu'il
> allait faire une marche arrière tant il
> regardait dans son rétroviseur intérieur.
> (...)
>
> Ce qui a surtout attiré mon attention,
> c'est que le chauffeur était vraiment per-
> turbé par quelque chose, il semblait cher-
> cher à s'arrêter et était obnubilé par son
> rétroviseur intérieur.

— Vous souvenez-vous de l'heure ? demande le lieutenant Gigou.

— Oui. Il devait être 0 h 32, car mon épouse venait

de me faire remarquer que la fille au pair qui gardait nos enfants travaillait depuis 18 h 45 et qu'il était bien tard. Elle a regardé l'heure sur l'horloge de la voiture, qui marquait 0 h 30, et elle a fait une réflexion sur notre retard.

— Pouvez-vous me décrire la voiture ?

— J'ai bien regardé cette Fiat Uno, car ma belle-mère a le même modèle, mais immatriculé en 75. C'est ce qui me fait dire que celle-là n'était pas immatriculée à Paris, mais en banlieue. Il me semble que ce modèle avait des jantes de couleur blanche et un filet bleu ou vert au niveau des poignées sur toute la longueur du véhicule.

— Qu'est-ce qui vous fait dire que c'était une vieille voiture ?

— Elle « pétaradait ». Elle faisait un bruit d'échappement suffisamment fort pour que je l'entende alors que ma voiture est insonorisée.

— Avez-vous vu ses feux arrière ?

— Je me souviens qu'ils éclairaient faiblement, comme ceux d'une vieille voiture.

— Y en avait-il un de cassé ?

— Je n'ai pas le souvenir d'un feu cassé ou défaillant.

— Pouvez-vous me décrire le conducteur ?

```
Il s'agit d'un homme, de type européen,
blanc de peau, âgé de 40 à 50 ans peut-être,
aux cheveux courts et bruns, peut-être
grand de taille.

Sur le siège arrière se trouvait un gros
```

chien, assis, mais dont je voyais la tête.
Ce devait être un Berger allemand ou un gros
labrador noir qui portait une muselière ou
un « bandana » de couleur orange.

— Avez-vous remarqué si la Fiat a fait marche arrière
après que vous l'avez dépassée ?
— Non. Elle est repartie sans avoir reculé, puis elle
m'a suivi. Ensuite, je n'y ai plus prêté attention.

L'importance de ce témoignage n'échappe ni aux policiers, ni au juge Stephan, puisqu'il vient conforter définitivement les éléments matériels attestant la présence
d'une Fiat Uno au moment de l'accident. Le comportement du conducteur, sortant du tunnel les yeux rivés
sur son rétroviseur, hésitant sur la conduite à suivre au
point que le témoin a l'impression qu'il va effectuer une
marche arrière, est d'un réalisme saisissant.

Mme Sabine D. confirmera le lendemain le témoignage de son mari, expliquant au lieutenant Gigou que
l'homme zigzaguait et ne regardait pas du tout devant
lui : il n'examinait que ses rétroviseurs de gauche et
intérieur. Il se penchait à tel point pour voir ce qui
se passait derrière lui qu'elle s'est dit : il doit attendre
quelqu'un qui se trouve loin en arrière dans le tunnel.

J'ai vu le véhicule s'arrêter au niveau du
dernier restaurant qui se trouve à une
trentaine de mètres de la sortie du tunnel.

308

Puis le conducteur a redémarré et c'est à ce moment qu'il a manqué percuter la voiture de Georges D. qui s'engageait alors dans la voie rapide. Ensuite, témoigne Sabine D., l'homme s'est arrêté ou a ralenti de façon très importante et son mari en a profité pour le dépasser, craignant qu'il ne recommence ses zigzags sur la chaussée.

A sa façon de ralentir et peut-être même s'arrêter, j'ai cru que l'homme attendait quelqu'un.

Cet homme est sorti comme un « zombi » du tunnel, il semblait ivre. Il était hagard. Il est étrange qu'un automobiliste sorte d'un tunnel sans regarder devant lui.

— À quel moment l'homme s'est-il aperçu de votre présence ?

— Peut-être quand mon mari l'a klaxonné. Car la première fois où il a failli nous heurter, mon mari a dû freiner pour éviter l'accrochage.

Sabine D. confirme le signalement de l'homme – qu'elle voit un peu plus jeune que ne le voit son mari, entre trente-cinq et quarante-cinq ans – comme la présence du chien, avec un bandana rouge ou orange. Ainsi, bien sûr, que la marque, le modèle et la couleur de cette voiture, identique à la Fiat Uno de sa mère.

En prenant connaissance de ces témoignages, le juge Hervé Stephan se frotte les mains. Il suffit qu'il mette la main sur le conducteur de cette Fiat Uno pour élucider complètement l'affaire, et déterminer précisément les responsabilités des uns et des autres...

Au vu des éléments d'expertises, la responsabilité pénale du conducteur de la Fiat Uno dans l'accident ne semble pas engagée. Il a été percuté à l'arrière par un véhicule roulant plus vite que lui. En revanche, il ne s'est pas arrêté et il peut lui être reproché le délit de fuite. De plus, comme il a assisté « en direct » à l'accident et qu'il a pu en constater la gravité, on peut aussi lui opposer la « non-assistance à personne en danger ».

La Brigade criminelle se met aussitôt en chasse pour essayer de retrouver cette Fiat Uno.

La tâche se révèle considérable. Si l'on se réfère aux déclarations de Georges D., qui garde le souvenir incertain que le véhicule était immatriculé dans le 78 ou le 92 – deux départements d'Île-de-France –, on recense dans ces départements plus de 113 000 Fiat Uno ! Même en croisant ces renseignements avec ceux des experts, qui datent le modèle d'avant août 1987, il reste néanmoins près de cinq mille véhicules à contrôler.

Un travail quasi impossible à réaliser si l'on tient compte des changements d'immatriculation, des changements de domicile non déclarés, et autres voitures volées. Enfin, si le conducteur de la Fiat ne s'est pas dévoilé au moment de l'accident, il y a peu de chances qu'il le fasse volontairement étant donné le retentissement planétaire de l'affaire. Quant à retrouver une voiture blanche avec un feu arrière cassé en région parisienne, c'est la version urbaine de la fameuse aiguille perdue dans la botte de foin.

Les policiers de la Brigade criminelle vont néanmoins tenter d'identifier le numéro minéralogique en faisant l'inventaire de tous les systèmes de surveillance photo ou vidéo sur le trajet suivi par la Mercedes entre le Ritz et le tunnel de l'Alma, ainsi que sur le parcours qu'aurait pu emprunter la Fiat Uno après l'accident.

Le lieutenant Gigou, dans son rapport daté du 26 septembre, inventorie soigneusement tous les appareils de prise de vue installés sur le parcours.

Rue Cambon : seul l'hôtel Ritz est équipé de deux caméras, braquées sur la sortie de l'hôtel. Les caméras des autres immeubles (bureau, restaurant, hôtel) qui en sont munis sont dirigées vers leurs seules façades.

Place de la Concorde : les trois caméras de l'état-major de la Marine sont tournées vers l'immeuble. Une caméra est bien fixée sur un réverbère, mais elle est orientée vers le pont de Solférino.

Au long de la voie rapide et du cours Albert-Ier : aucun moyen de surveillance vidéo. Une seule caméra est installée au milieu de la place, en direction de la Concorde.

Passé le tunnel de l'Alma, pas de système de surveillance vidéo.

Les caméras de circulation sont reliées à la Compagnie de circulation urbaine de Paris, dont les bureaux ferment à 23 heures. Néanmoins, les images sont diffusées en direct, sans système d'enregistrement, par la salle d'information et de commandement (SIC) de la sécurité publique de la préfecture de police. Les officiers et gardiens de la paix qui veillent toute la nuit dans cette salle ont été entendus par la Brigade criminelle. Le brigadier Pascal Poulain, qui occupait le poste de commandant de salle, a déclaré qu'à 0 h 37, cette nuit-là, il avait reçu un appel d'un des véhicules de la préfecture de police (TI 17) qui revenait d'une mission au Parc des Princes. Son interlocuteur lui signalait un accident grave venant de se produire sous le tunnel de l'Alma et impliquant une personnalité. Le brigadier avait aussitôt alerté les véhicules de la Brigade anticriminalité et déclenché l'envoi des services de police et de secours [1].

> Devant l'ampleur de l'accident, nous avons essayé de voir les lieux des faits, grâce à la caméra sise Place de l'Alma. celà

---

1. Le premier appel sur le numéro des sapeurs pompiers « 18 » est reçu à 0 h 26, provoquant le départ des deux premiers véhicules de secours dans les quatre minutes suivantes. Ils arriveront sur les lieux deux minutes plus tard. Le premier appel à Police Secours « 17 » est reçu à 0 h 29' 39".

```
fut impossible, en effet l'écran ne
retransmettait qu'une lumière jaune
floue.
```

Le lieutenant Gigou étend ses investigations aux cinémomètres[1] qui auraient pu être installés par la brigade des motards de la préfecture de police. Mais aucun « radar » n'a été installé dans Paris cette nuit-là, comme le prouve le cahier de contrôle. Sur le périphérique en revanche, deux radars ont été placés dos à dos à la porte de Bagnolet. L'étude des pellicules ne révélera rien d'intéressant pour l'enquête. Quant aux deux feux tricolores équipés d'appareils photo (qui se déclenchent en cas de franchissement de feu rouge) avenue Foch et rue du Faubourg-Saint-Jacques, leurs pellicules étaient épuisées.

Le lieutenant Gigou conclut son rapport par le constat qu'« aucun système de vidéo ou photographique n'a pu filmer le véhicule Mercedes sur son dernier trajet ».

Entre-temps, les recherches pour retrouver la Fiat Uno se poursuivent, les gendarmeries et commissariats sont alertés et procèdent au recensement de ces véhicules. Plus de trois mille d'entre eux vont être vérifiés

---

1. Cinémomètres : appareils mesurant la vitesse des véhicules « flashés ».

dans plus de cent vingt et une communes, mobilisant jusqu'à trente hommes de la Brigade criminelle.

En vain.

Pourtant, les policiers du Quai des Orfèvres croiront un moment tenir leur homme. Il s'agit d'un certain Le Van Than, âgé de vingt-deux ans, monteur en robinetterie qui effectue des gardes d'entrepôt pendant le week-end avec son chien, un rottweiler. Le jeune homme est propriétaire d'une Fiat Uno blanche qu'il vient de faire repeindre en rouge. Il est interpellé à son domicile et conduit dans les locaux de la Brigade criminelle, où il est entendu par le lieutenant Dumas.

La nuit de l'accident, le jeune homme effectuait un gardiennage sur le port de Gennevilliers, et l'expertise de son véhicule le mettra définitivement hors de cause.

Les policiers et le juge vont être également confrontés à des rumeurs, des insinuations, voire parfois des contrevérités. Mohamed Al Fayed, par exemple, soutient que son fils Dodi et Diana auraient été assassinés par les services secrets britanniques pour empêcher leur mariage, et alerte l'opinion publique par l'intermédiaire des médias.

Le milliardaire égyptien a en effet engagé un célèbre grand flic à la retraite, l'ex-commissaire Ottavioli, pour effectuer une contre-enquête privée destinée à corroborer ses soupçons de complot. À défaut de preuves déterminantes, les services d'Al Fayed vont tenter de manipuler l'opinion publique et les médias, à la recherche d'une fin plus « romantique » qu'un simple accident de voiture.

Au compte de ces rumeurs sans fondement, la piste James Andanson, ce photographe français de Sipa, propriétaire d'une Fiat Uno blanche immatriculée et garée dans le Cher à Lignières, où le photographe possédait une propriété. Bien qu'aucun élément ne le mette en cause dans cette affaire, les rumeurs pousseront la Brigade criminelle à interroger James Andanson – qui se trouvait ce jour-là à Saint-Tropez, pour un rendez-vous de travail –, et à expertiser sa Fiat Uno[1].

À défaut de retrouver le témoin de la Fiat Uno, les hommes de Martine Monteil vont réentendre, une dernière fois avant son départ pour la Grande-Bretagne, le seul témoin direct qui leur reste : Trevor Rees-Jones.

---

1. Un moment éteintes, les rumeurs repartiront de plus belle après le suicide d'Andanson en l'an 2000. On retrouvera son corps carbonisé dans sa BMW, sur le plateau du Larzac.

– CHAPITRE 13 –

Pitié-Salpêtrière. Chambre de Trevor Rees-Jones.
2 octobre. 10 heures

Le commissaire Vianney Dyevre et le commandant Joseph Orea, avec l'autorisation du chef du service de stomatologie de l'hôpital de la Pitié-Salpêtrière, le Pr Guilbert, se déplacent pour procéder à une nouvelle audition de Trevor Rees-Jones. S'il a récupéré rapidement et de manière satisfaisante de ses multiples fractures à la face, le garde du corps n'a toujours pas recouvré la mémoire en ce qui concerne les minutes qui ont précédé l'accident. Néanmoins Trevor Rees-Jones – qui s'est porté partie civile – a retrouvé une certaine élocution et un meilleur état général que lors de sa première audition par le juge Hervé Stephan. La traduction de ses propos et des questions est assurée par le même interprète assermenté, Ivan Tcherkassov.

Les deux policiers demandent au garde du corps de retracer la journée du 30 août depuis l'aéroport du Bourget.

Lorsque nous sommes arrivés au BOURGET, la Princesse et Dodi AL FAYED étaient très heureux d'être à PARIS. Ils n'étaient pas du tout inquiets. Dés la descente de la passerelle, nous avons remarqué la présence de paparazzi, mais cela ne nous a pas génés. Nous n'avions qu'une hate, c'était de partir. À cet effet, il y avait deux voitures, la Range Rover de Dodi et une Mercédes. Je suis monté dans la Mercedes, avec le couple, je connaissais le chauffeur.

— Étiez-vous chargé de la sécurité de Lady Diana ou de celle de Dodi Al Fayed ? demande l'un des deux policiers.

— De Dodi, en principe. Mais comme ce jour-là il y avait aussi la princesse, il m'a été adjoint Wingfield, qui est monté dans la Range Rover. Elle était conduite par un chauffeur que je connais mais dont je ne retrouve pas le nom. *(Il s'agit d'Henri Paul.)*

— Quels véhicules de presse avez-vous remarqués à la sortie de l'aéroport ?

— J'ai noté la présence d'une petite voiture sombre, et je n'en ai pas vu d'autres. Mais comme j'étais devant, dans la Mercedes, je ne voyais pas ce qui se passait derrière. J'étais en contact radio avec Wingfield.

A la demande de Dodi, la Mercédes a accéléré pour semer la presse. Et nous avons dit au Range de se rendre directement à

```
l'appartement [pour leurrer les photogra-
phes]. Quant à nous, nous sommes allés à la
Villa Windsor. Nous avons été rejoints par
la suite par le Range, avec WINGFIELD et le
chauffeur dont je ne me souviens pas du nom.
```

— Combien de temps êtes-vous restés dans la Villa Windsor ?

— Environ quarante minutes, puis nous sommes allés au Ritz sans problèmes. Mais la presse commençait à arriver en force.

— Combien de temps êtes-vous restés au Ritz ?

— Un bon moment ! J'ai demandé à la princesse quel était le programme de la soirée : elle m'a parlé d'une éventuelle sortie au restaurant.

— Dodi Al Fayed a quitté le Ritz pendant l'après-midi ?

— Pendant que Lady Di était chez le coiffeur, Dodi est allé chez un joaillier de la place Vendôme. Je l'ai accompagné en voiture. M. Roulet, le directeur, et Wingfield nous avaient précédés.

— C'est vous qui avez décidé de prendre la Mercedes alors que la joaillerie en question se trouve juste de l'autre côté de la place Vendôme ?

— Non, c'est Dodi qui a décrété que nous irions en voiture.

— Mais quelle était exactement votre fonction auprès de Dodi ?

J'étais l'Officier de Sécurité de Dodi.
J'assurais dans les grandes lignes la sécurité, mais si Dodi décidait de changer les
conditions de sécurité, nous faisions
comme il le décidait. Pour être précis,
Dodi prenait une part active à sa sécurité,
c'était le patron. En outre, nous ne
connaissions pas toujours le programme à
l'avance. Il n'y avait que lui qui le
connaissait.

— Savez-vous ce que Dodi a acheté chez ce joaillier ?
— Je l'ignore. Je suis resté dehors avec Wingfield.
J'ignore aussi si Dodi a offert son cadeau à la princesse
par la suite[1]. Wingfield est revenu à pied, quant à moi
j'ai raccompagné Dodi au Ritz en voiture. Nous avons
pénétré dans l'hôtel par l'entrée principale. Il n'y a pas
eu de photos de prises car les journalistes étaient ras-
semblés vers le centre de la place.
— Quand avez-vous décidé de quitter le Ritz ?

---

1. Il s'agit d'une bague que le couple avait admirée à Monaco chez
le joaillier Alberto Repossi. Dodi Al Fayed se l'était fait « confier »,
cet après-midi-là, par la boutique de la place Vendôme. Elle sera
retrouvée, dans son écrin, à l'appartement de la rue Arsène-Houssaye.
Mohamed Al Fayed réglera la facture et gardera la bague. Des
rumeurs de fiançailles seront alors bâties sur le nom donné à cette
ligne de bijoux : « Dis-moi oui ».

Au bout d'un moment, je n'ai plus aucune notion du temps, Dodi et la Princesse ont décidé d'aller à l'appartement. J'ai décidé de leur laisser un peu d'intimité, le couple est donc parti dans la Mercedes, avec le chauffeur. Quant à moi, je suis monté avec Wingfield dans le Range conduit par un autre chauffeur *[Jean-François Musa]*.

— Comment s'est passé le trajet ?

— Nous étions suivis de très près par les journalistes. À un moment donné, ils nous ont même précédés, mais il n'y a pas eu d'incident.

— Vous aviez parlé avec eux ?

— Oui, nous avions demandé aux photographes de ne pas prendre de photos durant le trajet et notamment aux carrefours et aux feux. Ils nous ont écoutés. Juste avant notre arrivée, j'avais prévenu la sécurité pour qu'ils ouvrent les portes de l'immeuble.

— Il y a tout de même eu un incident avec les journalistes à ce moment-là ?

— Oui, il y a eu un accrochage entre un des gardes français et un photographe. Nous avons fait rentrer le couple et je suis revenu à l'entrée pour calmer les esprits. Mon collègue Wingfield était resté discuter avec eux.

— La princesse Diana vous a-t-elle demandé de présenter vos excuses aux journalistes ?

— À aucun moment la princesse ne nous a demandé quoi que ce soit de semblable !

— Mais vous avez quand même sympathisé avec eux...

— Ce n'est pas notre rôle de sympathiser avec les photographes. Dès que nous avons vu que les esprits s'étaient calmés, nous sommes remontés à l'appartement.

— Vous souvenez-vous des détails de la soirée ?

— Le couple avait décidé de sortir dîner à l'extérieur et j'ai donc pris des dispositions pour que les véhicules soient prêts. En fait le départ n'a pas eu lieu à l'heure prévue et nous sommes partis environ quarante minutes en retard. En bas, il y avait toujours autant de journalistes : Dodi et Diana étaient un peu nerveux. J'ai adopté le même dispositif qu'à l'aller : j'ai laissé le couple seul avec le chauffeur dans la Mercedes, et moi je suis monté avec Wingfield dans le Range.

— Vous saviez où vous alliez ?

— Non. Le majordome m'avait dit que le couple dînerait au restaurant, mais je ne savais pas lequel. En fait nous suivions la Mercedes et c'est Dodi qui donnait les instructions à son chauffeur. Seul Dodi connaissait notre destination.

— Savez-vous pourquoi Dodi a changé de destination ?

— Je l'ignore. Je m'en suis aperçu lorsque nous nous sommes retrouvés au Ritz. En arrivant devant l'hôtel, Wingfield et moi avons couru ouvrir les portières de la Mercedes. Mais les photographes se sont alors précipités et nous avons dû les refermer aussitôt. Ensuite nous avons repoussé les photographes et le couple a pu sortir et s'engouffrer dans le Ritz. Cette bousculade a fortement déplu à Dodi qui l'a fait savoir[1].

Les deux gardes du corps sont, eux aussi, blâmés par un Dodi Al Fayed exaspéré, qui semble perdre la maîtrise de la situation.

Il leur annonce qu'il va dîner au restaurant du Ritz – qui ce soir-là est bondé, et où il a fallu leur ménager une table au dernier moment. La clientèle du palace a beau être blasée, l'entrée du couple fait tout de même sensation. Pendant ce temps-là, les deux gardes du corps – avec l'aide du service de sécurité de l'hôtel – font refouler les photographes de l'autre côté de la contre-allée. La foule des badauds et des touristes devient de plus en plus dense et commence à envahir les abords de l'hôtel, gênant la circulation des clients du palace, qui se plaignent de cette promiscuité et des bousculades qui s'ensuivent. Les touristes déclenchent aussi leurs appareils photo et leurs caméras chaque fois que quelqu'un sort devant la porte, ce qui ajoute encore à la confusion générale. C'est à ce moment-là qu'un des

---

1. Dodi va convoquer le directeur de nuit du Ritz, Thierry Rocher, pour lui demander vertement des explications, sans tenir compte du fait qu'il a changé lui-même de destination au dernier moment et qu'il n'était pas du tout attendu au palace.

agents de sécurité du Ritz, François Tendil, téléphone à Henri Paul qui décide de revenir à l'hôtel.

Rees-Jones et Wingfield, leur mission achevée, retournent à l'intérieur et vont s'installer au bar. Soudain, ils aperçoivent le couple qui ressort du restaurant.

— Pourquoi ont-ils quitté le restaurant ? demande l'un des deux policiers en charge de l'interrogatoire.

— Je n'en sais rien. Nous les avons escortés jusqu'à la Suite impériale au premier étage. Après, Dodi m'a juste dit de retourner au bar pour y dîner, sans donner d'explications sur la suite du programme.

— Et vous, qu'avez-vous fait ?

Au bar nous avons commandé à dîner, et nous avons été rejoints par Henri PAUL. Ce dernier a pris une consommation, je ne sais pas ce que c'était, c'était de couleur jaune. Pendant que nous dinions, PAUL faisait des allées et venues dans l'hôtel, il était tout à fait normal. Je ne l'ai pas senti énervé, il était tel que je le connaissais d'habitude.

— Henri Paul n'a pris qu'un seul verre à votre table ?

PAUL a repris une autre boisson, au bout d'un certain temps. À ce moment là, aucun de nous trois, ne savions qu'elle allait être la suite de la soirée.

— Henri Paul vous a-t-il dit qu'il n'était pas de service ce soir-là ?

— À aucun moment, au cours de nos discussions, il ne me l'a dit. Il était au Ritz, donc pour moi il était de service !

— Êtes-vous resté au bar jusqu'au départ ?

— Non. À la fin du repas, Wingfield et moi sommes remontés à l'étage et nous avons attendu devant la porte de la Suite impériale. Quant à Paul, il a continué à faire des va-et-vient entre le premier étage et le rez-de-chaussée.

— Quand a-t-il été décidé de changer de voiture ?

A un moment donné, Dodi est sorti. PAUL était présent. Dodi nous a dit qu'il fallait une troisième voiture, à l'arrière de l'hôtel et deux voitures devant le Ritz qui serviraient de leurre. Je n'étais pas content, car Dodi séparait les deux officiers de sécurité, mais je me suis adapté.

— Qui a désigné Henri Paul pour conduire cette voiture ?

C'est également Dodi qui décide que c'est PAUL qui conduirait la voiture.

— Croyez-vous que M. Al Fayed ait pu recevoir des menaces pendant son séjour à Paris ?

— À ma connaissance, Dodi n'a reçu aucune menace

de quelque sorte que ce soit, ni au Ritz, ni ailleurs. Si tel avait été le cas, je pense qu'il me l'aurait dit.

— Combien de temps avant le départ avez-vous reçu ces nouvelles instructions de Dodi ?

— Environ une demi-heure avant le départ. Moi, je sais que je suis resté à l'étage, devant la suite. Il me semble que Wingfield et Paul sont descendus ensemble. Mais je n'en suis pas sûr, c'est un souvenir flou.

— Où se trouvait Paul lorsque vous êtes descendus ?

— Lorsque la princesse et Dodi sont descendus avec moi, Paul n'était pas là. Il était dans le hall de l'hôtel et il a fallu que nous l'appelions.

— Comment a été organisé le départ ?

— Nous nous sommes dirigés vers la porte de derrière, mais la voiture n'était pas encore arrivée. Dodi et la princesse ont attendu dans le couloir.

— Étaient-ils énervés ?

— Non, ils étaient très détendus. Moi, je suis sorti dans la rue pour évaluer la situation. J'ai repéré deux ou trois journalistes, avec une petite voiture trois portes blanche ou très claire. Et peut-être un scooter. En fait les photographes étaient très peu nombreux.

— Que s'est-il passé ensuite ?

La voiture est arrivée, Henri Paul a remplacé le chauffeur et j'ai fait monter très vite le couple dans la voiture et je suis monté à l'avant droit. Les photographes ont du faire des photos. Nous avons démarré, suivis par la voiture claire. Je ne me souviens plus si les motos nous ont suivis, ce que je sais c'est que tous les journalistes qui étaient derrière nous ont suivis. Je ne me souviens plus de rien.

— Vous rappelez-vous avoir bouclé votre ceinture ?

En règle générale, en ville je ne met pas le ceinture, sauf lorsque l'on est obligé de rouler vite. Je ne me souviens pas si tel a été le cas ce soir là. Je peux vous dire que lorsque j'étais avec Dodi, en Grande Bretagne, et que nous étions obligé de rouler vite, nous mettions chacun notre ceinture[1].

Ce nouveau témoignage de Trevor Rees-Jones confirme ce qu'il avait déjà confié au juge Stephan concernant la responsabilité de Dodi Al Fayed dans le changement de programme et la décision de confier le volant de la Mercedes 300 à Henri Paul. Il apporte aussi quelques indications sur le caractère et les habitudes de Dodi Al Fayed.

On est frappé par la succession de décisions improvisées que prend le fils de Mohamed Al Fayed à partir du retour du couple dans l'appartement de la rue Houssaye. Le séjour, qui a été jusque-là parfaitement organisé par le personnel du Ritz, tourne alors au « happening ».

Rees-Jones explique tout d'abord que le couple a

---

1. Après l'accident, on retrouvera Trevor Rees-Jones avec sa ceinture bouclée. C'était le seul passager de la voiture à l'avoir attachée.

quitté l'appartement avec une quarantaine de minutes de retard. Alors que Claude Roulet, le directeur adjoint, poireaute devant le restaurant Chez Benoît, Dodi annule son dîner en tête à tête avec Diana pour se rendre avec elle au Ritz.

Il n'informe pas ses officiers de sécurité de sa décision et prévient Roulet *in extremis*, alors qu'il est pratiquement arrivé à l'hôtel.

Aucune mesure n'ayant pu être prise à temps devant le palace, c'est la confusion à leur arrivée. Du coup, Dodi pique une colère tout à fait injustifiée et s'en prend au personnel du Ritz et à ses propres gardes.

Puis il décide de dîner à L'Espadon, le restaurant du Ritz, sans tenir compte des recommandations du directeur qui le lui déconseille en raison de l'affluence. Quelques minutes après s'être installé à sa table, il la quitte sous prétexte qu'il est le point de mire de tous les regards et se fait servir dans la Suite impériale. C'est au cours de ce dîner qu'il va improviser un plan pour quitter discrètement l'hôtel par-derrière, en créant une diversion à la porte principale.

Pour cela, il lui faut tout de même trouver une voiture et un chauffeur. Louer une limousine ne présente pas de problème au Ritz, mais trouver un chauffeur professionnel est plus compliqué un samedi à minuit, même dans un palace. Heureusement, le dévoué chef adjoint de la sécurité – qui ne peut rien refuser au fils du patron – est revenu sur place, alerté par François Tendil : c'est donc Henri Paul qu'il désignera pour conduire la voiture. Au pied levé.

On peut également s'interroger sur le bien-fondé de cette manœuvre destinée à se débarrasser des photographes. En effet, la destination du couple est officiellement l'appartement du n° 1 rue Arsène-Houssaye ; domicile parfaitement connu des journalistes, qui y ont passé une partie de l'après-midi. S'agit-il d'y arriver avant eux... ou bien Dodi Al Fayed a-t-il une autre idée en tête ?

Selon le témoignage de Rees-Jones, il semble que non, mais le garde du corps précise aussi que Dodi changeait fréquemment d'avis et n'en faisait pas toujours part à son officier de sécurité, mettant souvent ce dernier devant le fait accompli. Ce qui préoccupe les enquêteurs, c'est que le chemin le plus direct pour aller du Ritz à l'appartement de la rue Houssaye était de passer par les Champs-Élysées, itinéraire employé jusqu'alors par le couple. Henri Paul, en Parisien de longue date, savait que les Champs étaient impraticables le samedi soir en raison de forts embouteillages au niveau de l'avenue George-V.

Que Paul ait emprunté la voie rapide est donc logique ; mais il aurait dû sortir – avant le tunnel – place de l'Alma, et de là emprunter l'avenue Marceau, plus praticable. Poursuivre par la voie rapide obligeait le conducteur à prendre un itinéraire plus long et compliqué pour rejoindre sa destination. Ce choix exposait donc Dodi et Diana à ce que les photographes arrivent avant eux rue Houssaye, notamment ceux montés sur des deux-roues. L'opération de diversion si habilement conçue perdait alors tout son intérêt ! De même que le démarrage sur les chapeaux de roues, et la vitesse élevée destinée à semer les paparazzi qui suivaient la Mercedes.

Les enquêteurs supposent donc que la véritable destination de Dodi n'était pas immédiatement l'appartement de la rue Houssaye, mais peut-être la Villa Windsor, ou, tout simplement, une promenade romantique dans Paris. Le couple passait en effet dans la capitale française sa dernière soirée après ses quinze jours de vacances en Sardaigne sur le *Jodikal*, le yacht de Mohamed Al Fayed.

Le dossier de la Brigade criminelle ne comporte en revanche aucun témoignage concernant l'état d'esprit ou les dispositions dans lesquelles se trouvait la princesse Diana pendant ses dernières heures. S'il semble bien, comme le suggère Rees-Jones, que la jeune femme, à son arrivée au Bourget[1], était heureuse de se retrouver à Paris – ville qu'elle affectionnait –, on ne possède que peu d'éléments sur la façon dont elle a vécu le reste de la journée.

Et plus précisément cette fin d'après-midi, alors que le couple était retourné se changer à l'appartement pour ce qui s'annonçait comme un dîner en amoureux Chez Benoît, un restaurant choisi par Dodi.

Pourquoi Dodi a-t-il annulé sa réservation ?

---

1. Cf. documents annexes, p. 12.

L'enquête montre que, ce soir-là, la princesse ne portait pas la bague « Dis-moi oui » du joaillier Alberto Repossi : le bijou avait-il eu le succès qu'espérait le play-boy égyptien ? Interrogé par les policiers à propos de ce cadeau, Rees-Jones est incapable de répondre.

Si la Brigade criminelle se pose des questions sur l'état d'esprit qui régnait dans le couple, ce n'est pas par intérêt morbide ou indécence. Les policiers veulent savoir ce qui a bien pu se passer pour que Dodi Al Fayed perde subitement son self-control et se retrouve dans la situation du joueur de poker incapable de se ressaisir, « la tête dans le sac ». Ils en sont même à évoquer l'éventualité de menaces qu'aurait pu recevoir le fils du milliardaire. Hypothèses auxquelles Trevor Rees-Jones ne croit pas, supposant qu'il en aurait été averti.

En tout état de cause, les enquêteurs sont obligés de se livrer à des spéculations pour évaluer l'humeur de Diana et son impact sur le comportement de Dodi. Il est certain que la princesse de Galles, contrainte depuis ses fiançailles avec le prince Charles de se plier à un emploi du temps millimétré, n'avait pas l'habitude des changements de dernière minute et des séjours chaotiques. A-t-elle mal pris la série d'improvisations de cette soirée-là, ajoutant ainsi à la confusion de Dodi, ou bien, au contraire, considérait-elle avec indulgence voire amusement tous ces déplacements impromptus ?

Rees-Jones donne sur ce point une indication aux

policiers : au départ du Ritz, le couple avait l'air « très détendu », ce qui implique donc que la princesse Diana – quels qu'aient pu être les événements de l'après-midi – n'avait pas l'intention de gâcher cette dernière soirée parisienne avec Dodi.

La suite relève maintenant de l'imagination de chacun.

En ce mois d'octobre 1997, les policiers de la Brigade criminelle pourraient boucler leur dossier si le conducteur de la Fiat Uno blanche était identifié. Mais le temps s'écoulant, il devient de plus en plus évident que l'homme a réussi à passer au travers du vaste filet tendu sur la France pour repêcher la Fiat Uno. Les hypothèses les plus fantaisistes ont déjà été avancées sur ce qui reste la seule vraie inconnue d'une enquête par ailleurs irréprochable.

Les faits, établis par les experts, ont mis en évidence que le conducteur de la Fiat Uno, après un accrochage relativement léger, a échappé miraculeusement à un terrible accident. Il a en effet – on ne sait comment – évité de percuter la masse énorme de la Mercedes qui a traversé la chaussée de gauche à droite, juste devant ses roues. Après une telle frayeur, l'homme est sorti du tunnel « comme un zombi », selon le mot employé par le témoin Sabine D. Un coup de klaxon va le ramener partiellement à la réalité et il poursuit alors sa route, hagard, en tentant de reprendre ses esprits.

Pour la suite, plusieurs scénarios sont possibles. Le plus probable est que l'homme, devant la qualité des victimes et le retentissement médiatique de l'accident, a paniqué, craignant de passer pour « celui qui a tué Lady Di ». Les circonstances lui ont été, jusqu'ici, favorables et sa voiture n'a pas pu être identifiée.

Le juge Stephan, qui continue d'instruire l'affaire, entend dans les premières semaines d'octobre les témoins les plus importants, puis les dix inculpés. Il devient évident, au fil des mois, que l'instruction va se terminer par un non-lieu pour ces dix personnes, les faits qui leur sont reprochés relevant plus de la morale individuelle ou de principes déontologiques que d'un tribunal.

Ce non-lieu n'interviendra que deux ans après les faits, le juge Stephan ayant laissé au temps le soin d'apaiser les passions. C'est le 3 septembre 1999 que Hervé Stephan rend son ordonnance, qui commence comme le scénario d'un roman noir :

> Le 31 août 1997, à 0 heure 26, le standard téléphonique de l'état major des pompiers de Paris recevait un appel d'urgence signalant qu'un grave accident de la circulation venait de se produire dans le tunnel souterrain du Pont de l'Alma à Paris dans le 8ᵉ arrondissement.

Dans ce document de trente-deux pages, le juge Stephan détaille précisément les raisons de cette ordonnance, en retraçant d'une plume limpide les différentes péripéties de l'enquête qui l'ont mené à ses conclusions. La première partie est consacrée au « déroulement des faits » qui sont traités chronologiquement, selon un découpage classique : avant l'accident ; l'accident et ses conséquences ; les faits postérieurs à l'accident. Il y opère une synthèse des événements, des témoignages et des expertises menées sous sa direction par la Brigade criminelle et les différents laboratoires qu'il a commissionnés.

Pour l'essentiel, les différents chapitres développés dans ce livre.

La deuxième partie est plus spécifiquement judiciaire, puisqu'elle détaille l'analyse du juge d'instruction sur les responsabilités pénales.

Tout d'abord, Hervé Stephan livre ses conclusions sur la possibilité que cet accident soit le résultat d'un acte volontaire : attentat, sabotage ou autre... Le juge mentionne que cette possibilité a été évoquée par l'une des parties civiles – qu'il ne nomme pas, mais l'hypothèse émane du père de Dodi Al Fayed qui a, à plusieurs reprises, clamé cette conviction.

> Cet aspect concernant l'existence d'un acte volontaire à l'origine de l'accident ne pouvait être totalement méconnu, dans le cadre de la recherche de la vérité.

334

Toutefois, aucun élément, même imprécis, de quelque nature qu'il soit, n'est venu donner un quelconque crédit à une telle thèse, ce qui doit être constaté à l'issue de l'information.

Ayant ainsi tordu le cou à cette hypothèse, le juge Stephan va s'attacher à décortiquer et distribuer les responsabilités. Il s'attache tout d'abord au cas de M. Paul.

Il apparaît tout d'abord que l'accident a pour cause certaine l'état d'alcoolisation du conducteur de la Mercedes. Cet état incompatible en outre avec l'usage de certains médicaments également utilisés, a été associé à une vitesse importante du véhicule. C'est dans ces conditions que, dans une portion routière en pente, en courbe et à l'entrée d'un tunnel, le conducteur n'est pas resté maître de son véhicule, ne pouvant éviter un véhicule Fiat Uno, à l'encontre duquel les éléments de l'information n'ont pas démontré, du moins à cet égard, l'existence d'un comportement fautif.

Le juge attribue donc à Henri Paul la responsabilité de l'accident, et dédouane le conducteur de la Fiat Uno de toute culpabilité dans celui-ci. Les seules réserves du magistrat concernent évidemment le comportement de cet homme après l'accident.

> Ces fautes commises par Henri PAUL apparaissent avoir constitué à l'évidence une cause directe, immédiate et certaine de l'accident et de ses conséquences.
>
> Son décès éteint l'action publique à son égard.

Néanmoins, poursuit Hervé Stephan, ces fautes ne sont pas exclusives et peuvent exister à la charge d'autres personnes. En effet, la responsabilité reconnue de Paul dans l'accident n'exclut pas *ipso facto* la possibilité que d'autres aient pu y concourir par leur comportement. Le juge vise expressément les photographes et le motard inculpés, qu'il désigne sous le vocable général de « membres de la presse ».

Le juge souligne tout d'abord le fait que plusieurs d'entre eux ont imposé au couple depuis son arrivée une « présence continuelle et pressante ». Plusieurs témoignages, poursuit le juge, établissent que Diana et son compagnon ont vécu difficilement cet état de fait. Et le juge de se pencher avec indulgence sur le cas de Dodi.

> IL ne peut leur être reprocher, en particulier à Emad AL FAYED pour lequel cette situation était plus nouvelle, et qui, de facto, était celui qui devait la gérer, d'avoir pris des décisions qui, si elles n'apparaissent pas aujourd'hui, et à posteriori, avoir toujours été judicieuses,

l'ont été pour répondre à des circonstances
qui, à cet instant et ce jour-là, n'était
pas souhaitées.

Admirable façon de dire que, si Dodi n'a pas été à la hauteur, on ne peut pas le lui reprocher : il était novice dans la manière de se comporter aux côtés d'une princesse. Quant aux rapports de Diana et Dodi avec les journalistes, le juge rappelle, pas dupe, que la présence de la presse n'avait pas toujours été redoutée ou stigmatisée par le couple.

Néanmoins, constate Hervé Stephan, il est indéniable que c'est pour se soustraire à cette présence indésirable que Dodi a décidé de modifier ses projets. Et, par voie de conséquence, de changer le lieu du dîner et de mettre en place un stratagème consistant à utiliser un autre véhicule que ceux empruntés le reste de la journée. Puis de faire appel à Henri Paul, qui avait terminé son service et dont « l'état ne pouvait peut-être pas être totalement évalué ».

Et le juge de se poser la question : si la présence des photographes a pu influencer l'état psychologique des victimes et orienter leurs décisions, ces journalistes sont-ils fautifs pour autant ?

Non, estime le magistrat, pas selon les définitions du Code pénal. De surcroît, si la pression exercée par les photographes est la cause de décisions *préalables* à l'accident, rien n'indique qu'elle est la cause de l'accident lui-même. Le juge se voit forcé de constater que l'enquête n'a pas démontré de comportement fautif ou délictueux à la charge des photographes pendant cette journée. Aucun cliché n'a été pris en roulant, comme le démontre l'examen des pellicules saisies ; le garde du corps Rees-Jones admet lui-même que les photographes ont respecté les accords concernant les différents trajets du convoi ; et le juge note enfin qu'aucune violence ni ruse n'a été employée pour prendre de photos.

Hervé Stephan va s'attacher alors à décortiquer l'attitude des journalistes dans la dernière phase de la journée, c'est-à-dire pendant le trajet fatal depuis le Ritz jusqu'au tunnel de l'Alma.

Le juge constate que les trois photographes présents au départ de la rue Cambon (Langevin, Chassery et Benhamou) ont réalisé leurs clichés dans les même conditions que lors des apparitions successives du couple durant la journée.

Place de la Concorde : bien qu'un témoin – après coup – affirme qu'il a vu des photographes « mitrailler » au feu rouge, le juge, au vu des pellicules saisies sur tous les prévenus, conclut qu'aucun cliché ne peut correspondre à ce supposé « mitraillage ». Les avocats de Mohamed Al Fayed ont fait valoir que des photographies de Langevin auraient « sans doute » été prises place de la Concorde. Ce n'est pas l'avis du juge, puisque ces clichés du couple à l'intérieur de la voiture ont été réalisés des deux côtés de la Mercedes. Une série que

Langevin affirme avoir effectuée à pied en tournant autour de la voiture au moment du départ, rue Cambon. Ce qui n'aurait pas été possible à l'arrêt, très bref, place de la Concorde... où Langevin ne se trouvait pas.

Le juge conclut donc que le conducteur de la Mercedes, « à son initiative ou sur ordre », a démarré vivement place de la Concorde pour échapper aux photographes, mais sans qu'on puisse retenir de faute pénale à leur encontre.

Reste maintenant le trajet jusqu'au tunnel et l'accident lui-même. Certains témoins ont fait état de motos entourant la Mercedes juste avant le choc, mais, fait remarquer le juge, impossible de dégager de ces dépositions une version unique : tous les témoins se contredisent d'abord sur la présence ou non de motos, puis sur leur nombre et leurs positions respectives par rapport à la Mercedes. Après avoir entendu soigneusement les témoins, le juge estime en tout cas que rien n'établit formellement la présence, à proximité de la voiture, de motos appartenant aux photographes mis en examen. En revanche, le magistrat estime que certains photographes sont arrivés bien vite sur les lieux de l'accident, ce qui démontre que, contrairement à leurs affirmations, certains d'entre eux n'avaient pas abandonné l'idée de rattraper le couple.

Cependant, cette vitesse excessive [de la Mercedes] n'est pas la conséquence d'un

```
comportement pénalement répréhensible des
photographes mais résulte de la décision du
conducteur du véhicule.
```

Reste la suspicion de non-assistance à personne en danger. L'accusation la plus spectaculaire pour le public, toujours très friand de photos chocs, mais qui n'admet pas d'être confronté à la manière dont elles sont réalisées.

Là encore, le juge Stephan va montrer son savoir-faire et prouver qu'on peut, tout en appliquant la loi, manifester son humanité.

L'article 223-6 alinéa 2 du Code pénal sanctionne en effet quiconque s'abstient volontairement de venir en aide à une personne en péril, soit en agissant person-nellement, soit en alertant les secours. La jurisprudence admet toutefois qu'à partir du moment où des per-sonnes qualifiées sont présentes sur les lieux et s'emploient à porter assistance, la loi cesse de s'appli-quer de façon aussi impérieuse.

```
    En l'espèce, il y a lieu de relever que
l'appel du Docteur Maillez aux pompiers est
intervenu dans un temps très court après
l'accident[1].
```

---

1. Si l'on reprend le minutage des événements : la Mercedes quitte le Ritz rue Cambon à 0 h 20 min 30 s (horloge de la caméra de sur-veillance). Le premier appel parvient aux pompiers à 0 h 26 d'un portable anonyme. Aussitôt suivi de l'appel du Dr Mailliez annonçant

Le juge estime donc que l'arrivée du médecin marque l'arrivée des secours et que, sur l'accusation de non-assistance, il n'y a lieu de s'intéresser au comportement des photographes mis en examen que dans les quelques minutes qui précèdent.

Après la consultation des clichés faits sur place, des témoignages et des déclarations, le magistrat écarte donc cinq photographes : David Odekerken ; Jacques Langevin ; Fabrice Chassery ; Nikola Arsov et Laslo Veres.

Serge Arnal, lui, a appelé les secours sur son téléphone portable en tapant le « 112 ». On ne peut donc lui reprocher de ne pas avoir agi.

Stéphane Darmon, Serge Benhamou et Christian Martinez ont été avertis par Serge Arnal qu'il venait de lancer un appel au secours. On ne peut donc leur reprocher de ne pas avoir cherché à renouveler eux-mêmes cet appel.

Reste Romuald Rat. Le seul, reconnaît le magistrat, à l'encontre duquel la question d'une responsabilité peut être sérieusement posée.

> Dés son arrivée, il a en effet réalisé immédiatement trois clichés, par reflexe, indique-t-il, puis a eu une attitude pouvant paraître ambiguë, consistant à s'accroupir prés de la portière de la Princesse Diana, à

---

deux morts et apportant déjà des précisions médicales sur les deux blessés. Cinq petites minutes séparent donc le départ du Ritz de l'accident. Elles vont faire couler beaucoup d'encre.

crier qu'elle était vivante puis à se dis-
puter avec d'autres photographes.

Toutefois, reconnaît le juge, Rat aurait entendu
quelqu'un dire que les secours avaient été appelés, puis
surtout il s'est activement occupé des blessés, en particulier de la princesse, et n'a recommencé à prendre
des photos qu'après l'arrivée des secours.

Dans ses conclusions, le magistrat note sévèrement :

> L'attitude adoptée par plusieurs des pho-
> tographes mis en examen sur les lieux de
> l'accident a été unanimement et sévèrement
> critiquée par les différents témoins qui
> ont pu l'observer ; alors en outre que cet
> accident était intervenu dans un contexte
> parfaitement connu des dits photographes,
> et auquel ils n'étaient pas étrangers. Ce
> comportement de leur part qui les renvoie,
> comme ceux pour lesquels ils agissent, aux
> conditions morales et déontologiques
> d'exercice de leur activité, n'est toute-
> fois pas constitutif, en l'espèce, d'une
> infraction caractérisée à la loi pénale.

En conséquence, le juge Hervé Stephan ordonne un
non-lieu pour les neuf photographes et le motard,
inculpés depuis deux longues années pour l'infraction
de non-assistance à personne en danger, et pour les
délits d'homicide et de blessures involontaires.

– ÉPILOGUE –

Y aura-t-il un jour un épilogue à cette histoire ?

Rien n'est moins sûr. La disparition de Diana a déjà rejoint au firmament des énigmes célèbres l'assassinat de Kennedy, la mort de Marilyn, la résurrection d'Elvis, le suaire de Turin et le *Da Vinci Code*.

Même si le travail d'enquête de la Brigade criminelle, que nous avons présenté dans ce livre, démontre avec excellence qu'il ne s'agit que d'un banal – et tragique – accident de voiture, rien ne pourra empêcher ceux qui ont envie de rêver d'imaginer, au pays des princesses et des dragons, une fin digne d'un conte de fées.

Et c'est tant mieux.

La réalité est certes beaucoup moins fardée. Mais elle a le mérite de révéler – au cœur même d'une froide enquête policière – cette part d'humaine condition à la fois émouvante, sensuelle, tragique et grotesque. Au fil des dépositions, des procès-verbaux, et même des expertises, cette condition pointe son nez, déconcertante et familière. Et c'est cette proximité qui nous touche, parce que la vie ou la mort des autres c'est aussi notre vie, et le frisson de ce qui nous attend.

Le retentissement planétaire qui a suivi la mort de la princesse Diana était à la mesure de l'engouement que suscitaient, chez une bonne partie du public, les péripéties de son existence. La « Princesse des cœurs », comme l'avait baptisée la presse *people*, a offert au public le scénario d'une vie comme n'auraient jamais osé en rêver les producteurs d'un roman-feuilleton brésilien.

Il est alors naturel que ce public siffle une « *bad end* » qu'il juge indigne d'une telle destinée.

Et si elle avait été assassinée ? Et si elle avait été assassinée parce qu'elle était amoureuse d'un milliardaire arabe ? Et si elle avait été assassinée parce qu'elle était amoureuse d'un milliardaire arabe et enceinte de lui ? Et si elle avait été assassinée par les services secrets britanniques parce qu'elle était enceinte d'un milliardaire... etc.

La destinée des princesses des cœurs doit être belle, elle doit être romantique et *glamour* jusque dans leur mort. Si elles s'éteignent, ce doit être piquées par une rose, ou à la rigueur assassinées par un anarchiste comme cette pauvre Sissi.

Alors, à la question : la princesse Diana est-elle morte dans un accident de la circulation ? il faut malheureusement répondre : oui, sans l'ombre d'un doute, l'enquête de la Brigade criminelle le démontre indubitablement.

Et c'est bien assez triste comme cela.

D'accord, mais était-elle enceinte ?

Les investigations de la Brigade criminelle ne le démontrent pas... pas plus que le contraire. Le commissaire divisionnaire Martine Monteil déclarera plus tard dans une interview que ce n'était pas l'objet de l'enquête. Mais que, néanmoins, le personnel médical avait été entendu et le dossier médical saisi, et que rien n'indiquait que la jeune femme était enceinte.

Maintenant, imaginons une femme moderne, mère de deux garçons, ayant eu des aventures — avant et après son divorce — et même des liaisons, dont la dernière s'est déroulée pendant trois ans dans la plus stricte discrétion. Une femme, donc, avertie des choses et des écueils de la vie, sachant faire la distinction entre vie sexuelle et amoureuse et procréation. Peut-on imaginer que cette même femme, très consciente de ses droits mais aussi de ses devoirs envers ses fils — dont l'un est destiné à devenir roi d'Angleterre —, puisse faire un enfant avec un homme qu'elle connaît depuis un mois et demi ?

Libre à chacun de l'imaginer, et de construire autour de cette liaison une *romance* qu'aucun élément ne vient étayer.

Pourtant, la vérité sur cette tragédie est la moindre des manifestations de respect que l'on devait à la mémoire des victimes.

Ce livre a été écrit dans cet esprit.

Le Verger. 9 juin 2006.

ITINÉRAIRE DANS PARIS
ET SCHÉMA DE L'ACCIDENT

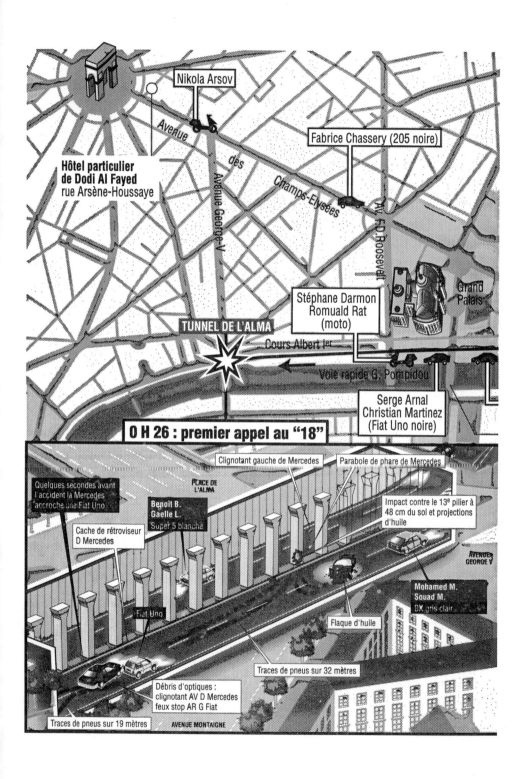

Nikola Arsov

Fabrice Chassery (205 noire)

**Hôtel particulier
de Dodi Al Fayed**
rue Arsène-Houssaye

Avenue des Champs-Elysées

Avenue George-V

Av. F.D. Roosevelt

Stéphane Darmon
Romuald Rat
(moto)

Grand
Palais

TUNNEL DE L'ALMA

Cours Albert Ier

Voie rapide G. Pompidou

Serge Arnal
Christian Martinez
(Fiat Uno noire)

0 H 26 : premier appel au "18"

Clignotant gauche de Mercedes

Parabole de phare de Mercedes

PLACE DE
L'ALMA

Quelques secondes avant
l'accident la Mercedes
accroche une Fiat Uno

Benoît B.
Gaëlle L.
Super 5 blanche

Impact contre le 13e pilier à
48 cm du sol et projections
d'huile

Cache de rétroviseur
D Mercedes

AVENUE
GEORGE V

Mohamed M.
Souad M.
BX gris clair

Fiat Uno

Flaque d'huile

Traces de pneus sur 32 mètres

Débris d'optiques :
clignotant AV D Mercedes
feux stop AR G Fiat

Traces de pneus sur 19 mètres

AVENUE MONTAIGNE

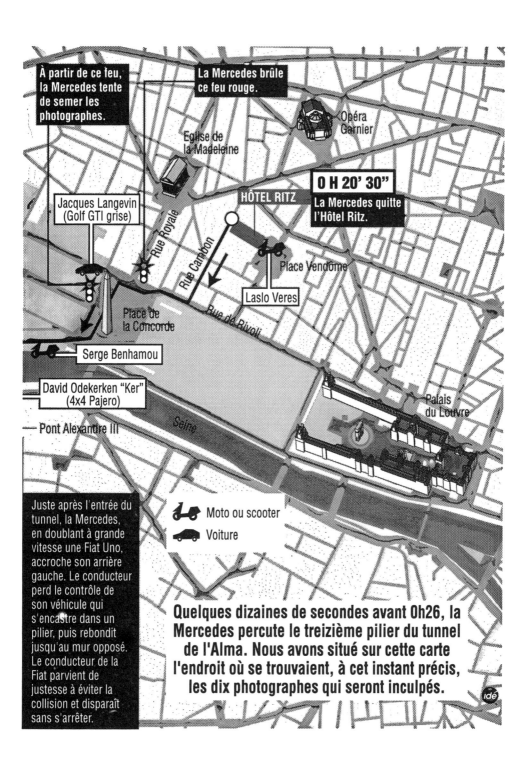

À partir de ce feu, la Mercedes tente de semer les photographes.

La Mercedes brûle ce feu rouge.

Opéra Garnier

Église de la Madeleine

0 H 20' 30"
La Mercedes quitte l'Hôtel Ritz.

HÔTEL RITZ

Jacques Langevin (Golf GTI grise)

Rue Royale

Rue Cambon

Place Vendôme

Laslo Veres

Place de la Concorde

Rue de Rivoli

Serge Benhamou

David Odekerken "Ker" (4x4 Pajero)

Palais du Louvre

Pont Alexandre III

Seine

Juste après l'entrée du tunnel, la Mercedes, en doublant à grande vitesse une Fiat Uno, accroche son arrière gauche. Le conducteur perd le contrôle de son véhicule qui s'encastre dans un pilier, puis rebondit jusqu'au mur opposé. Le conducteur de la Fiat parvient de justesse à éviter la collision et disparaît sans s'arrêter.

Moto ou scooter

Voiture

Quelques dizaines de secondes avant 0h26, la Mercedes percute le treizième pilier du tunnel de l'Alma. Nous avons situé sur cette carte l'endroit où se trouvaient, à cet instant précis, les dix photographes qui seront inculpés.

idé

– TABLE DES MATIÈRES –

Direction littéraire
Huguette Maure

assistée de
Sophie Renoul

Documents figurant à la fin de l'ouvrage :
droits réservés

Mise en page

44400 Rezé

Impression réalisée sur CAMERON par

BRODARD & TAUPIN

GROUPE CPI

La Flèche

*pour le compte des Éditions Michel Lafon
en juin 2006*

Imprimé en France
Dépôt légal : juillet 2006
N° d'impression : 36413
ISBN : 2-7499-0479-X
LAF : 765